D1718478

SCHRIFTENREIHE
ÄRZTLICHE PRAXIS UND PSYCHOTHERAPIE
Herausgegeben von
Primarius Dr. F. Pesendorfer
Österreichische Gesellschaft für Autogenes Training
und allgemeine Psychotherapie

Band 2

JOHANN HEINRICH SCHULTZ

zum

100. GEBURTSTAG

Herausgegeben von
F. PESENDORFER

LITERAS
UNIVERSITÄTSVERLAG

1. Auflage 1987

Copyright © 1987 by Literas-Universitätsverlag Ges.m.b.H. Wien. Alle Rechte der Verbreitung, auch durch Film, Funk und Fernsehen, fotomechanische Wiedergabe, Tonträger jeder Art oder auszugsweisen Nachdruck sind vorbehalten.
D r u c k: Literas, Wien IX.
Printed in Austria
ISBN 3-85429-056-X

Inhaltsverzeichnis

Autorenverzeichnis

Univ.-Prof. Dr. G.S. Barolin
Landeskrankenhaus Valduna
Neurologische Abteilung
A-6830 Rankweil

MR Dr. Günther Bartl
A-2145 Hausbrunn

Dr. med. H. Binder
Flurstr. 18
D-2057 Hamburg-Wentorf

Dr. Edmund Frühmann
Haydnstr. 8
A-5020 Salzburg

Marianne Fuchs
Nachtigallenweg 6
D-8520 Erlangen

Dr. Gisela Gerber
Maulbertschgasse 12
A-1190 Wien

Dr. med. Gerd Iversen
Am Ihlsee 25 b
D-2360 Bad Segeberg

Dr. Günther Krapf
Hiltenspengerstr. 36
D-8000 München

Prof. Dr. med. Reinhard Lohmann
Hütterothstr. 9
D-3524 Immenhausen 2 / Holzhausen am Reinhardswald

Dr. Karl Mann
Osianderstr. 22
D-7400 Tübingen

Prim. Dr. Friedrich Pesendorfer
Kremserberg 7
A-3730 Eggenburg

Univ.-Prof. Dr. med. Heinz Prokop
Universitätsklinik für Psychiatrie Innsbruck
Abteilung Medizinische Psychologie und Psychotherapie
Karl-Schönherr-Str. 3
A-6020 Innsbruck

Dr. med. E. Schäfgen
Brüderkrankenhaus
D-5471 Saffig

Mag. DDr. Franz Sedlak
Aspettenstr. 30/2/1
A-2380 Perchtoldsdorf

Univ.-Prof. Dr. Hans Strotzka
Institut für Tiefenpsychologie und Psychotherapie der Universität Wien
Lazarettgasse 14
A-1090 Wien

Prof. Dr. med. Werner Stucke
Walderseestr. 4
D-3000 Hannover 1

MR Dr. Heinrich Wallnöfer
Pyrkergasse 23
A-1190 Wien

Dr. E. Wöllersdorfer
Landeskrankenhaus Valduna
Neurologische Abteilung
A-6830 Rankweil

Einführung in das Buch „Johann Heinrich Schultz zum 100. Geburtstag"

F. Pesendorfer

Zum 100. Geburtstag von *J.H. Schultz* wurde in Bad Gastein das 15. Internationale Seminar für Autogenes Training und Allgemeine Psychotherapie 1984 abgehalten. Es war gleichsam eine Familienversammlung: Schüler, Freunde, Wegbegleiter, Verehrer waren gekommen, um dem „großen alten Mann der Psychotherapie" die Ehre zu erweisen. Das Ziel des Seminars und der Zweck dieses Buches ist eine Zusammenschau, ein Überblick über die Anregungen, die *J.H. Schultz* seiner Zeit und seiner Nachwelt zurückgegeben und hinterlassen hat, zu übermitteln.

Unsere Gesellschaft hat sich ja schon sehr früh mit dem Autogenen Training befaßt. *Barolin* geht in seiner Erwiderung an die Preisverleihung darauf näher ein.

Das Autogene Training war und ist z.T. ja heute noch nicht unumstritten. Immer wieder erleben wir, daß das Autogene Training belächelt oder mit Gymnastik verwechselt wird und doch ist es die erste Stufe zur Psychotherapie. (Ich glaube, wir sollten hier, gerade hier, den Leib nicht vergessen!) Das faszinierende am AT ist, daß ich über den Leib – als körperlich-seelische Einheit – an den ganzen Menschen herankomme, ihn „erfasse". Der Patient merkt, daß er verspannt ist, ob in den Muskeln, den Adern, der Kopfschwarte, den Eingeweiden, den Genitalien, den Augenlidern, den Lippen, dem Herzen – überall kann er fühlen, wie verspannt er ist! Er entdeckt plötzlich seine Atmung, seine Haut und indem er fühlt wie gespannt, verspannt er dort oder da ist, geht er seinen Problemen eher nach. Er merkt, wie schwierig es ist zu Mensch, zu Dingen oder Problemen die rechte Distanz oder richtige Nähe zu halten, daß ihn dies auch krank machen kann.

Krank machen! Er erfährt wie sein „Lebenskonzept", seine Lebensführung, sein Verständnis von Leben, Tod, Liebe, Leid ihn in die „Krankheit" geführt hat, wie er selbst **seine** Krankheit geschaffen und inszeniert hat. Im Autogenen Training lernt er zu sich selbst Beziehung aufzunehmen, lernt auch sich zu lösen, zu „lassen" von liebgewordenen Eigenheiten, die ihm Leid und Weh gebracht haben. Er lernt Trennung zu leben und Abschiednehmen. Er kann plötzlich reißenden Schmerz ertragen und Hoffnung für sich selbst gewinnen, er begreift, wie wichtig „Stand-Punkt-haben" ist, unabhängig zu werden und seines Glückes eigener Schmied zu werden. Gelassenheit kann er übender Weise erwerben, da er lernt, daß nur das immerwährende Ein-Üben Änderung der Struktur, Ausweg aus der eingefahrenen Sackgasse möglich macht.

Autogenes Training lehrt ihn unabhängiger zu werden, sich selbst mehr zu lieben und dadurch fröhlicher und selbstsicherer zu sein.

Im Autogenen Training erfährt der Mensch, daß nichts auf der Welt so wichtig ist, als das eigene Leben, die eigene Struktur, das eigene So-Sein zu beachten, zu pflegen, selbst wertvoll zu werden, sich anzureichern mit Wissen, mit Lust, mit Freude, mit Erfahrung usw., denn nur dadurch bin ich auch für andere wertvoll. Der Sinn des eigenen Lebens erkennt er als in sich gelegen. So erträgt er Rückschläge, Demütigungen, Trennungen, Krankheit, ja sogar den Tod, der immer wieder in kleinen und großen „Toden" uns begegnet, und er erfährt aber auch, daß Auferstehung möglich ist, daß die noch so dunkle traurige, oft auch schuldhafte Vergangenheit sinnvoll um-gelebt werden kann, eingebunden in eine neue Zukunft, eine neue Gegenwart; dadurch wird Vergangenheit wichtig und unersetzlich im Verständnis meiner Krankheit, meiner Schwierigkeiten.

Autogenes Training gibt Kraft durch Übung, es verschafft durch „Zwang" Freiheit!, denn Üben vermittelt Selbstverständlichkeit, die Möglichkeit Neues zur guten oft notwendigen Gewohnheit zu machen. Übung schafft Beherrschung und die Fähigkeit, durch Verzicht Energie für „Höheres" zu gewinnen, mit dem ich dann einen Freiheitsgrad mehr besitze und dadurch „glücklicher" werde. Autogenes Training gibt mir also die Möglichkeit, Glück zu schaffen, damit zeitlos zu sein und auch dem Tod in einer neuen Perspektive zu begegnen. Tod als die Kehrseite des Lebens will geübt, eingeübt, erlernt werden; und im Autogenen Training kann ich das täglich übend erfahren, denn der Tod als Trennung und Voll-Endung wird dem, der täglich 10 Minuaten zeitlos sich selbst und die Welt erlebt zu etwas Selbst-Verständlichem, mit Angst und Schmerz der Trennung, aber als Reifungsprozeß erlebbar.

Autogenes Training kann Anstoß zur Erneuerung und zum Wandel sein, ein oft langer mühsamer Weg des Übens, des Erfahrens, des Versagens, aber doch des Reifens, des In-sich-selbst-geborgen-seins erfühlbar erlebt werden.

Das Leben wieder anzunehmen, die Schönheit aber auch das Traurige, Tragische einordnend ins rechte Lot dieser Welt, das kann im Autogenen Training geschehen, sodaß der Weg offen ist für Änderung. Der Leib, der direkt angesprochen ist, wird als körperlich-seelische Einheit erlebbar gemacht und dadurch Symptom und Krankheit als eingebunden in mein gesamtes menschliches und zwischenmenschliches Schicksal, daher ist das Autogene Training so ideal als Einstieg in die psychosomatische Erlebniswelt und seine Krankheitserscheinungen.

Wer immer Autogenes Training belächelt oder als gering erachtet, hat selbst die verändernde Kraft des einübenden Sich-Wandelns nicht erlernt, denn Autogenes Training, wie *J.H. Schultz* es gelehrt und verstanden wissen wollte, ist immer auch „analytisch", und wer der Deutung nicht kundig ist, wird im Vermitteln des Autogenen Trainings nur an der Oberfläche bleiben können, dadurch aber geht dem Autogenen Training Wesenhaftes und Wirkwolles verloren.

In diesem Buch werden nun die verschiedenen Aspekte dieser hervorragenden „Methode" vermittelt. Eines ist jedoch ganz klar: Die Kraft des Autogenen Trainings kann **nur** im eigenen Erleben verspürt und leibhaft-seelisch erfahren werden.

Gruppenpsychotherapie mit integriertem Autogenen Training bei Senioren*)

G.S. Barolin, E. Wöllersdorfer

Einleitung

Das Lebensalter der Menschen wird medizinischerseits ständig verlängert. Gleichzeitig wird mittels Herabsetzung des Pensionierungsalters die Periode der Berufstätigkeit verkürzt. Der „alte Mensch" ist heute nicht mehr nur als individuelle Schlußphase eines durchlebten Lebens zu sehen, sondern „die Senioren" bilden einen wachsenden Anteil unserer Bevölkerung, der einerseits eigene Kollektiv-spezifische Aktivitäten setzt und verlangt (siehe „Senioren-Bünde" in der Politik). Andererseits zeigt sich auch immer stärker die Notwendigkeit gesonderter medizinischer Betrachtung. *Petzold* und *Bubolz* (1979) weisen darauf hin, daß eine deutliche **Kluft zwischen der neueren gerontologischen** Forschung einerseits und der praktischen psychotherapeutischen, psychagogischen und soziotherapeutischen Arbeit andererseits besteht. — „Während die somatische Medizin seit Jahren sich in spezialisierter Befassung den geriatrischen Problemenkreisen zugewandt hat, besteht diesbezüglich auf psychotherapeutischem Sektor ein deutliches Manko.

Strotzka fragte 1975 aufgrund der relativ geringen Anzahl von Publikationen und praktischen Erfahrungen zur Psychotherapie mit alten Menschen, ob es sich hier um einen allgemeinen Teilaspekt der „Verschwörung des Schweigens" gegen das Alter handelt.

Man kann an dieser Stelle Überlegungen dazu anstellen, ob die aus dem amerikanischen Lebenskreis übernommene Haltung, daß nur der junge Mensch Erfolg hat und daher der ältere sich möglichst „jung geben muß", zu den Ursachen gehört. *Grotjan* (1955) weist darauf hin, daß in der alten Welt, also in Europa, eher der alte Mensch in Form der „ehrwürdigen Mutter" und des „weisen alten Mannes" Jahrhunderte lang verehrt wurden. Dieses Ideal ist mitsamt den Traditionen in Europa, speziell nach dem 2. Weltkrieg, weitgehend verlorengegangen.

Ein weiterer Grund für die Vernachlässigung der Psychotherapie mit alten Menschen mag in den Lehrmeinungen analytischer Schulen liegen, welche Psychotherapie nur vor der Involution als sinnvoll erachteten. Auch das sogenannte „Defizitmodell des Alters" ist hier zu nennen. Es spricht dem alternden Menschen die Lernfähigkeit und die Anpassungsfähigkeit an neue Situationen ab (*Noack* 1975).

Nun beginnen sich jedoch neue Betrachtungsweisen zum Seniorentum allgemein und zur Psychotherapie des höheren Lebensalters im besonderen durchzusetzen. Wesentliche Argumente brachten *Thomae*s **Längsschnittuntersuchungen**. Daraus geht hervor, daß in den höheren Lebensjahrzehnten die soziale Lebensthematik keineswegs an Gewichtigkeit verliert, sondern, gegenteil, gerade eine besonders intensive Auseinandersetzung damit stattfindet. Auch findet keine Reduzierung der Zukunftsperspektiven statt, und Themen wie

*) Diese Arbeit wurde von der Österreichischen Gesellschaft für Autogenes Training und allgemeine Psychotherapie mit dem J.H. Schultz-Preis 1984 anläßlich des 100. Geburtstages von Johannes Heinrich Schultz ausgezeichnet.

Befürchtungen hinsichtlich Gesundheit der eigenen Person und des Lebenspartners, sowie Gedanken an den Tod, müssen keineswegs überwertige Bedeutung gewinnen. Verstärkte Auseinandersetzung mit körperlichen Insuffizienzgefühlen kovariiert vor allem mit niedrigem Sozialstatus.

Lehr (1983) hat gezeigt, daß die **Lernfähigkeit im Alter** keineswegs erlischt, sondern nur andere Maßnahmen erfordert, hinsichtlich Darbietens, Behaltens und Inhaltskriterien. Das neue Wort „Geragogik" will darauf besonders hinweisen.

Radebold (1983) hat sich besonders für die **Psychotherapie im höheren Lebensalter** eingesetzt und die notwendigen Methodenspezifischen und Inhalts-spezifischen Modifikationen aufgezeigt. Besprochen werden psychoanalytische Gruppentherapie, Gruppentherapie mit zudeckenden psychotherapeutischen Verfahren, Gestalttherapie, verhaltenstherapeutische Lernprogramme, soziale Therapie in Gruppen (psychosoziale Gruppenarbeit), sozialpädagogisch orientierte Arbeit in Gruppen (mit Lernstoff, Steigerung von Interesse, Aktivität und Kontakt). Es wird über Erfahrungen bis zum höchsten Lebensalter berichtet.

Di-Pol hat die Probleme des älteren und alternden Menschen in folgenden vier Problemkreisen zusammengefaßt:

1. Gefühl der zunehmenden Einsamkeit und sozialen Isolation.
2. Herabsetzung des Selbwertgefühls.
3. Zunehmender Verlust an aktiv gestalterischem Vermögen.
4. Vermeintlicher Verlust am Lebenssinn.

In der zweiten Hälfte des Lebens sollen bei einer Psychotherapie keine einschneidenden Persönlichkeitsänderungen angestrebt werden, sondern eher ein harmonisches „Sich-Auseinandersetzen" mit den Problemen, um schließlich eine größtmögliche Bejahung auch des Alters mit seinen unvermeidlichen Beschwerden zu erreichen. Denn auch in dieser Altersstufe sei ein Leben mit positivem Lebensinhalt vorstellbar.

Wir geben diese Meinung von *Di-Pol* wieder, ohne voll damit übereinzustimmen. Wir sehen in unserer Erfahrung deutlich andere Schwerpunkte der Involutionsproblematik (vergl. Tab. 4). Hingegen stimmt die abgeleitete Konklusion sehr wohl auch mit unseren Ansichten überein, insbesondere, daß das Eingehen auf die Aktualsituation weitgehenden Vorrang etwa gegenüber in die Kindheit zurückreichenden Analysen zu haben hat.

Erwähnenswert sind weiters **flankierende soziale Maßnahmen**, welche teilweise für den älteren Menschen die Psychotherapie erst ermöglichen, so Tageskliniken mit Hol- und Bringdienst, wie sie am englischen Beispiel jetzt auch in BRD anvisiert werden (*Bergener, Kark*).

Die systematische Befassung mit Psychotherapie des Involutionsalters geht **im eigenen Arbeitskreis über mehr als 10 Jahre** zurück und die früheren unser Veröffentlichungen darüber (1, 2, 3, 4, 8, 8a) dürfen beanspruchen zu den ersten auf dem Gebiet zu gehören, wie auch *Radebold*[18]) hervorgehoben hat. Im folgenden soll nun auf neuestem Stand ein Überblick über die Eigenerfahrungen auf dem Gebiet gegeben werden.

Wir wollen damit vor allem auch einen weiteren Beitrag zur sozialen **Integration der Psychotherapie** leisten, ein Gedankengut, das wir seit Jahren besonders betonen: Psychotherapie, die alle diejenigen erreicht, welche ihrer bedürfen, insbesondere auch soziale Randgruppen; Psychotherapie, die sich nicht auf einen engen (elitären) Rahmen beschränkt, sondern ihr Gedankengut in die Allgemeinmedizin, Sozialstruktur, letztlich auch Politik, Architektur, etc, einstrahlen läßt (8).

Eigene Methodik

Wir haben in unserem Arbeitskreis über vieljährige Erfahrung ein stehendes Schema für Gruppentherapie in Anwendung. (Tab. 1)

GRUPPENTHERAPIE ABLAUFSCHEMA

1. SAMMELLISTE ÜBER DAS JAHR LAUFEND
   SOMATOGENE + PSYCHOGENE
2. HERBST-EINLADUNG 3 ALTERSGRUPPEN
   → WÖCHENTLICH 2 STUNDEN BIS SOMMER
3. AT + ANALYT. ORIENT. GRUPPENGESPRÄCH
   (ZUSATZ-EINZEL-ORDINATION NICHT AUSGE-
   SCHLOSSEN)
4. AB HALBZEIT: FORMELHAFTE VORSATZBILDUNG
5. ALTERNIERENDE GRUPPENFÜHRUNG, PROTOKOLLE
   → IN EINZELKRANKENGESCHICHTE

Tabelle 1

Unser gruppentherapeutisches Ablaufschema ist über viele Jahre in systematischer Modifikation gereift und nunmehr seit Jahren in der hier dargestellten Form bewährt. Es ermöglicht gründliche fachgerechte und doch sozial tragbare Psychotherapie, daneben auch (insbesondere durch den alternierenden Therapeuteneinsatz) rationelle didaktische Weitergabe. – Zu den näheren Einzelheiten siehe Text.

Primär unterteilen wir in **dreierlei Altersgruppen**, welche durch ihre Hauptproblematik sich wesentlich unterscheiden.

a) Gruppen von Lernenden und Studenten mit überwiegenden Problemen in der Erwachsenenreifung, der Ablösung von den Eltern, der Divergenz zwischen Geschlechtsreife und Sozialreife und schließlich vor allem der Prüfungsproblematik bei den Studenten.

b) Bei den Gruppen des mittleren Lebensalters steht meist die Partnerproblematik, Chefproblematik und Lebensplanungsproblematik im Vordergrund.

c) In den Involutionsgruppen schließlich stehen eigene Problemkreise im Vordergrund, welche im folgenden noch näher besprochen werden.

Es hat sich gezeigt, daß die Problematik in den aufgezählten drei Altersgruppen so unterschiedlich ist, daß bei ihrer Vermischung oft durch völliges Aneinander-Vorbeireden die Gruppendynamik blockiert wird. Hingegen mischen wir bewußt (wie heute selbstverständlich) nicht nur die Geschlechter, sondern auch (was keineswegs Allgemeingut ist) **körperlich und psychisch beeinträchtigte** Personen.

Die Auswahl der Patienten für die Involutionsgruppe erfolgt nicht ausschließlich nach ihrem Lebensalter, sondern nach der **individuell vorliegenden Problematik**.

So kann eine Frau, welche sehr jung geheiratet hat und nun Mitte 40 bereits von allen ihren Kindern im Sinne der Ausheiratung verlassen wurde, durchaus bereits Involutionsprobleme aufweisen. Bei spät entwickelten aktiven Menschen treten jene hingegen fallweise erst in einem viel höherem Lebensalter auf.

Mehrfach hat es sich allerdings ergeben, daß wir involutive Patienten und Patienten mittleren Lebensalters in einer Gruppe zusammenfassen.

Dies erfolgte fallweise primär, falls zu wenig Teilnehmer für zwei Gruppen waren, fallweise auch etwa im zweiten Drittel der Gruppen-therapeutischen Aktivität, wenn ein Teil der Gruppenteilnehmer vor Beendigung der Gruppentherapie ausschieden (sei es im Sinne des Therapieabbruchs, sei es im Sinne des bereits Erreichens eines guten therapeutischen Ziels).

Manchmal ergab sich in so einer Mischung durchaus auch eine zusätzliche interessante Gesprächsbereicherung (psychodynamisch auch mehrfach im Sinne einer Ersatz-Mutter-Ersatz-Sohn-Beziehung). – Wir betonen das, um zu zeigen, daß wir in unserer Methodik durchaus flexibel sind und uns den Gegebenheiten anpassen.

Herr L. (23 Jahre), erkrankt an einem Morbus Recklinghausen mit höhergradiger spastischer Halbseitensymptomatik, stellte im Laufe einer Gruppensitzung, nachdem er über einige Stunden hinweg die Probleme der Älteren lange Zeit schweigend angehört hat, fest, daß „es noch Schlimmeres gibt und man sich oft damit abfinden muß". Diese Äußerung wurde sinngemäß in die formelhafte Vorsatzbildung hineingenommen. Mit dieser Bemerkung half er einer älteren Patientin (Frau B., 53 Jahre), die für sich dann eine ähnliche Formel wie der junge Mann fand und diese positiv verwerten konnte.

Formel von Frau B.: „Ich finde mich mit der Krankheit ab und es gibt noch Schlimmeres, ich gebe nicht auf".

Überwiegend sehen wir jedoch günstige Ergebnisse bei Einhaltung der angeführten altersmäßigen Dreier-Gruppierung und streben diese daher auch organisatorisch nach Möglichkeit an.

Die Indikationsstellung zur Gruppentherapie allgemein erfolgt im Rahmen psychodynamisch und problemorientierter Basisexplorationen und Basisgespräche, welche wir praktisch bei jedem stationären und ambulanten Patienten führen, um eine sinnvolle Wegweisung im Rahmen der von uns sogenannten „gezielten Polypragmasie" zu haben. Unser komplexes Therapieangebot besteht in medikamentösen und physiotherapeutischen Maßnahmen, in jeweils möglichst rationeller Kombination (also kein Entweder/Oder, sondern ein möglichst rationelles Sowohl/Als auch.

Einmal jährlich werden die aus jenen Gesamtklientel stammenden, unseres Erachtens Psychotherapie-bedürftigen Patienten, dann über die Warteliste zu einer über **3 Quartale laufenden geschlossenen Gruppentherapie** eingeladen. Jede Gruppe umfaßt 6 bis 12 Teilnehmer. – Das Bestreben ist, für jede der vorgeschriebenen drei Altersklassen eine eigene Therapiegruppe zu installieren. Pro Woche findet eine zweistündige Gruppensitzung statt, in welcher zuerst das **Autogene Training (AT)** nach *J.H. Schultz* gemeinsam erlernt und durchgeführt wird. Dann folgt ein **analytisch orientiertes Gruppengespräch** mit Tendenz zur möglichst freien Entfaltung der Gruppendanamik über das Spontangespräch durch weitestmögliche Abstinenz des Gruppenleiters).

Die Gruppe wird von zwei bzw. **mehreren Therapeuten alternierend**, teilweise gemeinsam geführt. Jede Gruppensitzung wird genau protokolliert. Zusammen mit den Aufzeichnungen der psychodynamisch orientierten Basisgespräche vor Gruppenbeginn ermöglicht das den Therapeuten immer eine genaue Orientierung, einerseits über den Verlauf der Therapie, andererseits über die Hauptproblematik des jeweiligen Patienten.

12

Über dieses von uns bereits jahrelang praktizierte „Modell" liegen einige Erfahrungsberichte vor (2, 4, 5). –

Daraus sei die Vorteilhaftigkeit der alternierenden Gruppenführung folgend resümiert:

a) Es kommt zu geringer Fixierung auf einen einzigen Gruppenleiter, dadurch mehr psychodynamisches Attachement an die Gruppe selbst. Etwaige spätere Ablösungsschwierigkeiten vom Gruppenleiter fehlen daher auch praktisch völlig.

b) Die Gruppenleiter sind unterschiedliche Persönlichkeiten mit unterschiedlichen methodischen Nuancen. Einzelne Patienten fühlen sich mehr von dem einen, andere mehr von dem anderen Gruppenleiter angesprochen und kommen dadurch zu psychodynamisch relevanten Aktionen. – Es wird so also das therapeutische Angebot verbreitet.

c) Die didaktische Weitergabe erfolgt in dieser Weise am zwanglosesten und natürlichsten. – Ordentliche Protokollierung und jeweilige Besprechung der Gruppenleiter untereinander ist dafür Voraussetzung, insbesondere um auch das wechselseitig gegeneinander Ausgespielt-werden wie es simplen psychodynamischen Grundmodellen schon aus der Kindheit (Vater gegen Mutter) entspricht zu vermeiden.

d) Rein praktisch bewährt sich das System für Urlaubs- und Erkrankungsfälle im Sinne der fortlaufenden Gruppenkontinuietät.

Wir führen eine weitgehend **abstinente (non-direktive) Gruppenleitung** durch.

D.h., daß vor allem keine Deutungen und Analysen vom Gruppenleiter vorgenommen, Fragen weitgehend an die Gruppe weitergegeben werden. Die Abstinenz hat folgende Ausnahmen.

a) Wo sie zu unnatürlich wirken würde und eine kurze Antwort sinnvoll erscheint, insbesondere bei medizinischen Problemen, welche jedoch dann als nicht-gruppengeeignet ausgeschieden werden.

b) Wo es notwendig ist, die regressiven Tendenzen oder das engagementlose dahinplätschernde Gespräch etwas mehr in psychodynamisch relevante Richtung zu bringen.

c) Wo (nach entsprechender Erlaubnis durch den Einzelpatienten) medizinische Aufklärungen von nöten erscheinen (siehe noch später).

d) Bei der Reaktion der formelhaften Vorsatzbildung.

Die **gruppenmäßige Suche formelhafter Vorsatzbildungen** wird von seiten des Gruppenleiters (oder der Gruppenleiter) etwa in der 12. Stunde als Möglichkeit vorgeschlagen (sinngemäß dann, wenn das AT rein technisch bei den meisten Teilnehmern gut funktioniert). Dabei ändert sich die **Rolle des Therapeuten** aus einer vorher abstinenten in eine stärker direktive.

Die Suche nach der individuellen Formel für jeden einzelnen Patienten kann oft mehrere Sitzungen in Anspruch nehmen, wobei sich die Formel von der ursprünglich vorgeschlagenen stark unterscheiden kann. Bei der Formelsuche zeigt sich die Wichtigkeit der vorhin schon erwähnten genauen Protokollführung.

Der Gruppenleiter ist vor allem im Sinne der sinnvollen „Redaktion" formelhafter Vorsatzbildung tätig. Sie hat nach den klassischen Regeln *J.H. Schultz'* zu sein:

– prägnant und kurz
– positiv
– persönlichkeitskonform für den betreffenden Patienten.

Die Vorschläge von seiten des Gruppenleiters werden keineswegs apodiktisch übergeben, sondern ihre Diskussion sowohl von seiten des Betroffenen wie auch von seiten der übrigen Gruppenmitglieder besonders angeregt.

Trotzdem der Therapeut somit in eine stärker direktive Rolle gleitet, versucht er dabei die

Eigendynamik der Gruppe anhand des neuen Instruments der formelhaften Vorsatzbildung möglichst stark zu stimulieren und sich damit wieder in den Hintergrund zu spielen. Die Vorteile daran sind folgende:

a) In einer Phase, wo das Gruppengefüge sich auf einem bestimmten Niveau konsolidiert und routiniert hat, das AT weitgehend erlernt ist und möglicherweise auch bereits gewisse Gewöhnungs- und Bequemlichkeitsriten sich eingeschlichen haben, kommt neuer Impetus und Inhalt in die Gruppentherapie im Sinne gruppenspezifischer und gruppendynamisch relevanter Eigenleistungen.

b) Der Gruppenleiter, der sich bisher weitgehend abstinent im Hintergrund gehalten hat, kann aufgrund seines Wissens um die Problematik des Einzelnen nunmehr mehrfach stärker steuernd ins Geschehen eingreifen und vorsichtig gewisse zusätzliche positive Richtungen weisen, ohne jedoch die Gruppendynamik massiv zu stören.

c) Es erfolgt neuerlich intensive Befassung mit der Problematik des Einzelnen durch die Gruppe, welche sich meist über ein oder mehrere Gruppensitzungen anhand der Formelsuche erstrecken kann.

d) Schließlich sind die direkten therapeutischen Wirkungen der formelhaften Vorsatzbildung zu nennen, welcher der Patient dann auch nach Ende der Gruppentherapie in Art eines „psychischen Proviants" mitnimmt.

Erwähnenswert ist, daß manche Patienten von sich aus während der Lernphase bereits ins AT formelhafte Vorsatzbildungen einführen, bevor dieser Programmpunkt in den Gruppensitzungen erklärt wurde und diese Formeln oft nach Diskussion mit der Gruppe beibehalten werden, bzw. nur geringfügig variieren. — Auch daraus ergibt sich, daß die formelhafte Vorsatzbildung eine durchaus organische methodische Hilfe ist, welche sich zwanglos und gut ins AT mit Gruppentherapie einfügt.

Darstellung besonderer Gesichtspunkte anhand von Kasuistik

Herr G., 55 Jahre, litt seit etwa 10 Jahren an verschiedenen Hirnstammsymptomen im Rahmen einer Basilarisinsuffizienz; zunehmende Schwerhörigkeit, fallweise Schwindelattacken, einmalige Ohnmacht. — Aktuell bestand deutliche Ambivalenz hinsichtlich seines Arbeitsplatzes einerseits Schwierigkeiten mit der nachdrängenden Generation (und deren im Konkurrenzkampf üblichen Härte), andererseits erschwerte Umstellbarkeit und Kontaktschwierigkeiten durch Alter plus Schwerhörigkeit. Es bestand die Frage der Renteneinreichung.

Im Laufe der Sitzungen erwies er sich einerseits als sehr aktiv im Hinblick auf Einbringen der eigenen Problematik, andererseits wirkt er öfter auch als „ruhend ausgeglichener Pol", bei lebhaften Diskussionen der anderen Teilnehmer. Er wurde im Laufe der Gruppensitzungen gegenüber seinen Problemen, sowohl im Betrieb als auch in der Familie, bedeutend distanzierter und toleranter.

Seine Ehefrau besuchte im darauffolgenden Jahr ebenfalls eine Gruppe, weil sie nach ihren eigenen Angaben gesehen hatte, wie gut die Gruppentherapie ihrem Mann tat. Sie selbst war in einem Akkordbetrieb tätig. Ihr Gatte war inzwischen bereits pensioniert.

Am Beginn der Gruppensitzungen kamen immer deutlicher Aggressionen gegen ihren Gatten heraus, der „zu Hause sitzt", während sie noch arbeiten muß. Weiters beklagte sie sich zunächst, daß er, „wenn er mir nicht zuhören will, einfach den Hörapparat herausnimmt und AT macht". Mit Hilfe unserer Gruppe gelang es, sie zu einem besseren Verständnis und einer toleranteren Haltung gegenüber ihrem Gatten zu bringen. Sie verstand am Ende der Gruppensitzungen die speziellen Probleme eines pensionierten Menschen besser. Sie selbst kam durch die AT-Übungen so weit, daß sie bei Streß-Situationen mit der Schulter-Nacken-Feld-Übung gut durchkommen konnte und weiters – nach ihren eigenen Angaben – ruhiger und toleranter wurde. Eine weitere Schwierigkeit bei ihr, Alkohol zu widerstehen (ohne aber im eigentlichen Sinne eine Gewohnheitstrinkerin zu sein), wurde mit der Formel „habe keinen Durst" gut überwunden.

Das Beispiel dieses Ehepaares kann zeigen, daß die von uns durchgeführte **Therapie mit Ehepartnern,** die hintereinander erfolgte, beide Teile auch im höheren Lebensalter wieder mehr zusammenführen konnte und zu gegenseitigem toleranteren Verhalten brachte. Hinsichtlich des Erfolges ist noch zu bemerken, daß der eine Ehepartner, im konkreten Fall der Mann, einem der Therapeuten etwa 1 Jahr nach der Gruppe spontan von einem sehr harmonischen und guten Verhältnis daheim erzählte.

Während bei den beiden geschilderten Fällen eher die psychischen Probleme und die damit verbundene Verstärkung vorhandener leichter organischer Substrate dominierten, stand bei einer Reihe von Fällen die **organische Komponente** primär eindeutig im Vordergrund. Das Angreifen der Therapie zeigte sich dabei einerseits im Rahmen der daraus sekundär resultierenden psychodynamischen Probleme, andererseits aber auch im Rahmen direkten Angreifens in gestörten körperlichen Funktionen.

Frau H., 58 Jahre, befindet sich im Zustand nach Operation einer zervikalen Syringomyelie mit Kleinhandmuskelatrophie, stark reduzierter Geschicklichkeit und Sensibilitätsstörung, vorallem in den Händen. Zu Beginn der Therapie bestand auch eine deutliche depressive Verstimmung, verbunden mit fallweisen situationsbedingten Darm-Störungen. Sie erlebte während den Sitzungen einmal eine kritischere Phase mit stärkerem Angstgefühl, die aber durch die Gespräche rech gut überwunden wurde. Hinsichtlich ihrer Krankheit äußerte sie, daß sie sich mit diesem Zustand arrangiert habe. Die Formel wurde bei dieser Patientin auf die Ängstlichkeit und die Darmstörungen so konzipiert: „Ich bin ruhig, Ruhe stärkt den Darm, Angst geht weg". Die Besserung der letztgenannten Beschwerden traten bereits unmittelbar nach der Vorgabe der entsprechenden Formel auf.

Frau F., 62 Jahre, litt an einem seit Jahren langsam progredienten Parkinsonsyndrom mit überwiegend hypokinetischer Ausprägung. Gangstörung und fallweises Hinstürzen zu Hause bestanden. Die medikamentöse Einstellbarkeit war soweit möglich ausgeschöpft, ebenso die Möglichkeit der kurweisen Rehabilitation mit physikalischen Maßnahmen. Die Patientin ist mit einem sehr aktiven älteren Herrn verheiratet (Seniorensportler und Funktionär), ist stimmungsmäßig ausgeglichen und geistig auf der Höhe. Sie akzeptiert voll ihre Behinderung, spielt insoferne in der Gruppe eine wichtige Rolle, als sie den Anstoß zu wöchentlichen Treffen (abwechselnd bei dem einen oder anderen Gruppenmitglied) gab. Diese Treffen setzen sich bis heute (3 Jahre nach Beendigung der Gruppe) fort. Sie bekam keine eigene Formel ins AT, sagte aber, daß sie mit dem AT allein Reserven sammeln kann, die ihr helfen, ihre unheilbare Behinderung zu ertragen bzw. zu mildern. Sie fühle sich lockerer und freier.

Herr E., 56 Jahre, Zustand nach stationärer Behandlung einer kleinen linkshirnigen Enzephalomalazie, welche als Restsymptomatik nur eine leichte motorische Aphasie mit Wortfindungsstörungen hinterlassen hat. Zusätzlich glaubte der Patient selbst, Gedächtnisstörungen zu haben (nicht sicher objektivierbar). Er war und ist aktiver Gemeindepolitiker und fühlte sich besonders in dieser Funktion und in seiner bisherigen Aktivität durch die leichte Behinderung schwerst gehemmt, war massiv depressiv, bis zu suizidalen Äußerungen. Dabei muß gesagt werden, daß die Sprachstörung so dezent war (und noch ist), daß sie nur dem Geschulten bei gezielten Worttests auffällt und im Allgemeingespräch eher als überlegenes langsames Sprechen imponierte.

Er war während der Gruppensitzungen am Beginn eher schweigsam, durch das Erfolgserlebnis in der Gruppe nahm er jedoch gegen Ende recht aktiv am Gruppengeschehen teil. Das AT hat bei ihm mit der Formel „Reden ist gleichgültig, ich bin ich" zusätzlich gute Erfolge gebracht, in dem Sinne, daß er z.B. bei Sitzungen, (nach seinen eigenen Angaben–

eine große Sicherheit im verbalen Vertreten seiner Standpunkte erreichen konnte. – Er kam daneben selbst zu der Überzeugung, daß es notwendig sei, einige seiner gemeindepolitischen Amtsgeschäfte abzugeben, andererseits führt er aber andere Obliegenheiten weiter und scheint sich so wieder recht gut in die neue Situation einzupassen (auch im Rahmen längerer Katamnesen mit späteren Nachgesprächen).

In unserem Patientengut sind häufig (auf Grund spezieller Befassung unserer Abteilung) Kopfschmerz-Patienten verschiedener Genese vertreten. Einigen davon (jedoch keineswegs allen) gelang es, mit Hilfe der AT-Übungen zeitweilige **Migräne-Anfälle zu kupieren**, wenn sie die Übungen in Ruhe und früh genug durchführen können. Weiters wurde eine deutliche Verminderung der benötigten Medikamente angegeben. Bemerkenswert ist die übereinstimmende Aussage, daß das AT zwar am Anfang Anfälle kupieren kann, beim voll ausgebildeten Anfall jedoch keine Wirkung zeigt. Dies konnten wir auch bei älteren Patienten mit jahrelangen Beschwerden beobachten.

Es zeigt sich, daß es also mit unserer Methodik möglich ist, **chronisch-organisch Kranke** insofern zu unterstützen, daß sie ihren vorhandenen, oft unheilbaren Beschwerden (über die sie Bescheid wissen) gelassener gegenüber stehen, und in die Lage versetzt werden, ihr Leben sinnvoller zu gestalten. Es kam zu neuen sozialen Aktivitäten (Club-Treffen) mit zusätzlicher Aktivierung anderer Leidensgenossen zu diesen. Daneben bestand die Möglichkeit direkter günstiger Beeinflussung gestörter Organabläufe mit Hilfe des AT.

Hier muß eingefügt werden, daß wir bei den organisch gestörten Patienten uns jeweils ermächtigen lassen, der Gruppe **als Gruppenleiter Auskunft** darüber zu geben, wie weit hier organische Läsionen vorliegen, welche nur medikamentös physikalisch etc. behandelt werden können und wie weit andere Möglichkeiten vorhanden sind, wo auch die Gruppe im gruppendynamischen Sinn miteingreifen kann. Dies ist deshalb wichtig, da sich sonst das Gespräch ziemlich hilflos um die Einnahme von Medikamenten, die Verordnung von Bädern, das, Was-der-Arzt-gesagt-hat, etc. dreht. Wir sondern diese Thematik als nicht gruppengeeignet aus und empfehlen sie für ein Einzelgespräch mit dem Arzt, stimulieren es hingegen auf den psychodynamischen Überbau (respektive Hintergrund) näher einzugehen.

In einigen Fällen konnte unsere Therapie auch dazu beitragen, daß Situationen, welche aufgrund der äußeren Umstände ausweglos verfahren waren, besser ertragen wurden.

(Anklänge an die „Nirwana-Therapie" nach *J.H. Schultz):*

Eine 65-jährige Patientin wurde von ihrem 86-jährigen Gatten mit monströsen Eifersuchtsideen (anscheinend im Rahmen einer Paranoia erotica) gequält und überkontrolliert. – „In die Gruppentherapie darf ich wenigstens einmal wöchentlich gehen, ohne daß ich kontrolliert und mit Vorwürfen überhäuft werde". – Glücklicherweise wurde offensichtlich der Arztbesuch von dem alten Herrn in sein paranoisches System nicht eingeschlossen und so konnten wir der Frau eine konstante gewisse Entlastung verschaffen. Sie kam zu Aussprache, sozialem Kontakt und distanziertem gelassenen Ertragen des schwierigen häuslichen Milieus.

Die 54-jährige Patientin M. litt seit 10 Jahren unter „Depressionen" mit einer Reihe psychosomatischer Beschwerden und ständigem hohen Konsum von Schlafmitteln und Tranquilizern. Im Hintergrund stand (bei sonst eher überkorrekten und gut bürgerlichen Familienverhältnissen) ein 30-jähriger Sohn, der sich zu einem unkorrigierbaren psychopathischen Trinker entwickelt hatte (wir haben ihn selbst nie zu Gesicht bekommen), vergebliche Entwöhnungskuren, keine geregelte Arbeit, nächtelanges Herumtreiben in Gaststätten mit Anbetteln anderer, Schlafen im Freien, Heimkehr völlig verschmutzt mit dann schweren Auseinandersetzungen mit dem Vater. Alle Erziehungsversuche fehlgeschlagen. Der Vater hatte sich völlig zurückgezogen und gegen den Sohn abgekapselt. Für die Mutter bestand die ständige schwere und unlösbare Ambivalenz, den jungen Mann doch in Art eines Sohnes befürsorgen zu wollen, andererseits in keiner Weise die Möglichkeit zu haben, ihm bei seinem Zustand wirklich zu helfen und außerdem immer von abstoßenden Szenen belastet zu werden.

Im Gruppengespräch ergaben sich zwei Formeln, welche die Patientin sich aufschrieb und „zur Auswahl" nach Hause mitnahm: „Ich tue das Mögliche und lasse das Unvermeidliche abgleiten" und „Ich helfe so gut ich kann, lebe aber auch für mich". Einige Stunden später zeigte sich dann, daß die Patientin die beiden Formeln für sich amalgamiert hatte: „Ich tue mein Möglichstes, denke aber auch an mich". Katamnestisch wurde wesentliche Besserung im allgemeinen Befinden berichtet und eine korrigierte Einstellung, konform mit der Formel, welche ihr ermöglicht, wesentlich ruhiger und beschwerdeärmer in ihrer schwierigen Situation weiterzuleben.

Nun noch zwei Fälle mit fraglichem Erfolg.
Beim ersten könnte man an die Ausbildung, der in der Literatur fallweise erwähnten sogenannten „Gruppensucht" denken, beim zweiten an einen möglichen günstigen Effekt mit verspätetem Einsetzen.

Frau W., 57 Jahre, hat als organisches Substrat eine Basilarisinsuffizienz bei höhergradigen degenerativen Veränderungen der HWS mit Schwindel, Kopfschmerz, radikulären Beschwerden und einer deutlichen zusätzlichen depressiven Verstimmung. – im Verlauf zeigten sich immer neue Beschwerden im Sinne von Kribbelparästhesien, etc., welche als zusätzliche hypochondrische Beschwerden wertbar waren. Für sie war das Beisammensein in der Gruppe das Wichtigste. Bei längeren Unterbrechungen traten oft deutliche Verschlechterungen ihres Zustandes ein. Sie erzählte oft sehr lang und breit ihre, vor allem durch die bestehende Einsamkeit, bedingten psychischen und physischen Beschwerden. Die oben erwähnten Schmerzzustände bzw. funktionellen Beschwerden wurden während der Gruppensitzungen zeitweise besser, gegen Ende der vorgesehenen Gruppendauer verschlechterten sich ihre Beschwerden deutlich und sie drängte immer wieder darauf, die Gruppe auch über das vereinbarte Ende weiter zu führen.

Herr W., 51 Jahre, hat in seiner biographischen Entwicklung „wegen Kopfschmerzen" seinerzeit das Medizinstudium abgebrochen, arbeitet inzwischen als Versicherungsvertreter mit derzeitigen zusätzlichen Problemen in der Rezension. Medizinisch bestand bei ihm eine intermittierende vertebrobasiläre Insuffizienz bei höhergradiger Osteochondrose der HWS, faßbarer Vasolabilität mit der symptomatischen Ausprägung in Kopfschmerz, Schwindel und radikulären Beschwerden. Er hatte im AT einerseits große Schwierigkeiten beim Erlernen, andererseits in der Beherrschung seiner Beschwerden. Während der Gruppensitzungen trat bei ihm eine Verschlechterung der Symptomatik auf, die bis zum Ende nicht abgefangen werden konnte. Seine individuelle Formel wurde öfters abgeändert, ohne daß es einen deutlichen Erfolg brachte. Er verblieb nach der psychotherapeutischen Gruppe in unserer Ambulanz in weiterer Betreuung mit Physiotherapie. Im Laufe der Zeit ergab sich jedoch eine wesentliche Besserung. Nach etwa Jahresfrist wirkte der Patient sehr gelöst, optimistisch und teilte mit, daß die Formel und auch das AT bei ihm ca. nach einem halben Jahr, nach Ende der Gruppe „gezogen" habe. Er fühle sich subjektiv recht gut.

Die Besonderheiten der Senioren

Allgemein kann der hier vorgegebene Rahmen als günstige Kombination zwischen einerseits methodenspezifisch und fundiert genug, um fachgerecht, andererseits einfach und kurz genug, um finanziell und sozial tragbar zu sein, angeführt werden.

Folgend soll besonders auf die Erfahrungen eingegangen werden, welche sich als Spezifikum für die Senioren im Rahmen nunmehr etwa 10jähriger Arbeit mit Involutionsgruppen ergeben haben. Siehe dazu auch Tab. 2.

7 JAHRE GRUPPENTHERAPIE: JEWEILS 3 QUARTALE /GESCHLOSSENE GRUPPE / EINMAL WÖCHTL., 2 STD.,/ AT + ANALYT.GESPRÄCH /ALTERNIERENDE FÜHRUNG,/PSYCHOGENE + SOMATOGENE

MITTL.	ANZAHL	POSITIV	NEGATIV	ABBRUCH
LEBENSALT.	63	47 %	7 %	47 %
SENIOREN	69	73 %*	8 %	20 %*

*STATISTISCH SIGNIFIKANTER UNTERSCHIED

Tabelle 2
Die Senioren-Gruppentherapie erwies sich in unserem Arbeitskreis generell erfolgreicher als die Gruppentherapie mit anderen Altersgruppen. Dem entspricht auch eine größere Konstanz des Gruppenbesuches. – Dies muß besonders betont werden, da sich, durch die scheinbare Konventionalität und Emotionsarmut der Gesprächsführung (die jedoch die adäquate Auseinandersetzungsart der älteren Menschen darstellt), bei, in Senioren-Therapie weniger erfahrenen, Gruppentherapeuten der momentane Eindruck der Wirkungslosigkeit ergeben kann.

A) Die Abbruchquote während den Behandlungen lag bei den Involutivpatienten deutlich unter jener in Gruppen aus jüngeren Patienten. Weiters ergab die Durchsicht im Hinblick auf die Besuchsfrequenz der Gruppenabende eine deutlich **größere Regelmäßigkeit** der Senioren. Daran konnte auch: die oft von uns beobachtete Tatsache, daß beim älteren Menschen die **Erlernung des AT mehr Zeit** in Anspruch nimmt, nichts ändern. Eine eventuelle, durch das langsamere Erlernen aufgetretene „Frustration", speziell in den oben beschriebenen gemischten Gruppen wird also anscheinend durch den sozialen Faktor des gemeinsamen Gruppengesprächs mit dem Üben des AT mehr als hinreichend kompensiert.

B) Die Gesprächsthemen der älteren Menschen sind – wie schon in Vorarbeiten erwähnt – **eher konventionell**, es ergeben sich kaum affektive Abreaktionen, wie bei den Gruppen Jüngerer. Eine Ausarbeitung der Probleme des einzelnen scheint also eher „im stillen" zu erfolgen. Das konventionelle Gespräch stellt offensichtlich den adäquaten Auseinandersetzungsmodus des älteren Menschen dar, und das muß besonders betont und auch als Lehrerfahrung weitergegeben werden. Sonst können unter Umständen überaktive Gruppentherapeuten (anhande etwa von heftigen Abreaktionserlebnissen in Selbsterfahrungsgruppen oder Studentengruppen) versuchen, die Senioren zu diesen nicht entsprechenden Reaktionsmustern zu stimulieren. Es kann dadurch die Gruppendynamik empfindlich gestört werden. Es sei dazu auch auf *Schindlers* Aussage verwiesen, daß ganz allgemein der Erfolg einer Gruppentherapie keineswegs nur von großen kathartischen Reaktionen abhängt, sondern, daß sich durchaus in der Stille viel vorbereiten und abspielen kann

C) Die **Bildung von** „**Nachgruppen**" in Form von gemeinsamen Veranstaltungsbesuchen und Gesprächen nach der eigentlichen Gruppensitzung ergab sich in unserem Erfahrungsgut nur bei den Seniorengruppen, dort jedoch mehrmals.

Es scheint hier also ebenfalls ein Spezifikum vorzuliegen im Sinne einerseits erhöhten Bedarfs und andererseits zusätzlicher Bereitschaft für neue Kontaktfindungsprozesse, fallweise nach Art eines „Patienten-Clubs". Wir erhielten von derartigen Treffen mehrfach von allen unterschriebene Ansichtskarten oder erfuhren bei den hier im ländlichen Bereich häufigen Kontakten im Ort von ehemaligen Patienten über weitere Treffen mit den anderen und weitere Vorgänge, teils auch ohne aufwendige katamnestische Erhebungen durchführen zu müssen. – Förderung erfährt diese, unseres Erachtens sehr wünschenswerte Nachgruppenbildung, durch die Organisation der **wechselseitigen PKW-Mitnahme** von und zu den Gruppentherapien. – Diese Fördermaßnahme bieten wir aber bei den Gruppen der jüngeren Patienten genauso an, und sie hat nur bei den Seniorengruppen zu der hier beschriebenen Nachgruppenaktivität geführt.

Neben diesen Nachgruppenaktivitäten konnten wir im Rahmen unserer Kasuistiken auch zeigen, daß auf anderem Weg (im Rahmen besserer Einsicht, besserer Adaption, etc.) die **soziale Kontaktproblematik** der Senioren deutlich gemildert werden konnte. Teilweise wurden neue, für den Patienten befriedigende soziale Aktivitäten gefunden.

Von Therapeutenseite her wurde auf den oft aufgetretenen Wunsch mancher Teilnehmer nach einer Fortsetzung der Gruppe über die vorgesehene Zeit hinweg das Angebot gemacht, von uns aus formlose Gruppentreffen zu arrangieren, respektive neuerlich, falls nötig, eine Einzeltherapie aufzunehmen. – In die Einzeltherapie kamen manche Patienten wieder (teils wegen ihrer somatischen, teils wegen ihrer psychischen Beschwerden). Nachgruppentreffen organisierten sich jedoch (so sie sich organisierten) immer letztlich ohne unser direktes Zutun.

D) Tab. 3 gibt die **hauptsächliche Involutionsproblematik** wieder, welche wir durch Befassung mit den Seniorengruppen als dort besonders relevant erkennen gelernt haben. Wir sehen in diesen Erkenntnissen mit ein Kernstück der vorliegenden Untersuchungen, da sie teilweise von manchen theoretischen Annahmen über die Seniorenproblematik und von den Angaben anderer Autoren abweichen. – Anders davon ist hingegen hinlänglich bekannt und entspricht auch weitgehend den Erfahrungen anderer Autoren.

Ad. 1: Einerseits wird der schwerer umstellbare ältere Mensch fallweise im Karrierekampf von jüngeren verdrängt und empfindet sowohl dies wie seine eigene zunehmende Insuffizienz schmerzlich. Daneben und teilweise daraus resultierend ergeben sich **regressive Tendenzen** in Richtung Pensionierungsbestrebungen.

Ad. 2: Eingetretene Pensionierungen können jedoch anderseits den „**Pensionsschock**" auslösen (wie auch in der Populärliteratur schlagwortartig bekannt), besonders bei Menschen, die sich nicht auf ihr Fensionistendasein vorbereitet haben und dann vor einem Vakuum stehen. Manchmal erfolgt daraufhin der zähe Kampf gegen die Pensionierung.

TYPISCHE INVOLUTIONS-PROBLEMKREISE

1. BERUFS-PROBLEMATIK
2. PENSIONS-PROBLEMATIK
3. DIE JÜNGERE GENERATION
   A) HERANWACHSEND
   B) VEREINSAMUNG
   C) SCHWIEGERKINDER

4. PARTNER-BEZIEHUNG
   ALLGEMEIN/SEXUELL
5. MULTIMORBIDITÄT
   LEBENS-(TODES-)ANGST

Tabelle 3
Die Hauptproblematik des Seniorenalters stellt sich wesentlich unterschiedlich zu den Problemkreisen anderer Altersgruppen dar, und mit daraus resultiert das bessere Ergebnis, wenn man Seniorengruppen unter sich zusammenfaßt. – Daß das Gespräch über die Todesproblematik nicht unter den spontanen Themen rangiert, sei im Gegensatz zu anderslautenden Literatur-Angaben besonders erwähnt. – Näheres dazu im Text.

Ad. 3: Die nachdrängende **jüngere Generation** bringt in der eigenen Familie (ebenso wie im Betrieb) Probleme und zwar in drei wesentlichen Formen:

a) Ablösungskonflikte der Heranwachsenden mit Aggressionen und manigfachen Reibungsflächen.

b) Ausheiratung der Kinder mit Vereinsamung der Eltern.

c) Neueinzug von Schwiegerkindern in den etablierten Familienverband.

Die böse Schwiegermutter als dankbares Witzobjekt zeigt sich in unseren Seniorengruppen von der anderen Seite des in seiner Integrität gefährdeten und geängstigten Seniors, welcher eine gefährlich-beunruhigende Jugend in das aufgebaute Familien- und Verhaltensschema einbrechen sieht. Für manche solcher Schwiegereltern war das Akzeptiertwerden mit ihrer Problematik in unserer Gruppe, das Durchsprechen (und auch vorsichtige Korrigieren bei allem Akzeptieren) von seiten der Gruppenmitglieder ein wichtiges Erlebnis. Wir glauben, manchem jungen Ehepaar durch derartige Behandlung der Schwiegereltern nicht unbeträchtlich genützt zu haben, wenn dies auch nicht das Primär-Anliegen unserer Seniorengruppe war.

Ad. 4: Nicht selten wird **Partnerproblematik** über Jahrzehnte zurückgestellt (verdrängt) unter vordergründiger Befassung mit der Problematik der Kinder und des Berufs. Fallen dann diese „Pufferzonen" weg, kann die Partnerproblematik leicht neuerlich exazerbieren. **Sexualität** hört im höheren Lebensalter nicht auf, verändert sich jedoch sowohl quantitativ wie qualitativ. Dies verläuft häufig bei den Lebenspartnern nicht synchron und es könnten sich daraus zusätzliche Probleme ergeben.

Im Gegensatz zur gleichzeitigen Auffassung mehrerer Familien-Mitglieder, etwa im Sinne der klassischen Familientherapie (19), glauben auch wir hier eine Art Familientherapie zu treiben, indem wir das gestörte Gruppengefüge über sein schwächstes Glied her angehen oder (wie vordem schon bei den Ehepartnern aufgezeigt) einen nach dem anderen erfassen.

Ad. 5: **Die Multimorbidität** mit vielerlei körperlichen Beschwerden stellt ein Hauptproblem der Involutionsalters dar. Häufig finden wir derartige multiple körperliche Beschwerden eingebettet in eine **subdepressive Komponente**. Diese ist überhaupt bei den Störungen des höheren Lebensalters ein relativ häufiger Faktor. Ob und inwieweit hier Todesängste miteinfließen und sich als „Lebensangst" präsentieren, sei dahingestellt. Bemerkenswert ist jedoch, daß in den Seniorengruppen das **Gespräch über den Tod** spontan typischerweise **nicht** zu den Themen gehört. Vielmehr wendet man sich der Bewältigung des hic et nunc überwiegend zu. Dies im Gegensatz unserer Erfahrung zur eingangs schon zitierten Meinung von *di Pol*.

E) Die von uns praktizierte gleichzeitige Behandlung von Patienten, welche einerseits mit vordergründigen **organischen** Erkrankungen und andererseits mit eher **funktionellen** Störungen zu uns kommen, in einer gemeinsamen Gruppe hat sich auch bei der Gruppe der älteren Patienten bewährt. – Dies sollte hier nochmals betont werden, da noch immer vielfach die Fehlauffassung besteht, Psychotherapie sei nur für psychogene Störungen angezeigt.

F) Unsere Ergebnisse zeigen, daß, wenn man die speziellen Konstellationen im Leben des Älteren berücksichtigt, eine Psychotherapie durchaus sinnvoll und für den Patienten gewinnbringend durchgeführt werden kann und auch soll, **generell sogar bessere Ergebnisse** zeitigt als bei Psychotherapiegruppen Jüngerer (Tab. 1).

Zum Stellenwert des Autogenen Trainings (AT)

Wenn wir im Titel aufgezeigt haben, daß in unserem therapeutischen Modell das AT einen „integrierten" Bestandteil darstellt, so lohnt sich die folgende Zusatz-Überlegung: Welche Rolle spielt das AT dabei? Wie ist es einzuordnen? – Insbesondere aber auch: Ist eine derartige Kombination überhaupt sinnvoll?

1. Als wir in den Erstanfängen unsere Kombinationsmethodik von AT plus analytischer Gruppentherapie mitzuteilen begannen, wurden mehrfach folgende Bedenken eingewendet: Man könne nicht eine einerseits „aufdeckende" und andererseits „zudeckende" Methodik miteinander kombinieren, da sich die Wirkung wechselseitig neutralisiert. – Inzwischen weiß man jedoch allgemein, daß das AT keineswegs als simpel zudeckende Methodik (etwa wie die Persuasion) zu bezeichnen ist, sondern durchaus in der Lage, analytische Erkenntnisse durch Verbesserung der Introspektion zu fördern. – Ebenso weiß man auch (vergleiche etwa *Kretschmer*), daß selbst die noch so klassisch durchgeführte Analyse keineswegs frei von suggestiven Elementen ist. – Sowohl aus der theoretischen Konzeption, wie auch aus der Praxis kann daher eine wechselseitig schädigende respektiv abschwächende Wirkung zwischen analytischer Gruppenpsychotherapie und AT abgelehnt werden. Darüber hinaus haben sich jedoch in unserem Erfahrungsgut folgende **wechselseitig günstige Beeinflussungen** in der Kombination beider Methoden gezeigt.

a) Der gemeinsame ritualisierende Beginn mit dem AT rückt günstig von dem Tagesgespräch und der Tagesproblematik ab.

b) Die spätere Introspektion wird deutlich gesteigert; ob nur durch jenes erwähnte Abrücken von der Tagesproblematik oder zusätzlich durch die hypnoide Versenkung, bleibe dahingestellt. – In Hinblick auf uns vielfach bekannten Wirkungsqualitäten des Hypnoids (1) glauben wir jedoch, daß dieses an sich dabei eine wichtige Rolle spielt.

c) Der klare Wechsel in der Rolle der Therapeuten, vom zuerst mehr lehrenden und direktiven (in der Unterweisung des AT) zum dann weitgehend non-direktiven und abstinenten (während des Gruppengesprächs), scheint uns – wenn man diese Rollenteilung klar sieht und durchhält – eher eine Bereicherung als eine Erschwerung darzustellen.

Der Patient lernt dabei den Arzt in völlig unterschiedlichen Rollen kennen und dies scheint uns förderlich. – Schließlich wechseln ja auch unsere Rollen im Alltagsleben mehrfach und das Einüben wechselnder Rollenverhalten ist auch etwas in anderen psychotherapeutischen Methoden durchaus Gängiges und Produktives. (Etwa im Psychodrama)

d) Die Möglichkeit, formelhafte Vorsatzbildung aus dem Gruppengespräch in das AT hineinzunehmen, erscheint als weiterer wesentlicher Plus-Punkt, wie eingangs schon ausführlicher dargelegt.

2. Die ländliche Bevölkerung unseres Klientels ist für Psychotherapie an sich noch kaum motiviert und instruiert. Dementsprechend stellt die Einberufung zur „Gruppentherapie mit AT" eine wesentlich plausiblere Motivation dar, als es etwa die Einladung zu einer abstrakten Gesprächstherapie vermöchte. – So banal das erscheinen mag, sollte man es nicht unterschätzen; denn die schönsten Theorien nützen nichts, wenn sie den Patienten nicht erreichen. Es ist eben in weiten Kreisen der Allgemein-Patient auf körperliche Vorgänge und Behandlungen noch wesentlich mehr fixiert, und auf dem Wege darüber auch besser motivierbar, als er es den rein psychotherapeutischen Maßnahmen gegenüber ist.

Sehr wohl haben wir dann in manchen Fällen gegen Ende der Therapie von Patienten die Meinung gehört, daß für ihn das Gespräch mit seinen Erkenntnissen wichtiger gewesen sei als das AT. Bei anderen Patienten war es umgekehrt. Etwa, wo vegetative Störungen im Vordergrund standen, hörten wir fallweise, daß ihnen das Gespräch nicht so viel gegeben hat, sondern sie vom AT vor allem profitiert hätten.

Wir bieten also in sinnvoller Kombination **zwei Möglichkeiten** an und erweitern damit unser therapeutisches Spektrum. Darüber hinaus ist es aber so, daß wir für den psychotherapeutisch noch nicht aufgeklärten Patienten auch eine Art **somatische Überleitungsbrücke** (oder, wenn man so will, ein somatisches „Lockvögerle") anzubieten haben, über welches er dann in die ihm auch nötige analytische Gruppentherapie hineinfindet, welche er vorher gescheut hätte.

3. Besonders bei den Senioren ist es wichtig, die fallweise im Rahmen des AT auftretende Tendenz zum **Zurückgleiten in die regressive Haltung** zu erkennen und nicht aufkommen zu lassen. Neben der gesprächsweisen Aufarbeitung einer derartigen Haltung (siehe bereits Gesagtes), geschieht das auch durch besondere Betonung des energischen Zurücknehmens mit dem Hinweis auf die dynamisierende Komponente des AT, welches keineswegs nur „eine Entspannung" oder eine Überleitung zum Dolce far niente (genießende Passivität) darzustellen hat.

4. Die Wirkung des **AT auf organisch Kranke** ist einerseits im psychotherapeutischen Sinn über die psychogenen Begleitkomponenten und Folgemechanismen zu sehen. Dies ist bekannt. Viel weniger bekannt in der psychotherapeutischen Literatur ist es aber, daß man mittels der hypnoiden Methodik des AT sehr wohl auch direkt in die körperlichen Abläufe des Organgeschädigten eingreifen kann, so bei organischen Lähmungen (Multiple Sklerose, Schlaganfall, Parkinsonismus etc.). Dies geschieht wahrscheinlich über eine Mobilisierung von zerebralen und/oder muskulären Reservekapazitäten, die im Wachzustand nicht mobilisierbar sind. Die ermutigenden Ergebnisse, welche wir in

unserer Gruppentherapie mit Senioren diesbezüglich, insbesondere bei Parkinsonisten und Post-Apoplektikern, hatten, waren Mit-Anlaß für eine systematische Hypnose-Studie bei Organ-Gelähmten. Sie zeigte sich ebenfalls positiv und ist an anderer Stelle ausführlich publiziert (22).

5. Schließlich ist auch hier nochmals besonders darauf hinzuweisen, daß das **AT sicherlich keine Altersgrenze** nach oben hat (ebenso wie der eine von uns zeigen konnte, daß es kaum eine Altersgrenze nach unten hat − fallweise sogar bis unter die Sprachfähigkeit wirksam − 7). − Wesentliche Kreislaufprobleme sind in unserem Kreis nie aufgetreten, die fallweise üblichen Störfaktoren im Sinne von Erhöhung der Vasolabilität mit entsprechenden Beschwerden sind im höheren Lebensalter nicht anders als im jüngeren Lebensalter. − Erwähnt sei, daß der eine von uns auch mit einer Gruppe von älteren Kardial-Patienten zu einem früheren Zeitpunkt autogene Gruppenarbeit machen konnte und daß auch hier, bei Kenntnis der notwendigen Kautelen, keinerlei Probleme aufgetreten sind. Fallweise läßt man individuell die Übungen kürzer machen, fallweise im Liegen. Es stehen dann im Gruppenraum etwa eine oder zwei Couchen für die betroffenen Patienten. − Generell ist aber das AT für Senioren genauso sinnvoll und gewinnbringend anzuwenden, wie es das in anderen Altersgruppen ist.

6. Wir haben schon zu einem früheren Zeitpunkt angesprochen, daß das AT unseres Erachtens nur so bezeichnet werden sollte, wenn es **in eine sinnvolle ganzheitliche Psychotherapie eingebaut** ist und nicht etwa im Sinne von psychovegetativer Gymnastik als reine Entspannungsmethode kursmäßig kommentarlos verabreicht wird (1). Wir haben hier den Ausdrück „integriertes AT" dafür plakativ verwendet und konnten aufzeigen, daß die Möglichkeit der Integration des AT als wertvolle Komponente in einer ganzheitlich orientierten, komplexen Psychotherapie für die Senioren genauso zutrifft wie für andere Altersgruppen.

7. Eine wesentliche Bedeutung des AT allgemein scheint uns darin zu liegen, daß es von Anbeginn an eine neue Wegweisung für die Psychotherapie ergab, nämlich: Heraus aus dem Elfenbeinturm einer elitären Minorität und hin zur **sozial-integrierten Psychotherapie** (6, 8). − Die Einbeziehung des AT in die Psychotherapie für Senioren scheint uns ein logischer weiterer Schritt auf diesem Wege zu sein.

Zusammenfassung

1. Die Emanzipation und Selbstidentifikation des Seniorentums hat auch zur verstärkten psychotherapeutischen Befassung mit dieser Altersgruppe geführt, nachdem bis vor etwa einem Jahrzehnt diesbezüglich nicht nur wenig Aktivität, sondern überdies weitgehende Ablehnung von psychotherapeutischer Seite herrschte. − Wir haben die Psychotherapiemöglichkeit im höheren Lebensalter immer vertreten und können diesbezüglich über mehr als 10jährige Erfahrung berichten.

2. Methodisch wenden wir eine über drei Quartale gehende zeitlich limitierte, einmal wöchentliche, zweistündige geschlossene Gruppentherapie an, in welcher Autogenes Training, einschließlich formelhafter Vorsatzbildung und analytisches Gruppengespräch nebeneinander rangieren, respektive einander wechselseitig günstig ergänzen und verstärken (Tab. 1).

3. Die Indikationsstellung erfolgt nicht nach dem Lebensalter, sondern nach dem Vorliegen einer „Involutionsproblematik, welche wir im Rahmen unserer Tätigkeit auch näher kennen- und definieren gelernt haben. Sie wird hier im einzelnen dargestellt (Tab. 3).

4. Als methodische Besonderheiten in unserem Konzept sind zu erwähnen:

a) Die Mischung von körperlich Kranken und psychisch Gestörten.

b) Die alternierende Gruppenführung durch 2—3 Therapeuten.

c) Die organische Verflechtung von analytischem Gespräch und Autogenem Training mit dem gruppenmäßigen Suchen nach formelhafter Vorsatzbildung als Bindeglied.

5. Bei systemischen Katamnesen von Seniorengruppen, welche unter diesem Konzept gelaufen sind, hat sich gezeigt, daß generell eine größere Regelmäßigkeit der Teilnahme und auch ein besseres Endergebnis als bei therapeutischen Gruppen jüngerer Kategorien sich ergaben, dies trotz der eher konventionellen und deutlich weniger dramatischen Gesprächsführung als wir sie bei jüngeren Gruppen kennen (Tab. 2).

6. Derartige Gruppentherapie im Involutionsalter ist somit einerseits spezifisch und wirkungsvoll, andererseits rationell und in unserem sozialen Kassenrahmen praktisch durchführbar. — Wir glauben daher, daß in dieser Form ein weiterer Beitrag zur sozialen Integration der Psychotherapie geleistet werden kann.

Literatur

1) *Barolin, G.S.:* Autogenes Training heute. Münch. Med. Woschr. 120 (1978) 1289—1294.

2) *Barolin, G.S.:* Ist Gruppenpsychotherapie im höheren Lebensalter möglich und sinnvoll? Geriatrie 6, 1 (1976) 22—25.

3) *Barolin, G.S.:* Die Begleitdepression und ihre Behandlung unter besonderer Berücksichtigung des höheren Lebensalters. Wiener Med. Woschr. 21 (1979) 614—620.

4) *Barolin, G.S.:* Erfahrungen mit verschiedener Methodik in der Gruppentherapie. Wiener Klin. Woschr. 15 (1970) 265—272.

5) *Barolin, G.S., Rohrer, T.:* Bericht über 2 Jahre geschlossene Österr. Ärztezeitung 22 (1967) 1627—1635.

6) *Barolin, G.S.:* Werk und Leben des Johannes Heinrich Schultz. Ärztliche Praxis und Psychotherapie 1 (1980) 9—13.

7) *Barolin, G.S., Dongier, M.:* Das autogene Training beim epileptischen Kind. Wiener Zeitschr. Nervenheil, Grenzgeb. 19 (1962) 88—98.

8) *Barolin, G.S.:* Psychotherapie und soziale Verpflichtung. Musik und Medizin 1981, 15 Pg 20—30, 16 Pg 33—44.

8a) *Barolin, G.S..:* Psychotherapie und soziale Verpflichtung. Montfort, Vierteljahresschrift für Geschichte und Gegenwart, Vbg. 34, 1982, 37—48.

8b) *Barolin, G.S.:* Psychotherapie und Sozialmedizin. Münchener Med. Woschr. 125 (1983), 95—97.

9) *Bergener, M., Kark, B.:* Tagesklinische Behandlung im Alter. Steinkopff Verlag, Darmstadt 1982.

10) *di-Pol, G.:* Zitat nach Noack

11) *Grotjan, M.:* Analytische Psychotherapie bei älteren Patienten. In: Psychotherapie mit alten Menschen (Petzold-Bubolz Hrsg.) Junfermann-Verlag, Paderborn 1979.

12) *Kretschmer, E.:* Med. Psychologie, Thieme-Verlag Stuttgart 1953.

13) *Lehr, U.:* Psychologische Aspekte des Alterns. In: Das Alter (Reimann edit), Enke-Verlag, Stuttgart 1983.

14) *Noack, M.:* Klinische psychologische Aspekte der Rehabilitation älterer Bürger. Zeitschrift. Altersforschung 30 (1975) 233–235.

15) *Noack, M.:* Erste Erfahrungen einer gesicherten Geroprophylaxe unter psychologischen Gesichtspunkten. Vortrag auf dem 5. Kongreß der Gesellschaft für Gerontologie der DDR.

16) Petzold, H., Bubolz, E. (Hrsg.): Psychotherapie mit älteren Menschen, Junfermann-Verlag, Paderborn 1979.

17) *Radebold, H.:* Psychische Erkrankungen im höheren und hohen Lebensalter und ihre Behandlungsmöglichkeiten. In: Das Alter (Reimann edit) Enke-Verlag, Stuttgart 1983.

18) *Radebold, H.:* Psychotherapie und soziale Therapie in und durch Gruppenprozesse. Symposion „Gerontopsychiatrie", Nov. 77, Eigenverlag der Gesamthochschule Kassel.

19) *Reiter, L.:* Familientherapie und Sozialpolitik. In: Der Psychotherapeut im Spannungsfeld der Institution (Strotzka edit) Urban & Schwarzenberg, Wien-Baltimore 1980.

20) *Schindler, R.:* Die Soziodynamik in der therapeutischen Gruppe. In: Psychoanalyse und Gruppe (Heigl-Evers edit) Vandenhoeck und Ruprecht, Göttingen 1971 sowie persönliche Mitteilung.

21) *Schultz, J.H.:* Das Autogene Training. Thieme-Verlag, Stuttgart 1960.

22) *Simma, L., G.S. Barolin:* Hypnose und Rehabilitation neurologischer Erkrankkungen. Ärztliche Praxis und Psychotherapie. 2 (1983) 13–21.

23) *Strotzka, H.:* Psychotherapie alter Menschen. In: Psychotherapie, Grundlagen, Verfahren, Indikationen (Strotzka edit) Urban & Schwarzenberg, München-Berlin-Wien 1975.

24) *Thomae, H.:* Vergleichende Psychologie der Lebensalter. Zeitschrift Gerontologie 7 (1974) 312–322.

25) *Thomae, H.:* Anpassungsprobleme im höheren Alter – aus psychologischer Sicht. Act. geriatr. 4 (1974) 647–656.

Erwiderung im Rahmen der Zuerkennung des J.H. Schultz-Gedächtnispreises für „Psychotherapie bei Senioren", anläßlich Schultz' 100-Jahres-Geburtstagsfeier beim 15. Internationalen Seminar für Autogenes Training und allgemeine Psychotherapie in Badgastein

G.S. Barolin

Daß ich mich nunmehr schon seit bald 30 Jahren bemühe, das Gedankengut von Johannes Heinrich *Schultz* im Rahmen einer „sozialintegrierten Psychotherapie" in meinem Wirkungskreis einzubringen, ist, den Zeitraum betreffend, ein Effekt des natürlichen Alterungsprozesses, dem wir alle unterworfen sind, noch kein Verdienst. Wenn die Jury jedoch befunden hat, daß sich damit auch besondere Verdienste verbinden, so stellt das für mich ein gewichtiges Lob dar. Daß hier eine Arbeit aus meinem Arbeitskreis mit dem wertvollen *J.H. Schultz*-Gedächtnispreis aus Anlaß seines 100. Geburtstages ausgezeichnet wird, ist darüber hinaus eine besondere Ehre und Freude für mich aus mehreren Gründen, nämlich:

a) Weil Johannes Heinrich *Schultz* für mich zu den wichtigen Persönlichkeiten gehört hat, welche mein Leben und meine Tätigkeit geprägt haben.

b) Weil damit für die psychotherapeutische Arbeit mit Senioren ein Wirkungsbereich hervorgehoben wird, welcher besonders geeignet ist, den mir so wichtigen Begriff der „Sozialintegration der Psychotherapie" besonders plastisch zu machen, und

c) wegen des Gremiums, aus dem diese Ehrung kommt. – Auf diesen letzten Punkt sei etwas näher eingegangen.

Unsere Gesellschaft ist nunmehr an die 20 Jahre alt, also für eine wissenschaftliche Gesellschaft noch nicht „ehrwürdig", hingegen deutlich schon aus der Sturm- und Drangperiode herausgetreten und in einem blutvollen produktiven Reifealter.

Die erste Hälfte jener Zeit wurde von der Persönlichkeit *Wallnöfers*, dem Gründer der Gesellschaft, geprägt. Er gab ihr eine gewisse strenge, **schulische Tradition** im Sinne der erwählten Fortbildungsaufgaben. Das Prinzip „zuerst lernen, dann diskutieren", hat bis dato gehalten. Ich glaube, dieses verdient gerade heute betont zu werden, hinsichtlich gewisser Tendenzen, die Diskussion an sich fallweise als Selbstzweck zu sehen und nicht als Mittel zum Wissenszuwachs zum Erreichen der Konklusion.

Die ungefähr zweite Funktionshälfte unserer Gesellschaft stand und steht unter dem Präsidium von Günter *Bartl*. Es ist die Periode der weitgehenden Öffnung nach außen, **Verbreiterung der geistigen Basis**, auf dem Weg zu einer tatsächlichen „allgemeinen" Psychotherapie oder (ich gebrauche den Ausdruck bewußt ein drittes Mal) zur „sozial-integrierten Psychotherapie".

Unsere Gesellschaft stammt zwar primär aus dem ärztlichen Bereich, hat jedoch immer den Standpunkt vertreten, daß auch qualifizierte Nicht-Ärzte in die Lage versetzt werden sollen, Psychotherapie zu erlernen und dann auch auszuüben. Dies betrifft vor allem die Psychologen und findet ja auch augenscheinlichen Niederschlag in dem Autorenduo unserer prämierten Arbeit (dem neben meiner ärztlichen Persönlichkeit der mit mir zusammenarbeitende Psychologe als gleichberechtigter Partner angehört). Betonung liegt beim vorigen Satz über die Ausübung der Psychotherapie auch durch Nicht-Ärzte besonders auf dem Wort „qualifiziert". Wir vertraten und vertreten in unserer Gesellschaft die Meinung, daß nur gründliche und systematische Ausbildung dazu berechtigen kann, die verantwortungsvolle Tätigkeit der Psychotherapie zu übernehmen, und daß es kein akademisches Studium gibt, einschließlich zusätzlicher Ausbildung in anderen Fächern, welches dazu a priori befähigt. Dies betrifft Psychologen, Ärzte und Fachärzte gleichermaßen. Dieser Maxime dienen auch die von der Gesellschaft ausgearbeiteten **systematischen Ausbildungsrichtlinien** mit einem klaren Therapeutenwerdegang über Kandidaten-Gespräche, Seminar- und Kolloquienteilnahmen, kontinuierliche Weiterbildung und Berechtigungsverleihung.

Die Kollegen *Pirker* und *Odenahl* bilden mit Kollegen *Bartl* gemeinsam ein glückliches Triumvirat, welches nunmehr schon das 15. Seminar hier organisiert hat und gleichzeitig auch die ständigen zusätzlichen Aktivitäten der Gesellschaft über das Jahr steuert. Es scheint mir ein schönes Symbol zu sein, daß dabei auch die Familien der Genannten hier meist mit aufscheinen und sich an der organisatorischen Leistung beteiligen. Das **Gasteiner-Seminar** ist damit mehr als eine große repräsentative Fortbildungsveranstaltung, welche etwa von einem anonymen und inapparenten Gremium gesteuert wird, sondern es ist darüber hinaus ein kollegiales Treffen von Menschen, die neben der mutuellen Wissensvermittlung und Vermehrung einander freundschaftlich begegnen und sich dabei in der Arbeit an einer gemeinsamen Aufgabe wechselseitig helfen und ergänzen.

Zusammenschau von Wissenschaft und Praxis ist ein weiterer wichtiger Programmpunkt unserer Gesellschaft, besonders auch durch Kollegen *Prokop* in seiner Funktion als Jury-Vorsitzender für diese Preisverleihung vertreten, aber auch durch den Redakteur unserer **ständigen Zeitschrift**, Kollegen *Pesendorfer*.

Es ist eine besondere Ehre und Bestätigung auf diesem Weg, daß anläßlich der 100-Jahres-Geburtstagsfeier unseres Nestors heuer eine Reihe von fachlich wichtigen Vertretern unserer **deutschen Schwestergesellschaft** anwesend sind und überdies die Ordinarien und psychotherapeutischen Hauptexponenten der **Fakultäten von Wien, Graz, Innsbruck, Salzburg, Linz**. Wer die Entwicklungen mancher anderer wissenschaftlicher Gesellschaften und Persönlichkeiten kennt, wird mir zustimmen, daß es als besonders erfreulich hervorzuheben ist, daß zwischen unserer Gesellschaft und den Fakultäten keinerlei lähmende unsinnige Polaritäten entwickelt wurden, sondern eine erfreulich konstruktive, wechselnde Ergänzung ständig zunehmend statthat.

Schließlich soll noch der über Jahre gehenden, nur langsam aber doch fortschreitenden mühevollen Verhandlungen gedacht werden, welche im österreichischen **Dachverband für Psychotherapie** mit allen zuständigen Gremien geführt werden, um endlich auch die legistische Etablierung des Psychotherapeuten-Status mit daran anschließenden klaren Berührungsmöglichkeiten im Rahmen der sozialmedizinischen Institutionen zu erreichen. Hier ist Professor *Strotzka* für seine vieljährigen Mühen besonders zu danken, und wir freuen uns, daß bei diesem mühseligen und langwierigen Unterfangen auch unser Kollege *Bartl* in vorderster Reihe ständig mittätig sein kann und uns nun doch schon gewisse Silberstreifen am Horizont aufgezeigt hat. Endgültigen Erfolg und Durchbruch haben wir leider derzeit in Österreich noch nicht erreicht, dürfen ihn aber erhoffen.

Damit habe ich also gezeigt, daß unsere Gesellschaft eine solche ist, mit der man sich gerne identifiziert, der man gerne angehört, eine **Gesellschaft der lebendigen Verbindung zwi-**

schen Wissenschaft und Praxis in einer Atmosphäre freundschaftlicher Zusammenarbeit. Und wenn ich gesagt habe, daß es mir deshalb eine besondere Ehre und Freude ist, den *J.H. Schultz*-Preis gerade von dieser Gesellschaft überreicht zu bekommen, so habe ich mit meiner Darstellung gezeigt, warum das Wort „besonders" hier nicht einfach einem sprachlichen Aufputz, sondern meiner inneren Empfindung entspricht.

Wir Preisträger nehmen die Prämierung zur Verpflichtung, weiterhin mit unserer Gesellschaft zusammenzuarbeiten auf dem Weg einer „sozialen Integration der allgemeinen Psychotherapie" zum Wohle der Patienten und möchten dieses Versprechen mit dem Dank für die Preisverleihung verbinden.

Diskussionsbemerkung Barolin

Zu Prokop:

Bei gruppenmäßiger Vermittlung des Autogenen Trainings stellt sich die Frage eines individuellen **Umstellens der Formelreihenfolge** nicht, da man einen Allgemein-Standard für alle Gruppenmitglieder einhalten muß. Störungen bei einzelnen Organübungen sehen wir auch in der Gruppe, aber keineswegs nur bei der Herzübung. Wir bekommen fallweise schon schmerzhafte Muskelverspannungen bei der Schwereübung berichtet, dann die von *Prokop* angeführten unangenehmen Herzsensationen. Keineswegs selten sind aber auch beklemmende Gefühle bei der Atemübung mit besonders starker Störung des Allgemeinrhythmus der Übungen. Wir bleiben bei der ursprünglichen Reihenfolge, jedoch insofern flexibel und auch dem Patienten die Flexibilität vermittelnd, daß man ihn anweist, die Übung, welche ihn stört, einfach auszulassen (während die übrige Gruppe sie regulär macht) und mit der anderen Übung „darüber hinwegzugehen". Praktisch immer kommt es dann bei den Folgeübungen zu einer Lösung der Problematik bei der Einzelübung „von selbst".

Diese Vorgangsweise scheint uns zu einer psychotherapeutischen Grundhaltung des „Geschehenlassens" zu passen, welche eine der Quintessenzen des Autogenen Trainings ist.

Als zweites möchten wir besonders unterstreichen, daß wir das **isolierte Autogene Training** in der Art der „Vermittlung von Psychogymnastik" in 7 Stunden ablehnen. Wir möchten so weit gehen, daß das Autogene Training diesen Namen eigentlich nur behalten sollte, wenn es in eine komplexe Psychotherapie eingebettet ist, respektive als ein Mitinstrument dieser fungiert. – Wir wissen allerdings, daß wir damit von der Meinung mancher Kollegen abweichen. Sicherlich gibt es eine Reihe von vegetativ Gestörten, welchen das isolierte Autogene Training auch schon nützt. Das kann man aber meistens erst nachher beurteilen, im vorhinein kann keiner sicher sagen, ob und wie weit die vegetative Störung ein wesentliches Präsentiersymptom psychodynamischer Störungen ist. Wir glauben, daß das Autogene Training desavouiert wird, wenn man nur den einen vegetativen Teilaspekt ausnützt, ohne die zusätzlichen psychotherapeutischen Möglichkeiten im strengeren Sinn damit zu verbinden.

Selbst dort, wo wir **AT psychohygienisch** (also nicht bei Patienten, sondern bei Gesunden) im prophylaktischen Sinne anwenden, also bei Managern, Sportlern etc., sollte einerseits eine klare Analyse der Indikationsstellung (Leidensdruck etc.) vorangehen und sollte (selbst in einer relativ beschränkten und kurzen Anzahl von Stunden) die Möglichkeit der ausführlichen individuellen Besprechung gegeben sein. Da das leider nicht überall so gehandhabt wird, sehen wir immer Patienten, denen wir etwa Gruppentherapie mit AT vorschlagen, die dann sagen: „Aber wozu Autogenes Training? Habe ich ja schon in der und der Volkshochschule gelernt. Das ist völlig für die Katz!"

Zu Iversen:

Mir erscheinen folgende beiden Gesichtspunkte besonders wichtig, die *J.H. Schultz* in seiner Neurosenlehre betont.

1. Daß die Möglichkeit der psychodynamischen Fehlentwicklung (Neurosenentstehung) in ihrer Kausalität keineswegs nach der Kindheit aufhört, sondern **alle lebenskritischen Phasen** in der Lage sind, neurotische Reaktionsweisen auszuklinken. Ohne damit die Kindheitsentwicklung für die Neurosenentstehung etwa bagatellisieren zu wollen, wird da-

mit gleichzeitig die Überbetonung der reinen Betrachtung der Kindheitsentwicklung, welche bei manchen psychotherapeutischen Richtungen vorliegt, ins rechte Lot gerückt.

2. Die **Therapie vom Symptom her** wurde (wieder) „salonfähig" gemacht. Man darf und soll direkt bei den Beschwerden mit der Behandlung ansetzen, die der Patient uns berichtet. Das heißt wiederum nicht, daß man die dahinterstehende Psychodynamik skotomisieren soll. Im Vordergrund stehen jedoch die Beschwerden des Patienten und deren Besserung. Diese klare Herausstellung von *Schultz* entspricht meines Erachtens einer wichtigen ärztlichen Grundeinstellung, die deshalb besondere Betonung verdient.

Zu Gerber:

Die Art der Elterneinbeziehung in die psychotherapeutische Arbeit mittels einerseits Einzelgespräch über die Problematik, andererseits aber unter Ausschaltung der Eltern aus den eigentlichen psychotherapeutischen Übungen mit dem Autogenen Training scheint mir sehr wichtig und hat ihre Parallele in unserer **psychohygienischen Arbeit mit Spitzensportlern.** Auch dort hat sich gezeigt, daß wir einerseits mit unserem Autogenen Training nur reüssieren können, wenn wir gleichzeitig die (von uns so genannte) „Sportmanagergruppe" ebenfalls ins Autogene Training einführen und mit ihnen die wesentlichen Dinge besprechen. Es wäre jedoch auch dort ganz falsch und führt zu Verzerrungen, Störungen, Mißerfolgen, wenn man etwa die Trainer anleitet, das Autogene Training mit ihren Schützlingen zu machen, oder Funktionäre gemeinsam mit den Sportlern in eine Gruppe nimmt. Man muß sich klar darüber sein, daß sowohl persönlichkeits- als auch gruppendynamisch bei Funktionären und Sportlern völlig unterschiedliche Motivationsspektren bestehen, welche einander teilweise auch stören können. Auch in der Abhängigkeit der Sportler von den Sportfunktionären und daraus resultierender Ambivalenz zu diesen bestehen gewisse Parallelen zur Kind-Eltern-Beziehung.

Obwohl wir Einzelfälle kennen, in denen etwa auch Mütter letztlich erfolgreich mit ihren Kindern selbst Autogenes Training gemacht haben, scheint es wichtig, als Grundregel hier die **Eigenständigkeit des Kindes** zu betonen. Sonst fließt die psychotherapeutische Technik in das ubiquitäre Familienspannungsfeld mit den häufigsten Störfaktoren von Aggression und/oder Überprotektion mit ein und wirkt dann noch störungsverstärkend.

Kinder und Sportler haben ein weiteres gemeinsam, daß nämlich im allgemeinen der **Leidensdruck keineswegs so groß** ist, daß ein spontanes Weiterüben zustande kommt, und daß in irgendeiner Weise versucht werden muß, die Kontinuität aufrechtzuerhalten. In einem Kollektiv von **hirngeschädigten Heimkindern** konnte dies so gemacht werden, daß die Gruppenerzieher instruiert wurden und mit den Kindern dann täglich das Autogene Training geübt haben. Die Erzieher haben dabei eine wesentlich geringer Affekt-besetzte Rolle als die Eltern, wechseln einander auch durch den Tagesablauf turnusweise ab und zeigten sich durchaus geeignet (jedoch unter ständiger ärztliche Supervision und Zusatzbesprechung), hier als Zwischenvermittler zu fungieren.

Gegenteilig möchten wir hingegen wiederum die Möglichkeit negativ bewerten, das Autogene Training in den Schulen etwa von Lehrern vermitteln zu lassen. Hier ist die libidinöse Besetzung viel zu stark und überdies besteht unseres Erachtens **keine Indikation, in Schulklassen generell** das Autogene Training anzuwenden (wie sie etwa bei den hirngeschädigten Kindern aufgrund ihrer Störungen durchaus generell gegeben war). – Wir plädieren nicht für die Vermittlung in Schulen nach dem Gießkannenprinzip und meinen, daß das Autogene Training nach wie vor einer Indikationsstellung vorbehalten bleiben soll. Durch mangelnden Leidensdruck und daraus resultierender mangelnder Kontinuität bei einem derartigen Gießkannenprinzip in Schulen könnte das Autogene Training ebenso entwertet werden wie durch die einfachen „Psychogymnastikkurse" in den Volkshochschulen. Das führt dann dazu, daß ein Patient, der es später vielleicht einmal dringend wegen gewisser Störungen braucht, schon eine negative Einstellung dazu hat und nicht mehr in den Genuß des Autogenen Trainings kommen kann.

J.H. Schultz und sein Werk

H. Wallnöfer

Nennt man den Namen *J.H. Schultz*, so assoziiert jeder, der mit der Medizin oder Psychologie auch nur am Rande zu tun hat, überdies so mancher Sportler und Manager, das Autogene Training — und zwar seine Unterstufe. Der Psychotherapeut, der Lehrmeister einer bionomen Seelenheilkunde, der Analytiker, der kritische Denker ist eher vergessen. Viele seiner Gedanken müssen wieder einmal neu gedacht werden.

Das Phänomen mag damit zu erklären sein, daß *J.H. Schultz* keine „Lehre" im strengen Sinn anzubieten hatte, sondern eine Gesamtschau, die dem Ganzen verbunden war, der Bionomie, dem Lebensgesetzlichen. Er hat keinen -ismus begündet, sondern den — man muß leider sagen bisher gescheiterten — Versuch gemacht, eine wissenschaftlich universelle Psychotherapie zu begründen, die vom Belehren und Üben bis zur Selbstverwirklichung führt. Für ein solches Unterfangen ist es wohl auch heute — der Spezialistenkult steht nach wie vor in voller Blüte — noch zu früh, sofern ein solches Ziel überhaupt erreichbar ist.

Sein Hauptanliegen, die „Psychologisierung des Arztens" wurde in Amerika wenigstens für einige Gebiet durch Ärzte wie *N.D.C. Lewis* wesentlich früher verwirklicht. Auch wenn man manchmal berechtigte Zweifel hegt: letztlich handelt es sich dabei um eine folgerichtige und unaufhaltsame Entwicklung, an deren Wiege *J.H. Schultz* stand, ohne daß man heute — wo das ja alles so selbstverständlich ist — des einsamen Rufers in der Wüste und seiner Bemühungen gedenkt. Und doch war ein Großteil seiner Arbeit diesem Ziel gewidmet.

Im Vorwort zu seinem Lebensbilderbuch schreibt *Schultz*: „Arzt bin ich, nicht Historiker." Bei all den vielen Begabungen, die ihn auszeichneten, erscheint mir die Fähigkeit, Arzt zu sein — Arzt im alten Sinne des Wortes in seiner ganzen Vielfalt, mit den noch immer inhärenten Anteilen der Priester-Seelenarztbeziehung —, als der wichtigste Teil seiner Persönlichkeit. Es war sein ärztliches Anliegen, den Menschen wieder in die Heilkunde einzuführen, die Leidenden davor zu bewahren, ein interessanter Fall zu sein. Als Arzt brachte er das Bild vom gestürzten Pferd, dem weder der Zoologe noch der Veterinär, noch der Schutzmann helfen können — den Praktiker vertritt der Kavallerist, der weiß, wo man angreifen muß.

Sein oft mißverstandenes Verhältnis zur Psychoanalyse beleuchtet ein Absatz, veröffentlicht noch dazu im Jahre 1936 (!): „Ganz besonders viel bearbeitet und in weiteren Kreisen selten richtig erfaßt, ist die Stellung des Arztes in der eigentlichen Psychoanalyse. Der psychoanalytisch geschärfte Beobachtungsblick läßt erkennen, daß jede Beratung, jede unterstrichene Beispielwirkung, jedes gefühlhafte Auf-den-Kranken-Einwirken der letzten Grundforderung psychoanalytischer Arbeit widerspricht. Alle diese Maßnahmen haben nämlich eine menschliche Abhängigkeit zur Voraussetzung. Wer aber einmal erkannt hat, welche große und bis zur Lebensvernichtung gefährliche Rolle falsche menschliche Abhängigkeit bei allen Fällen von schwerer Neurose spielt, wird die strenge Forderung schulgerechter Psychoanalyse nach völliger Ausschaltung aller dieser Beziehungen ohne Rückhalt anerkennen."

Das menschliche Verhältnis zum Menschen *Freud* macht eine weitere Stelle aus der „Psychotherapie" deutlich: „Wir möchten daher nicht glauben, daß man den Begründer der Analyse als „Rationalisten" schlechtweg richtig charakterisiert; er ist u.E. weit eher ein um Exaktheit ringender Forscher, der sich selbst zum Trotz ein Künstler ist. Seine ausgesprochene und nachhaltige tiefe Kränkbarkeit ist sicher nicht ohne Verbindung mit diesen Zusammenhängen."

Um eventuellen Mißverständnissen vorzubeugen: Die „universelle" Psychotherapie oder die „bionome" schließen das analytische Arbeiten ein, es ist nicht ihr unmittelbares Ziel. *Schultz:* „Das zentrale Problem der Umschaltung aber können analytische Formulierungen nicht erreichen; es liegt − . . . − „tiefer", im biologischen Schalturgrund, wie beim Nachtschlaf. Dadurch wird der Wert analytischer Studien beim autogenen Training nicht gemindert."

Sein Einfühlungsvermögen in andere Wissenschaftler kommt gut in einem Brief von *Viktor von Weizsäcker* zur Geltung; dieser bedankt sich für die Besprechung des Buches „Gestaltkreis" und schreibt unter anderem: „Nun haben Sie nicht nur im handwerklichen Betracht, sondern auch in der allgemeinen geistigen Spannung ein Echo ertönen lassen, bei dem ich an manchen Stellen erst richtig zu hören glaubte, was ich selbst gesagt habe. Inzwischen lese ich, zum ersten Mal richtig, Ihr Autogenes Training, um auch zu entwollen."

Ach vom „Werk" lassen sich hier wohl nur einige Schlaglichter aufzeigen. Sein wissenschaftlicher Nachlaß ist − ohne die Hilfmittel einer Klinik, ohne Assistenten und Oberärzte − außerordentlich, umschließt von der Hypnose bis zur Analyse, von den Hesychasten bis zum Zen das Wissen seiner Zeit und kann es, was so selten ist, auch integrieren. Der somatische Gesichtspunkt kommt in der gleichen Exaktheit zum Tragen wie der psychologische und der tiefenpsychologische. Seine Verwertung von Meßergebnissen und statistischen Daten ist ebenso exakt wie seine Beschreibung von Analysen. Er war einer der ersten, die eine statistische Arbeit über psychoanalysierte Patienten vorlegten. Eine Gesamtausgabe seiner Werke fehlt leider noch.

Schultz konnte ganz offensichtlich etwas, was heute nur wenige können: naturwissenschaftlich exaktes Denken mit geisteswissenschaftlich exaktem Denken verbinden. Oder besser: er war fähig, sowohl in der einen wie in der anderen Sphäre zu denken.

Wie modern *J.H. Schultz* dachte, zeigt ein Zitat aus seiner schon erwähnten historischen Übersicht „Psychotherapie": „ . . . und nicht minder weiß jeder wahrhaft „bionom" Eingestellte, daß „krankes" und „gesundes" Geschehen nicht inkommensurabel verschiedene Qualitäten, sondern gewissermaßen quantitativ, funktional getrennte Lebenserscheinungen sind. Trotzdem muß immer wieder darauf hingewiesen werden, daß grundsätzlich − wie an ausgeprägten Fällen stets sofort deutlich − „Neurose" und „Lebensnot" ebenso wie „Neurose" und „Menschenleid" verschiedene Tatbestände sind, die verschiedene Hilfe und verschiedene Helfer verlangen." Sollte man das nicht gerade heute den „hilflosen Helfern" ins Gedächtnis rufen, könnte man damit nicht so manchem den Unterschied zwischen einer Heilung oder Besserung einer Krankheit und dem positiven Effekt eines guten Rates oder liebender Zuwendung in der Not klarmachen? Man könnte damit

vielleicht verhindern, daß solche – sehr wünschenswerte – Hilfe als Therapieeffekt mißverstanden und aus dem Verfahren gleich wieder eine neue Lehre abgeleitet wird.

Wie sieht es mit der Zukunft seines Werkes aus? Die überreichliche Nachfolgeliteratur beschäftigt sich – mit Ausnahme der Arbeiten in englischer Sprache von *W. Luthe* und
seinem Kreis – kaum mit einem der Hauptanliegen von *J.H. Schultz*, den wissenschaftlichen Hintergrund des AT zu erweitern. Sicher können nicht allein die Praktiker sein
Werk weiterführen, aber es gibt Anzeichen dafür, daß es auch hier zu einer Renaissance
kommen könnte: Ich denke u.a. an die Bücher von Hoffmann, Kraft, Garcia und Peresson.

Nicht nur die universelle Psychotherapie oder die Idee der bionomen Psychotherapie
haben sich (noch) nicht durchgesetzt, auch die Idee von der Entängstigung des Menschen
schlechthin ist ganz offensichtlich auf wenig Resonanz gestoßen. Angst ist für ihn **etwas**
Lebenswidriges und führt zur Herabsetzung des Biotonus. Sie scheint aber ein zu be-
quemes Mittel zur Machtausübung zu sein, als daß wir sie so rasch lassen könnten; auch
auf die Gefahr hin, daß wir selbst mit der Angst kämpfen müssen. Die Antwort auf
seinen Aufruf, alle Ärzte mögen sich zum Kampf gegen die Verängstigung zusammen-
schließen, blieb weithin ungehört. Vielleicht, weil er dabei auch auf die Angst bei seinen Kollegen selbst anspielte.

Ein besonderes Anliegen war ihm die Wirbildung, der Versuch, mit dem Patienten auf eine
gleiche menschliche Ebene zu kommen. Und er machte sich nicht überall beliebt, wenn er
schrieb: „Psychotherapie ist gebunden an eine vom Arzte verantwortlich gelenkte, sich
aber frei lebendig gestaltende Wirbildung, gleichgültig um welche Methode oder welche
Situation es sich handeln mag. So steht ja auch die moderne organismische Psychotherapie hypnotischer oder autogener Form völlig auf der Basis einer Arbeitsgemeinschaft
zwischen zwei gleichberechtigten und gleichwertigen Partnern, und es ist kein Zweifel, daß
gar manche Fehlschläge analytischer Arbeit, die vorschnell in das Schema „Übertragung
und Widerstand" eingeordnet werden, in Wahrheit hier ihre durchaus normalpsycho-
logische und ausreichende Begründung finden."

Liest man das Lebensbilderbuch, hat man einen gewissen Überblick über sein Schaffen,
hat man mit ihm gearbeitet und konnte man ihn bei der Arbeit beobachten – *J.H. Schultz*
lebte den größten Teil seines Lebens in und von der täglichen Praxis –, so findet man
etwas sehr Seltenes: Mensch und Werk bilden weitgehend eine Einheit. Er lehrte nicht nur,
er lebte auch seine Lehren in ständiger Selbstkontrolle: „Immer wieder muß der besonnene
Arzt sich fragen: „Helfe ich, um zu helfen, oder helfe ich, weil ich stolz auf mein Helfen-
können bin?" Es ist wirklich erstaunlich, wie schwer uns allen diese innere Trennung im
wirklichen tieferen und ernsten Sinn wird!" BP 17.

Es ist sicher kein Zufall, daß *Curt Götz J.H. Schultz* als Vorbild für seinen Prof. *Dr. med.
Hiob Prätorius* nahm, dem Schreckbild der meisten seiner Kollegen, der seine schönsten
Erfolge als heilender Schuster in Peepnest hatte.

Er hat nicht vergessen, woher er kam, aus einer Gesellschaft, die in Haltung aufgewachsen
ist. Schließlich war er der Sohn eines Ordinarius für Theologie. Er trat für die Freiheit aus
der Ordnung, für die Verantwortlichkeit aus dem Wissen und trotzdem für die Gleichheit
der beiden Menschen, die da miteinander arbeiten, ein. **Seine** Selbstverwirklichung bestand darin, den anderen zur eigenen Persönlichkeit zu führen, also den jeweils besonderen Menschen in ihm zu befreien.

Er warnte – wir wollen nicht vergessen, in der Zeit der Hochblüte des Führertums! – vor
dem Mißbrauch von Anlehnungsbedürfnis und Gemeinschaftdrang, vor der lebensvernich-
tend gefährlichen Rolle falscher menschlicher Abhängigkeit.

Sein Bemühen, den eigentlichen Kern einer Persönlichkeit zu befreien, führte und führt — wie die Arbeit der großen Weisen — dazu, daß sich aus seinem Werk jeder seinen Teil nehmen kann, der Ordnungssuchende die Ordnung, der Kritiker eines Verfahrens seine kritische Betrachtungsweise, der Mensch auf innerer Freiheitssuche, soweit es in seinen Kräften steht, die hilfreiche Hand zur Selbstverwirklichung.

J.H. Schultz bekam von *H.J. Oettel* ein Max-Plank-Wort, das ich Ihnen als Abschluß zum hundertsten Geburtstag des Meisters weitergeben möchte: Und vielleicht haben wir sogar allen Grund, die Endlosigkeit dieses stetigen Ringens um die aus unnahbarer Höhe winkende Palme als einen besonderen Segen für den forschenden Menschengeist zu betrachten. Denn sie sorgt unablässig dafür, daß ihm seine beiden edelsten Antriebe erhalten bleiben und immer wieder von neuem angefacht werden: Die Begeisterung und die Ehrfurcht." Ki GN 9.

Literatur

Schultz, J.H.: Das autogene Training. 13. Auflage, Stuttgart 1970.

Schultz, J.H.: Bionome Psychotherapie. Stuttgart, 1951.

Schultz, J.H.: Grundfragen der Neurosenlehre. München, o.J. (TB) Orig. 1955.

Garcia, J.: Autogenes Training und Biokybernetik. Stuttgart 1983.

Hoffmann, B.: Handbuch des autogenen Trainings. München.

Kraft, H.: Autogenes Training, Methodik und Didaktik. Stuttgart 1982.

Schultz, J.H.: Lebensbilderbuch eines Nervenarztes. Stuttgart 1964.

Schultz, J.H.: Neurose — Lebensnot — Ärztliche Pflicht. Leipzig 1936.

Schultz, J.H.: Psychotherapie. Leben und Werk großer Ärzte. Stuttgart, 1952.

Schultz, J.H.: Die seelische Gesunderhaltung. Berlin, 1942.

Die Stellung des Autogenen Trainings in der modernen Psychotherapie

H. Strotzka

Ich glaube, daß ein Vortrag über die Stellung des Autogenen Trainings in der modernen Psychotherapie nicht von einem allgemeinen Standpunkt her gehalten werden kann, sondern nur aus der offengelegten persönlichen Entwicklung, wie ich es hier versuchen will. Die andere objektive Alternative wäre etwa, empirisch zu untersuchen, wer, wann, wie, bei wem das Autogene Training anwendet, wie die Ergebnisse von Therapeut und Patient beurteilt werden und welche Methoden vor- und nachher mit welchem Erfolg angewendet wurden. Die enormen Schwierigkeiten eines solchen Unterfangens brauchen nicht weiter diskutiert zu werden. Bestenfalls würde auf diesem Weg ein Augenblicksbild einer bestimmten Region entstehen mit zahlreichen Fehlerquellen, das wenige Jahre später wieder ganz anders ausfallen würde. Die psychotherapeutische Szene ist derart vielfältig und wechselnd geworden, daß ihre empirische Erfassung immer schwieriger wird. Das NIMH in Bethesda rechnet derzeit mit über 250 Techniken, die aufgrund einer Theorie angewandt werden und die miteinander konkurrieren, doch darauf will ich später zurückkommen.

Die Stellung des Autogenen Trainings in der psychotherapeutischen Szene in Mitteleuropa im Laufe ihrer Geschichte spiegelt sich also in der Erfahrung eines psychotherapeutisch interessierten Psychiaters, der diese Jahrzehnte aktiv und passiv mitgemacht hat, wenn natürlich auch sehr subjektiv, vielleicht lebendiger wider.

Ich habe 1935 bis 1940 in Wien Medizin studiert. In dieser Zeit habe ich in dem legendären studentischen „Verein für medizinische Psychologie" Kurse bei *Stengel* über Psychoanalyse, *Nowotny* über Individualpsychologie und *Jan Ehrenwald* über Suggestion und Hypnose mitgemacht und viel gelesen — psychoanalytische Literatur bei Maudrich, seit 1938 auch unter dem Ladentisch (man mußte nur warten, bis niemand im Laden war). An der Universität habe ich mehrere Semester die einzige Psychotherapie-Vorlesung gehört, die es gab, bei *Heinrich Kogerer*. Meist waren wir nur drei Hörer; die Vorlesung, eine eklektische, eher psychoanalysefreundliche Psychotherapie, bei der ich vom Autogenen Training das erstemal hörte, war leider auch wenig anregend. Ich habe *Kogerers* Lehrbuch jetzt wieder gelesen und mich lebhaft erinnert. Der niedrige Rang der Psychotherapie wurde mir klar, als ich im März als „Ersatzhilfsarzt" an der Psychiatrischen Universitätsklinik bei *Pötzl* eintrat und mit meinem Wunsch, Psychotherapie machen zu wollen, großes Erstaunen erregte. Damals habe ich als Autodidakt Hypnose und Autogenes Training praktiziert und war von *J.H. Schultz'* Buch fasziniert. Das halbe Jahr Psychiatrie vor dem Einrücken bewährte sich sehr, denn nach einer schweren Verwundung 1941 wurde ich zuerst im peripheren Nervenverletzungslazarett Rosenhügel und dann im Hirnverletzungslazarett in der Pfeilgasse verwendet. Dann war ich wieder ein Jahr Truppenarzt und kam schließlich 1944 an die neurologisch-psychiatrische Abteilung eines Kriegslazaretts in

Oberitalien, damals mit dem Funktionstitel eines „provisorischen Kriegsfacharztes". Nach weiteren 1 1/2 Jahren in einem amerikanischen POW-General-Hospital in Pisa, wo ich zum erstenmal mit amerikanischer Literatur in Berührung kam, kehrte ich 1946 nach Wien zurück. Auch in dieser Zeit waren Suggestion und Autogenes Training (erstmals auch in Gruppen) die einzigen Psychotherapiemethoden, die neben einer sehr unsystematischen Gesprächstherapie anwendbar waren.

Nach meiner Rückkehr landete ich bei *Stransky* und dann ab 1949 bei *Hoff* am Rosenhügel. Die vornehme Toleranz *Stranskys* erlaubte es zunehmend, psychoanalytisch zu arbeiten. Er selbst vertrat ja die berühmte ASR (Autoritäts-Subordinationsrelation), die für uns Junge eine wenig komisch wirkte. Einige Jahre experimentierte ich noch mit Suggestion — vor allem mit der damals modischen Narkotherapie —, die ja auch von *Hoff* stark favorisiert wurde. Daneben lief aber ständig in Einzel- und Gruppentherapie das Autogene Training als wertvolle stabile Technik, allerdings immer nur die Unterstufe. Ich persönlich meinte damals, daß die Oberstufe, besonders wenn sie von nichtanalysierten Therapeuten angewendet werde, zu leicht zu einer wilden Analyse werden könnte. In diese Zeit fiel auch die Entwicklung gewisser Modifikationen des Autogenen Trainings, obwohl mir bekannt war, daß *Schultz* jede auch nur geringe Abweichung von seinen Regeln perhorreszierte. Mir war aber das ganze System zu rigide und exerziermäßig, und ich bin auch heute noch der Meinung, daß jeder sich sein individuelles Autogenes Training mit großen Freiheitsgraden erarbeiten soll.

Ich erinnere mich an einen Morgenspaziergang mit *Schultz* während eines Kongresses in Wien im Schönbrunner Park (es muß in den frühen 50er Jahren gewesen sein), wo ich ihm mit großer Angst meine Variationen darlegte. Ich erwartete ein Strafgewitter; er war aber freundlich-verstehend, wenn auch nicht sehr glücklich, und mir waren seine Bedenken gegen Veränderungen auch sehr verständlich. Schließlich gab er mir aber sein plein-pouvoir. Ich war damals von seiner Persönlichkeit sehr berührt.

1946 — 1949 war ich Mitglied des Carusokreises, wo ich viele Anregungen erhielt, wechselte aber 1950 zur Wiener Psychoanalytischen Vereinigung, wo ich bei *Alfred von Winterstein* meine Lehranalyse begann. Bei Erhaltung persönlicher Freundschaft zu *Caruso* war dieser Wechsel ideologisch bedingt. Mein Pragmatismus, den man wohl als neopositivistisch bezeichnen könnte, paßte doch nicht recht zu *Caruso*.

In der Psychoanalyse bin ich dankbar, daß ich neben der Hauptarbeit mit dem für mich ein wenig vorsichtigen Winterstein noch bei *Schneider* in Basel und Heilbrunn lehranalytische Erfahrungen machen durfte. Als Kontrollanalytiker bin ich *Solms* dankbar. Die Art meiner Tätigkeit im Psychotherapeutischen Ambulatorium der Wiener Gebietskrankenkasse und meine sozialpsychiatrische Haltung bedingten, daß ich echte große Analysen selten machte (später dann vorwiegend nur als Lehranalysen), sondern vorwiegend psychoanalytisch orientierte Psychotherapie, so ähnlich wie die Focaltherapie von *Balint* und *Malan*. Experimente in psychoanalytischer Gruppen- und Familientherapie boten viele Anregungen, auf die ich hier aber nicht eingehen kann.

Es ist interessant, daß über diese ganze Zeit das Autogene Training fast konstant ca. 15% der von mir angewendeten Techniken einnahm. Dies spricht m.E. dafür, daß in all diesen Zeiten ein konstantes Indikationsgebiet bestanden hat. Es wird nicht überraschen, daß es die vegetativen Neurosen sind.

Es ist nun eine unbezweifelbare Tatsache, daß ein Psychotherapeut, der nur **eine** Methode beherrscht, diese Technik mit einem enorm breiten Indikationsbereich notwendigerweise verbindet und in dieser Methode eine besondere technische Vollkommenheit erreicht.

Mit diesem positiven Aspekt verbindet sich allerdings auch ein negativer — diese eine Technik wird auch auf Indikationen bezogen, wo andere Möglichkeiten vielleicht eher im Interesse des Patienten gelegen wären.

Nun ist das Autogene Training besonders für eine solche Ausdehnung geeignet. Es ist eine für Therapeuten (die natürlich eine Selbsterfahrung brauchen) und Patienten leicht erlernbare Technik, Schädigungen kommen praktisch nicht vor — *Schultz* selbst war wohl hier ein wenig zu ängstlich. Depressionen, Zwangsneurosen, Psychopathien (ich verwende hier absichtlich den obsoleten Ausdruck aus Gründen der leichten Verständlichkeit) und Psychosen ausgenommen, ist fast die ganze Psychopathologie geeignet.

Um die sehr einleuchtende Neuroseneinteilung von *Schultz* zu verwenden, sind es Femd- und Randneurosen, wo das Autogene Training besonders angezeigt ist. Bei Schicht- und Kernneurosen muß in der Regel auf kausal den Konflikt direkt angreifende Therapien übergegangen werden. Ich habe zur Vorbereitung auf diesen Vortrag nach Jahrzehnten wieder die „seelische Krankenbehandlung", die „bionome Psychotherapie" und das „Autogene Training" überflogen und war fasziniert, wie modern fast alles ist, was *Schultz* seinerzeit konzipiert hat. Es ist andererseits ein wenig deprimierend, wie sehr *Ben Akibas* Spruch, daß „alles schon dagewesen ist", gerade für die Psychotherapie gilt. Kleinigkeiten, wie daß der Ausdruck „Tiefung" nicht glücklich gewählt war und zu Recht wieder verschwunden ist, spielen keine Rolle.

Wir haben an unserem Institut die Möglichkeit, mehrere Psychotherapiemethoden relativ gut dokumentiert miteinander zu vergleichen, und auch hier zeigt es sich, daß Therapeuten verschiedenster theoretischer Orientierung in mindestens etwa 10% der Patienten das Autogene Training anwenden. Mit besserer Ausbildung der Therapeuten sind auch meine Einwände gegen die Oberstufe geringer geworden. Der Übergang — gerade in dieser wissenschaftlichen Gesellschaft — zu gelenkten Tagträumen und zum katathymen Bilderleben Leuners ist auch durchaus einleuchtend. Ich habe seinerzeit auch gegen die Kombination von übenden mit aufdeckenden Verfahren etwa in der zweigleisigen Standardmethode von Kretschmer und Langen opponiert. Die Erfahrungen der letzten Jahre an einem interdisziplinären und methodenpluralistischen Institut, die wir etwa in unseren „Fallstudien" dokumentiert haben (*Strotzka,* 1979), haben meine Zweifel weitgehend entkräftet.

Die Einordnung des Autogenen Trainings in das Spektrum prinzipieller Möglichkeiten der psychotherapeutischen Beeinflussung als autosuggestiv-übende Behandlung zeigt das folgende Schema, das gestattet, eine Ordnung herauszukristallisieren.

Ich habe versucht, die Stellung des Autogenen Trainings im bunten und verwirrenden Bild der psychotherapeutischen Szene von einem subjektiven Standpunkt aus als einen unverlierbaren und bedeutenden Fortschritt zu skizzieren.

Ich darf noch mit einer Anekdote schließen, da ich fürchte, vielleicht der letzte noch überlebende Zeuge des zu beschreibenden Vorfalls zu sein.

Es war anläßlich des 70. Geburtstags von *J.H. Schultz* (1954) bei einem Festbankett in Lindau; es sprachen damals viele Redner, ich erinnere mich nur mehr an Kretschmer und Speer, voll des höchsten Lobes. Am Schluß stand Schultz selbst auf und sagte die folgenden denkwürdigen Worte: „Danke für die Blumen — ik alleene kenne die Canaille" und setzte sich wieder.

Dieser Geist der Selbstironie möge bei den Psychotherapeuten erhalten bleiben.

„Ewige" Konzepte der Psychotherapie	historische Weiterentwicklung ca. 1900	ca. 1940 – 1970	Verwissenschaftlichung neue Paradigmen
1. Üben, Lernen, Konditionieren (Information)	Pawlow	Verhaltenstherapie	
2. Suggestion	Liebault Bernheim Coué	Autogenes Training	
3. Persuasion	Dubois		
4. Beratung		Case-work Rogers-Gesprächstherapie (unspezifisches Konditionieren)	„psychotherapeutische Grundhaltung"
5. Einsicht (Bewußtmachung)	Freud Adler Jung	Psychoanalyse Psychoanalytische Psychotherapie Neopsychoanalytische Richtungen	
6. Gruppenwirkung		Gruppentherapie aller Art	
7. Katharsis Ekstase Ausagieren Meditation			Familientherapie Gestalttherapie Transaktionsanalyse Encountergruppen Primärtherapie
8. Konfrontation mit Paradoxa		Logotherapie	Kommunikationstherapie

Abb. 1: Grundprinzipien der Psychotherapie und deren Weiterentwicklung (Strotzka, 1980)

Literatur:

Kogerer, H.: Psychotherapie. Ein Lehrbuch für studierende Ärzte. Verlag von Wilhelm Maudrich, Wien 1934.

Müller-Hegemann, D.: Psychotherapie. Ein Leitfaden für Ärzte und Studierende. VEB Verlag Volk und Gesundheit, Berlin 1957.

Schultz, J.H.: Das Autogene Training (Konzentrative Selbstentspannung). 8. Auflage, Georg Thieme Verlag, Stuttgart 1953.

Schultz, J.H.: Die seelische Krankenbehandlung. 7. Auflage, Gustav Fischer Verlag, Stuttgart 1958.

Schultz, J.H.: Lebensbilderbuch eines Nervenarztes. Georg Thieme Verlag, Stuttgart 1964.

Strotzka, H.: (Hrsg.) Fallstudien zur Psychotherapie. Urban & Schwarzenberg, München-Wien-Baltimore 1979.

Strotzka, H.: (Hrsg.) Der Psychotherapeut im Spannungsfeld der Institutionen. Urban & Schwarzenberg, München-Wien-Baltimore 1980.

Stokvis, B.: Psychotherapie für den praktischen Arzt. S. Karger, Basel 1961.

Die Unterstufe des Autogenen Trainings

H. Prokop

Das Autogene Training unseres verehrten Meisters Prof. Johannes Heinrich Schultz bildet die einzige Psychotherapieform, die in sehr differenzierter Weise den Leib-Seele-Bezug berücksichtigt. Die so wichtigen, von J.H. Schultz geprägten Begriffe *bionom* und *organismisch* müssen daher an den Beginn gestellt werden. Diese für den Psychotherapeuten so wichtige Betrachtungsweise hat ja auch in der von J.H. Schultz entwickelten Neurosenlehre mit Recht gebührenden Eingang gefunden.

Bei dem Versuch, die Wirkungsweise des Autogenen Trainings (A.T.) zu beschreiben, verdienen vor allem sechs Gesichtspunkte hervorgehoben zu werden:

1) Das A.T. ist ein „Übendes Verfahren."

2) Das A.T. führt zu Umschaltvorgängen, die etwas mit bedingten Reflexen (I.P. Pawlow) zu tun haben. Am Rande kommt es hier zu einer Berührung mit konditionierenden Vorgängen im Rahmen der Verhaltenstherapie. Die Konditionierung im A.T. erfolgt jedoch in der Entspannung.

3) Das A.T. läßt sich als psychosomatisches Verfahren betrachten. Psychosomatische Krankheiten lassen sich unter dem Blickpunkt fehlerhafter Konditionierungen sehen und sind damit für A.T. ansprechbar.

4) Garcia ist das neue Denkmodell „Autogenes Training und Biokybernetik" zu verdanken. Durch die Entspannung kommt es zu Einwirkungen auf die vegetativen Regelkreise. Vegetative Fehlsteuerungen werden beseitigt.

5) Das A.T. stellt eine Selbsthypnose dar. Historisch kommt bekanntlich Vogt das Verdienst zu, hier die erste Pionierarbeit geleistet zu haben. Abzulehnen ist jedoch, wenn einseitig analytisch orientierte Therapeuten das A.T. abwerten und lediglich als „Selbsthypnose" abstempeln.

6) Im A.T. kommt es auch zu einer Selbstanalyse. Die Persönlichkeitserweiterung, die sich durch das A.T. ergibt, und vor allem der bessere Kontakt zum Unbewußtsein, zeigt sich in der Zunahme der Quantität, aber auch der Qualität der Träume. Insofern kommt das A.T. auch der Persönlichkeitsbildung zugute.

Je nach der Art der vorliegenden psychischen oder psychosomatischen Störung läßt sich einer dieser sechs genannten Ansätze in der Therapie besonders betonen.

Die vorübergehende Abwertung des A.T., die es von anderen Psychotherapieformen erhalten hat, dürfte nun endgültig vorbei sein. Das A.T. hat seinen Wert in so mannigfaltiger Form bewiesen, daß geringschätzende Einstellungen als historisch überholt gelten können. Inferioritätsgefühle von Therapeuten, die aktive und pragmatische Psychotherapie betreiben, sind nicht mehr berechtigt.

Übungen

Die Bedeutung der Grundübungen, des Schwere- und Wärmeerlebnisses, kann man gar nicht genug unterstreichen. Sie bilden die wichtigste Grundlage. Man soll diese wichtigen Grundübungen nicht gegenüber den Organübungen benachteiligen und den letzteren Übungen eine größere Bedeutung zumessen. Bei den Organübungen erscheint es als besonders wesentlich, das Leibgespür zu wecken. Dieses wieder hilft dabei, Entspannungsvorgänge zu lokalisieren und mitzuwirken, das Organerlebnis bei der Herzübung, Atemübung und bei der Sonnengeflechtsübung zu entdecken.

Bei der Übermittlung ist es günstig, auf die Vorgänge von Rhythmik und Periodik einzugehen. Dies auch deswegen, weil dank dem A.T. die Beziehungen zu den rhythmischen und periodischen Abläufen des Körpers, z.B. Tages-Nachtperiodik, immer inniger werden.

Zweckmäßig ist es auch, bei jeder Übung für diejenigen, die sich schwer tun, einen kleinen Trick anzugeben, der hilft, das Erlebnis rascher zu realisieren. Jede einzelne Organübung ist kultivierbar bis zu einer gehobenen Stufe oder — wenn man sich so ausdrücken will — bis zu einer Art von Meisterschaft.

Bei der Übermittlung erscheint es manches Mal zweckmäßig, die Atemübung — entgegen der von Prof. J.H. Schultz angegebenen Reihenfolge — vor der Herzübung einzusetzen. Die Herzübung stellt ja bekanntlich die einzige Übung dar, die einerseits zu Beschwerden führen und andererseits sich dem Erspüren lange Zeit widersetzen kann. Bei der Herzübung ist es auch zweckmäßig — um den nicht seltenen Beschwerden vorzubeugen — als einleitende Formel „angenehmes, lösendes Empfinden im Herzbereich" einzusetzen.

Geringfügige Änderungen der Formeln sind durchaus zulässig. Auch Langen hat dies bejaht. Nur dürfte der Charakter der Originalmethode nicht verlorengehen.

Zur „Formelhaften Vorsatzbildung"

Die umstrittene Frage, ob jede Formel positiv formuliert sein muß oder auch negative Worte enthalten kann, ist inzwischen toleranter gelöst worden. Es zeigt sich, daß auch durchaus negative Formulierungen, wenn sie vom Patienten gewünscht werden, eine positive Wirkung entfalten können.

Die „Formelhafte Vorsatzbildung" hat — soweit es sich nicht um leibbezogene Formeln handelt — eine nähere Beziehung zur Selbsthypnose. Wichtig ist, daß die „Formelhaften Vorsatzbildungen" möglichst persönlichkeitsgerecht sind, dann erweisen sie sich auch als besonders wirksam. Ebenfalls ist von Bedeutung, daß diese „Formelhafte Vorsatzbildung" eine möglichst direkte, klare Gestaltung erhalten soll. Es erweist sich als weniger zweckmäßig, wenn Worte wie *müssen, wollen, können, dürfen* oder *sollen* enthalten sind.

Indikationen:

Die hervorragende Bedeutung des A.T. für die Volksgesundheit spiegelt sich auch darin wider, daß es präventiven Aufgaben dienlich ist. Es ist daher auch für Gesunde von Nutzen und hat dementsprechend als Instrument der Gesundheitsprophylaxe weiteste Verbreitung gefunden. In diesem Rahmen bildet das A.T. auch die derzeit wohl brauchbarste Methode zur Behandlung der „Umweltneurosen". Die „Umweltneurosen" mit den durch unseren Lebensstil verursachten Schlafstörungen, Depressionen und Symptomen vegetativer Entgleisung sprechen auf A.T. besonders gut an. In diesem Zusammenhang ist auch auf die wertvollen Untersuchungen von Leitner hinzuweisen, der mit seiner mit dem J.H.-Schultz-Preis ausgezeichneten Arbeit den Streß-Abbau durch A.T. dokumentieren konnte.

Zudem ist es für die Volksgesundheit von größtem Wert, daß das A.T. bei sehr vielen Patienten die Verwendung von Psychopharmaka, vornehmlich aus der Reihe der Tranquilizer, entbehrlich macht. Schlafförderung, der Abbau von Wetterfühligkeit und die Behandlung von Reisekrankheiten sind unter diesen allgemeinen Indikationen, die auch Gesunden zugute kommen können, hervorzuheben.

Soweit aber das A.T. zur Behandlung von psychisch Kranken herangezogen wird, sind die Anwendungsmöglichkeiten nahezu unbegrenzt. Es gibt kaum eine Neurose, bei der nicht das A.T. entweder als Basisbehandlung oder als ein andere Psychotherapieverfahren unterstützendes Instrument herangezogen werden kann.

Ohne auf die weiteren Anwendungsmöglichkeiten bei Neurosen, die eine Monographie füllen würden, hier eingehen zu können, möge nur auf die Prüfungsneurosen und Lernstörungen hingewiesen werden. Im Rahmen der Badgasteiner Seminare wurde in ausführlicher Weise von den außerordentlich günstigen Ergebnissen bei dieser Patientengruppe berichtet.

Darüber hinaus steht außer Zweifel, daß das A.T. bei allen psychosomatischen Krankheiten eine wichtige, teils im Vordergrund befindliche, teils analytische Verfahren begleitende Therapie darstellen kann. Die früher unberechtigte Auffassung, daß sich A.T. und tiefenpsychologische Verfahren gegenseitig ausschließen, wurde inzwischen schon längst korrigiert. Man kann heute sogar sagen, daß beide Psychotherapietechniken einander zwingend benötigen. Es gibt hier keinen gegenseitigen Ausschluß. Man kann so weit gehen und die These aufstellen: a) Es ist nicht möglich, bei psychoanalytischen Störungen eine Heilung lediglich durch Analyse zu erzielen. b) Es ist aber auch nicht möglich, bei psychosomatischen Störungen eine Heilung nur mit Autogenem Training zu erzielen. Als Notwendigkeit ist anzusehen, das A.T. mit analytisch-orientierten Gesprächen zu verbinden.

Wer jahrzehntelang gesehen hat, daß Patienten mit schwerem Asthma, mit Colitis ulcerosa und mit Magengeschwüren durch die Kombination A.T. und tiefenpsychologisch orientierte Behandlung gesund geworden sind, ist davon überzeugt, daß in dieser Symbiose die besten Heilungschancen liegen.

Auch auf die hervorragende Bedeutung des A.T. als zusätzliche, Medikamente unterstützende Gefäßentspannung bei Hypertonikern sei verwiesen. Es erscheint bedauerlich, daß im Kreis von Gynäkologen noch nicht diese so zentrale Psychotherapieform Eingang gefunden hat. Zumindest hierzulande muß man sagen, daß gerade in der Geburtshilfe bis jetzt nur von wenigen Gynäkologen das A.T. als eine, zumindest die Eröffnungsperiode unterstützende Technik verwendet wird.

Zu den wohl schönsten ärztlichen Aufgaben zählt die „Mobilisierung von Restfunktionen". Etwa zwei Drittel der Patienten des praktischen Arztes weisen Funktionseinbußen nach abgelaufenen Krankheiten auf. Diese Patienten sind gezwungen, mit einem Leistungsdefizit leben zu müssen, sei es ein Zustand nach Lungentuberkulose, eine Funktionseinbuße nach Hepatitis oder ein Restzustand nach einer abgelaufenen neurologischen Erkrankung. Die Vorgänge der Entspannung und der verbesserten Durchblutung im A.T. lassen sich hier dienstbar machen, wobei in der Regel nicht nur eine Anhebung des Leistungspotentials erreicht wird. Auch der psychische Faktor ist von Bedeutung, kann sich doch der Patient nun auch selbst helfen. Er fühlt sich einem Leistungsdefizit aufgrund einer Organstörung nicht mehr machtlos ausgeliefert. Er kann selbst einen Beitrag leisten, um sich mit dem A.T. zu helfen. Gerade hier im Bereich der „Mobilisierung von Restfunktionen" läßt sich das A.T. noch sehr ausbauen.

Als weiteres Gebiet, in dem das A.T. in noch größerem Umfang eingesetzt werden sollte, ist der Suchtbereich zu bezeichnen. Dies gilt nicht nur für den Nikotinmißbrauch allein, auch die Entwöhnung bei Alkoholikern läßt sich durch A.T. sehr gut fördern. Dies hat sich auch in dem von uns aufgebauten Genesungsheim für Alkoholiker in Tirol als wertvoll erwiesen.

Bei jugendlichen Rauschdrogensüchtigen läßt sich hingegen das A.T. lediglich als ein die Abstinenzerscheinungen milderndes Verfahren einsetzen. Die Suchtmechanismen sind allerdings so tiefgreifend, daß das A.T. nicht in der Lage ist, die Suchtmechanismen zu durchbrechen.

Das A.T. eignet sich für den praktischen Arzt und für den praktizierenden Facharzt hervorragend zur Übermittlung an Gruppen von Patienten mit bestimmten Organerkrankungen. Patienten mit Einschränkungen im Funktionsbereich von Herz-Kreislauf und Atmung oder an abdominellen Erkrankungen beziehungsweise an Beschwerden aus dem rheumatischen Formenkreis leidend, können in Gruppen zusammengefaßt werden. Hier stellt zwar das A.T. die Basisbehandlung dar, doch gleichzeitig werden gerade in einer solchen Gruppe an den Arzt zahlreiche Fragen gestellt, die Diät und Lebensführung, aber auch persönliche Probleme betreffen. In der Regel läßt sich in diesem Rahmen, mehr als in der Sprechstunde, ein persönlicher Kontakt zum Arzt herstellen, den der Patient dankbar annimmt. Diese therapeutischen Gruppensitzungen eignen sich auch hervorragend für Aufgaben der Prävention und Psychohygiene.

Hinsichtlich der Übermittlung des A.T. für Gruppen ist auf die großen Erfahrungen des Pioniers im A.T., *Binder*, hinzuweisen sowie auf den fördernden Gruppeneffekt, der beim A.T. besonders zum Tragen kommt.

In modifizierter Weise kann das A.T. allen Altersgruppen zugute kommen. Soweit es um die Behandlung von Kindern geht, sind die Monographien von *Biermann*, *Eberlein* und *Kruse* erwähnenswert.

Besondere Verdienste in der Übermittlung des A.T. bei alten Menschen hat sich *Barolin* erworben. Die schöne Arbeit „Gruppenpsychotherapie mit integriertem Autogenen Training bei Senioren" von *Barolin* und *Wöllerstorfer* wurde mit Recht mit dem *J.H.-Schultz*-Preis ausgezeichnet. Außerordentliche Wertschätzung hat sich das A.T. auch im Seniorenstudium an der Universität Innsbruck erworben. Dieser Aufgabe habe ich mich seit Jahren mit Freude unterzogen, wobei nicht nur die Unterstufe, sondern auch die Oberstufe des A.T. übermittelt wurde.

Immer mehr hat es sich als geradezu zwingend notwendig erwiesen, eine gediegene Ausbildungsgrundlage für die Übermittlung des A.T. zu schaffen. Die Österreichische Gesellschaft für Autogenes Training und Allgemeine Psychotherapie hat versucht, in ihren Ausbildungsvorschriften dieser Aufgabe gerecht zu werden. Nach den Statuten der Gesellschaft dürfen nur solche Personen, die den Nachweis dieser Ausbildung erbracht und sich entsprechenden Prüfungen unterzogen haben, A.T. übermitteln.

Abschließend sei noch unterstrichen, daß nunmehr das A.T. auch im Medizinstudium einen festen Platz gefunden hat. In dem neuen Unterrichtsfach „Medizinische Psychologie und Psychotherapie" wird das A.T. nicht nur als eine sehr wichtige Psychotherapieform vorgetragen, sondern es werden die Kenntnisse über das A.T. im Rigorosum — keineswegs oberflächlich — geprüft. Auch in Innsbruck — ich baute ab dem Jahre 1969 die „Medizinische Psychologie und Psychotherapie" hier auf — wurde von mir im Unterricht und bei den Rigorosen dem A.T. der ihm gebührende Platz zugewiesen.

Die formelhaften Vorsatzbildungen des Autogenen Trainings

G. Krapf

Meine sehr verehrten Damen und Herren,

wenn ich heute zu Ihnen über die formelhaften Vorsatzbildungen spreche, so habe ich fast den Eindruck, daß ich Eulen nach Athen bzw. Bad Gastein trage. Denn ich kann Ihnen nichts Neues mitteilen, nichts, als was Sie zum Teil sicher schon längst wissen. Trotzdem will ich den Versuch wagen.

Zunächst zur Begriffsbestimmung: *J.H. Schultz* wurde von seinen Patienten und Schülern, die soeben in das AT eingeübt waren, oft gefragt, was sie mit ihrem Training jetzt anfangen könnten. Ich erinnere mich seiner knappen und klaren Gegenfrage: ,,Was stört Sie?"

Eine Reihe von Störungen körperlicher und seelischer Art schwinden bereits durch die Einstimmung auf die bekannten sechs Standardformeln in Richtung einer größeren Ausgewogenheit oder auch Ökonomisierung unwillkürlicher, vegetativer Abläufe. Hand in Hand mit einer vermehrten Gelassenheit gegenüber störenden Einflüssen von außen verhindert die ,,Resonanzdämpfung der Affekte" (*J.H. Schultz*) das Auftreten zu heftiger, inadäquater Reaktionen von innen. Fogerichtig und m.E. zu Recht hat Kraft die Bezeichnung ,,Resonanzdämpfung ü b e r schießender Affekte" eingeführt. Der von Luthe geprägte Begriff ,,Neutralisation" weist in die gleiche Richtung.

Trotz all dieser eben angeführten positiven Auswirkungen entdecken − ähnlich wie bei *J.H. Schultz* − viele Teilnehmer eine Störung in sich, die ihnen erst jetzt zum Bewußtsein gekommen ist. Dies mag wohl damit zusammenhängen, daß Störendes im gelösten Selbsterleben autogener Verinnerlichung deutlicher und besser wahrgenommen werden kann als in dem oft von lärmenden, äußeren Einflüssen überschatteten Alltag.

Hier nun setzt mit den formelhaften Vorsatzbildungen eine weitere Möglichkeit des AT ein. Der Übende vermag damit einen neuen, persönlichen Akzent zu setzen.

Formelhafte Vorsatzbildungen sind Anregungen, Einstellungen oder Aufträge, die sich der Übende im Zustand der Versenkung vornehmen oder vorstellen kann und die ihm dann in der Realität als ,,Vollzugszwang" − sozusagen automatisch − zur Verfügung stehen. Solche Vollzugszwänge sind automatisch ablaufende, nicht von bewußt willentlichen Impulsen gesteuerte Handlungen. Sie haben damit einen wesentlichen Anteil an einem geordneten Ablauf unseres Daseins − selbstverständlich entspricht das ganze AT einem, wie es *J.H. Schultz* nennt, ,,erworbenen Vollzugszwang im normalen Seelenleben".

Von der Hypnose her, die ja bekanntlich bei der Entstehung des Autogenen Trainings Pate gestanden hat, ist der sogenannte posthypnotische Auftrag ein durchaus geläufiger Begriff. Jedoch ist ein Vergleich mit der formelhaften Vorsatzbildung nur bedingt richtig: beim AT ist die Eigenarbeit das Entscheidende, und nicht das Geführtwerden durch einen anderen.

Synonym mit dem posthypnotischen Auftrag wird der Begriff der „wandspruchartigen Leitsätze" gebraucht. Er entstammt der von Kretschmer und Langen beschriebenen „gestuften Aktivhypnose", die sich zu der sogenannten „zweigleisigen Standardmethode" weiterentwickelt hat. In der für mein Gefühl nicht empfehlenswerten Broschüre „Autogenes Training für jeden", ein für Laien geschriebenes Buch, das zum selbständigen Erlernen des AT auffordert, um nicht zu sagen verführt, wird der Begriff der „wandspruchartigen Leitsätze" für das AT übernommen. Ich bin der Meinung, daß wir im Interesse einer exakten Bezeichnung und Abtrennung der Methoden bei dem Ausdruck „formelhafte Vorsatzbildungen" bleiben sollten und müssen.

Mit Luthe kann man organspezifische von den intentionalen Formeln unterscheiden. Während die ersteren somatisch orientiert der Kompensation gestörter Körperfunktionen dienen, zielen die letzteren auf Verhaltensänderungen ab, vom Abgewöhnen kleiner, gewohnheitsmäßiger Fehlreaktionen, den sogenannten „dummen Angewohnheiten" des Alltags, bis hin zur systematischen Arbeit am Charakter.

Ich wende mich zuerst den organspezifischen Formeln zu. Es handelt sich dabei um gezielte ärztliche Maßnahmen. Unabdingbare Voraussetzungen sind eine genaue ärztliche Untersuchung vor Beginn des AT sowie regelmäßige Kontrollen der klinischen Befunde, wie Blutdruckkontrolle bei Kreislaufpatienten, Laborkontrollen bei Stoffwechselstörungen, laufende Augeninnendruckmessungen bei Glaukompatienten usw., da u.U. weniger Medikamente benötigt werden.

„Augen angenehm kühl"	Glaukom
„Schleimhaut der Nase und der Augen angenehm kühl und trocken"	Rhinitis vasomotorica (Heuschnupfen)
„Nacken-Schultergebiet angenehm warm" „Füße warm"	Erythrophobie (Erröten)
„Schleimhaut der Nase und des Rachens bis hinunter in die kleinsten Bronchien angenehm kühl und trocken"	Asthma bronchiale
„Scheide angenehm kühl"	Pruritus vulvae
„Anus angenehm kühl"	Pruritus ani
„Becken (Unterleib) warm"	Gynäkolog. Störungen

Daß gerade im Urogenitalbereich das AT auch ohne jeden Vorsatz wirksam werden kann, möchte ich Ihnen an dem folgenden Fallbeispiel aufzeigen. Es handelt sich dabei um einen jetzt 36-jährigen Mann, der bei mir vor zwei Jahren an einem AT-Kurs teilnahm. Mit 22 Jahren, also vor 14 Jahren, machte er eine wohl bakteriell-virale Prostatitis durch. Nach deren Ausheilung entwickelte sich eine „vegetative Prostatopathie" mit unangenehmen und subjektiv belastenden Symptomen: Spasmen im Urogenitalbereich bis in die Oberschenkel, besonders nach längerem Sitzen, beim Radfahren, bei Kälte und Witterungswechsel, gelegentlich schmerzhaften Ejakulationen, Dysurie und Pollakisurie. Außerdem traten ziehende Schmerzen beim Geschlechtsverkehr auf. Mehrfache urologische Untersuchungen und medikamentöse Behandlungsversuche führten zu keinem Erfolg. Von einem Urologen wurde sogar ein chirurgischer Eingriff vorgeschlagen.

Mit 34 Jahren, also fast 12 Jahre nachdem das Symptom bestanden hatte, wurde der Patient in einem Gruppenkurs in das AT eingeführt. Schon während der Übungszeit kam es zu einer deutlichen Besserung, und nach einem halben Jahr war er völlig beschwerdefrei.

Eindrucksvoll war dabei die gleichzeitige Beseitigung einer ausgesprochenen Kälteempfindlichkeit und Infektanfälligkeit: während vor dem AT etwa zweimal jährlich fieberhafte Infekte auftraten, blieben diese jetzt aus. Offenbar hat sich die Immunlage verbessert.

Auch in der Schmerztherapie nimmt das AT eine wichtige Stellung ein. An dieser Stelle möchte ich jedoch besonders betonen, daß Schmerzen häufig ein Warnsignal darstellen können. Ein großer Arzt vor hundert Jahren prägte einmal den Satz:

„Der Schmerz ist der bellende Wachhund der Gesundheit."

Vor jeder Schmerztherapie ist die genaue diagnostische Abklärung ganz besonders wichtig! Hinsichtlich des therapeutischen Vorgehens scheint es mir hier erforderlich, den akuten vom chronischen Schmerz zu unterscheiden. Immer dann, wenn genügend Zeit zur Einübung in das AT zur Verfügung steht, wird man diesem den Vorzug geben. Dies dürfte im allgemeinen bei chronischen Schmerzzuständen der Fall sein.

Anders ist dies beispielsweise bei einem Anästhesisten, dessen präoperative Aufgabe unter anderem in der psychischen Führung des Kranken besteht: Einmal muß er ihm helfen, Ängste abzubauen oder zu verringern, zum anderen muß er seinen Patienten auf einen im Verlauf einer Operation oder postoperativ zu erwartenden Schmerz vorbereiten – und all dies in einer relativ kurzen Zeit. Hier wird man sinnvollerweise der zeitsparenden Hypnose den Vorrang geben, was sich allerdings wohl noch nicht allgemein durchgesetzt hat.

Zusammenfassend ließe sich – etwas grob schematisch ausgedrückt – sagen, daß die chronischen Schmerzzustände mehr in den Anwendungsbereich des AT gehören, während die Hypnose mit ihrer rascheren Effektivität mehr den akut schmerzhaften Geschehnissen vorbehalten bleibt. Je nach Lage der Dinge ist auch eine Kombination von Hypnose und AT möglich: man kann gewissermaßen fremdsuggestiv – also hypnotisch – die bekannten Übungen der Schwere, der Wärme usw. einarbeiten.

Die Veränderung der Bewußtseinslage führt in Verbindung mit der Einengung des Bewußtseins von sich aus zu einer Hypalgesie, ohne daß irgendeine spezifische Suggestion oder Autosuggestion gegeben worden wäre. Die Indifferenzformel

„Schmerz ganz gleichgültig"

kann dem Patienten zu einer weiteren Distanzierung und damit zu einer Verringerung des Schmerzerlebnisses verhelfen. Die Erlebniskomponente und damit der pathische Anteil des Schmerzzustandes können hierbei verändert werden. „Man hat den Schmerz, aber er tut nicht mehr weh" (*Langen*), klingt zwar paradox, ist jedoch eine typische Äußerung, in der die Veränderung des Schmerzerlebnisses deutlich wird.

Es leuchtet ein, daß Spannungsschmerzen (z.B. Spannungskopfschmerz, Menstruationsbeschwerden usw.), die häufig als krampfartige, spastische Schmerzen wahrgenommen werden, auf die entspannende, lösende Wirkung des AT günstig ansprechen. Häufig jedoch hat der Schmerz ein Gepräge von affektbesetzter Angst, nämlich der Angst, es könne noch schlimmer kommen. Ein typisches Beispiel dafür kann der Schmerz bei einer zahnärztlichen Behandlung sein. Hier empfiehlt sich die prophylaktische AT-Übung bereits im Wartezimmer des Zahnarztes, eine Verfahrensweise, die ich meinen Gruppenmitgliedern bereits in der zweiten oder dritten Stunde eines Gruppenkurses vorschlage und die häufig erfolgreich ist.

Eine ergänzende Anmerkung zur Motivation: Studenten vor einem Examen, Patienten vor einem ärztlichen oder zahnärztlichen Eingriff und besonders auch schwangere Frauen vor der Entbindung sind oft recht gut motiviert für die Einübung des AT! Und damit komme ich zur Geburtshilfe. Bei vielen Frauen ist der Geburtsvorgang von der Trias

Angst-Spannung-Schmerz überschattet. Das Autogene Training kann Angst abbauen, lösend entspannen und das Schmerzerlebnis mindern. Es ist also in hervorragender Weise geeignet, das ganze Geschehen bei der Entbindung zu erleichtern. Die Wehentätigkeit wird harmonisiert, die Muskulatur des Beckens und des Beckenbodens wird lockerer und gelöster. Dadurch wird der gesamte Geburtsvorgang angenehmer gestaltet und zeitlich verkürzt, worauf besonders schon *Prill* hinwies.

Eine im 5. Monat Schwangere fand nach einigen Wochen der Übung mit dem AT die für sie passendere Formulierung:

„W i r sind ganz ruhig."

Sie erlebte dabei aus ihrem AT heraus die wohl einzige, echte Wir-Bildung, nämlich die einer Mutter mit ihrem noch ungeborenen Kind. Wie mir die Teilnehmerin später mitteilte, verlief die Entbindung ohne Schwierigkeiten und auffallend leicht.

Nun zu den sogenannten „intentionalen formelhaften Vorsatzbildungen", die vor allem auf Verhaltensänderungen abzielen. Gerade das Abstellen sogenannter „dummer Angewohnheiten", kleiner Fehlreaktionen im täglichen Leben, kann für den Betreffenden außerordentlich hilfreich sein. Nach einem chinesischen Sprichwort sind es ja nicht die großen Berge, über die wir stolpern, sondern die Maulwurfshügel. Unsere Formeln vermögen jedoch auch bei Abhängigkeiten, wie z.B. vom Trinken und Rauchen, gute Dienste zu leisten, bis hin zur systematischen Arbeit am Charakter.

Vor einer unkritischen Arbeit mit diesen Vorsätzen ist allerdings ausdrücklich zu warnen! Ich halte ein rezeptartiges Verschreiben vorgegebener formelhafter Vorsatzbildungen für einen Kunstfehler. Dieses Vorgehen kann zu Störungen und Fehleinstellungen führen. Die Formulierung sollte in einem gemeinschaftlichen Gespräch, in einem dialogischen Miteinander zwischen Therapeut und Patient stattfinden.

Die wichtigste Voraussetzung ist zunächst einmal die erfolgreiche Einübung des gesamten Autogenen Trainings mit den Standardformel I – VI: mit den Übungen der 6 Standardformeln hat der Übende gelernt, den Zustand der gesenkten Bewußtseinslage autogen herzustellen. Nach Vollzug der „Umschaltung" befindet er sich jetzt in einem Hypnoid, und das ist ein guter Nährboden, eine gute Matrix für das Einpflanzen von (Auto-)Suggestionen. Wenn ich sage „einpfllanzen", so meine ich das auch so: es hat nichts zu tun mit dem von schulischen Maßstäben her bekannten und berüchtigten Einhämmern oder Einpauken! Bevor ich Ihnen einige Beispiele bringe, erscheint es mir wichtig, Ihnen die Kriterien aufzuzeigen, nach denen der Aufbau eines Vorsatzes erfolgen kann.

Die folgenden neun Punkte erscheinen mir bei der Formulierung einer formelhaften Vorsatzbildung hilfreich:

1. Antizipation: Die formelhaften Vorsatzbildungen sind ohne eine antizipierende Erwartung nicht zu verstehen. Antizipation ist Vergegenwärtigung oder Vorwegnahme des Zukünftigen.

   Nach *Hofmann* „bietet das AT durch die methodisch angewandte Antizipation von Verhaltensweisen eine wirksame Hilfe bei der Umgewöhnung". Vergegenwärtigung bedeutet aber auch, daß der Vorsatz grundsätzlich in der Gegenwartsform, der Präsensform, gebildet wird.

2. Kurz: Die Formel soll kurz, klar, bestimmt sein. Sie kann u.U. jedoch auch länger sein, wenn sie die persönliche Betroffenheit des Übenden widerspiegelt. Eine weitere Ausnahme bildet der Entwöhnungsversuch bei Trinkern und Rauchern, ein Problem, auf das ich später eingehen werde.

3. Positiv: Es ist eine Erfahrungstatsache, daß ein positiver Vorsatz besser haftet als ein negativer. Negationen wie „nein" oder „nicht" sollten tunlichst vermieden werden. Ausnahme: Trinker und Raucher.

4. Indifferenzformel: Zum Abstellen störender Angewohnheiten hat sich das Wörtchen „gleichgültig" bewährt. Das Wort gleichgültig hat etwas mit Wert zu tun: gleichwertig. Eine Sache ist ebensoviel wert wie eine andere. Es schafft eine Distanz. Hierbei ist jedoch sehr zu beachten, daß es unzulässig ist, einen anderen Menschen – außer in der Examenssituation! – „gleichgültig" werden zu lassen. Das kann ausgesprochene Isolierungs- und Entfremdungsprobleme heraufbeschwören.

5. Eigenkritik: Unser Ich ist kritisch: es prüft und kann annehmen, was „stimmig" ist. Es kann jedoch mit Widerständen reagieren, wenn ihm der Vorsatz nach Form und Inhalt widerstrebt, und es ist besonders kritisch bei „falschen Tönen", wie dies bei der unkontrollierten Anwendung der Methode nach *Coué* der Fall war. („Es geht mir immer besser und besser . . .")

Daraus folgt, daß der Übende seinen Vorsatz so wählt, daß er für ihn akzeptabel ist, daß er ihm „schmeckt", daß er ihm „gut eingeht". Es ist dabei m.E. legitim, z.B. einem stärker Über-Ich-bestimmten Menschen nahezulegen, seinem Überich gegenüber etwas freundlich zu sein: im gleichen Maße, wie es gelingt, ein Zuviel an Überich abzubauen, kommt es zu einem Aufbau von Ich, zu einer Ichstärkung. Mit anderen Worten: weg vom „ich muß, ich sollte", hin zum „ich kann, ich darf, ich möchte"! In diesem Zusammenhang ist die Erkenntnis eines etwas zwänglichen Gruppenteilnehmers aufschlußreich, die er im Verlaufe eines Kurses in die Worte faßte: „Ich habe festgestellt, daß es mir besser geht, wenn ich freundlich zu mir bin!"

6. Mundart: Das Autogene Training ist eine regressive Methode. Es wendet sich vom Sekundärprozeßhaften ab und dem Primärprozeß zu. Das drückt sich auch in der Sprache aus: der Vorsatz kann mundartlich gefärbt sein, so „wie einem der Schnabel gewachsen ist".

7. Humor: Es schadet sicher nicht, wenn man das Ganze mit ein wenig Humor anpackt. Ein inneres Lächeln oder ein Schmunzeln führt zu dem, was *Ruth Cohn* unter „living learning" versteht.

8. Probe: Eine mit dem Therapeuten gemeinsam erarbeitete formelhafte Vorsatzbildung wird zunächst „auf Probe" in das AT aufgenommen. Besonders günstig scheint hierbei die abendliche Übung zu sein. Der Vorsatz wird locker zwei- bis dreimal in die Übung eingestreut oder „eingepflanzt", und der Betreffende wartet ab, ob seine Tiefenperson die Formel in dieser Form auch akzeptieren kann. Im positiven Fall wird die Vorsatzbildung in der gleichen Weise über mehrere Wochen weiter eingeübt.

Ergeben sich jedoch Widerstände, so sollte er sich nicht scheuen, das Ganze zu verwerfen und neu und anders nach den o.a. Gesichtspunkten zu formulieren.

9. Überlastung: Es ist nicht sinnvoll, das AT mit mehreren formelhaften Vorsatzbildungen zu überlasten. Ein zu voll beladener Wagen bricht entzwei.

J.H. Schultz pflegte sich bereits in der 4.–5. Übungswoche eines Demonstrationsversuches für die Wirksamkeit formelhafter Vorsatzbildungen zu bedienen. Es handelt sich dabei um das psychologische Phänomen des Terminerwachens aus vordem ungestörtem Nachtschlaf. Dieses Terminerwachen beruht auf der Existenz einer „unbewußten Kopfuhr". Selbstverständlich gibt es Naturtalente, die auch ohne AT zu einer vorher bestimmten, gewünschten Zeit aufwachen können. Es ist jedoch möglich – und das hat wohl mehr wissenschaftliches Interesse –, diese Kopfuhr auf eine Genauigkeit von ± 2–3 Minuten einzustellen. Der Schläfer geht abends zu Bett und nimmt den Vorsatz in sein Training auf:

„Aufwachen morgen früh um 4 Uhr 32."

Das ist eine Fähigkeit, die auch nach meiner Erfahrung etwa die Hälfte bis drei Viertel der Kursteilnehmer erreichen können.

Beispielhaft möchte ich Ihnen einige solcher formelhafter Vorsatzbildungen, die sich bewährt haben, mitteilen. Nach dem eben Gesagten sind sie aber keinesfalls als Rezept mißzuverstehen.

Der oft schon zu Beginn einer AT-Gruppe vermittelte Vorsatz:

„Geräusch(e) ganz gleichgültig"

ist Ihnen wohl allen geläufig. Er sorgt für die nötige Distanzierung, ebenso die Vorsätze:

„Hustenreiz/Juckreiz ganz gleichgültig"

bei den entsprechenden Störungen während einer Übung.

Für etwas unordentliche und vergeßliche Menschen:

„Schreibtisch wird aufgeräumt"
„Namen werden gemerkt"

Ein oftmals verblüffend wirksamer Vorsatz:

„Träume werden gemerkt!"

ist für Analysanden gelegentlich eine große Hilfe, da jeder Analytiker froh wird, wenn ihm sein Patient Träume bringt.

Eine schöne Formulierung schlägt *H. Binder* seinen Patienten als „Motivationsformel" vor:

„Täglich regelmäßiges Üben bringt (gibt) Ruhe,
Sicherheit und Gelassenheit (Selbstvertrauen)
in jeder Situation."

In dem hintersinnigen Vorsatz von *G. Iversen*

„Gelassen und heiter komme ich weiter"

wird die Gelassenheit mit der Heiterkeit sozusagen konditioniert.

Formelhafte Vorsatzbildungen mit dem Ziel größerer Sicherheit:

„Ich weiß, was ich kann"
„Ich weiß, was ich will"
„Ich komme durch"
„Ich setze mich durch"
„Ich bin ich"
„Ich kann NEIN sagen"
„Ich schaffe es" − „Ich kenne meine Grenzen"

Dazu einige Protokolle:

In Berlin übte *Altmann* mit Fürsorgezöglingen von Berlin-Tegel das AT ein. Sie nahmen als Vorsatzbildung: „Ich komme durch." Es dauerte drei Wochen, da waren fünf von ihnen aus der Haft entflohen. Sie nahmen den Vorsatz sehr realitätsgerecht.

Mit dem Vorsatz „Ich schaffe es − Kurs West" hat bekanntlich *Lindemann* die Überquerung des Ozeans in einem Boot von Ost nach West in der Zeit von 71 Tagen (und Nächten) in einem schier unglaublichen Kraftakt bewältigt. Jedoch − nicht jeder hat die Absicht, den Ozean zu überqueren, und ich möchte gerade bei diesem Vorsatz „Ich schaffe es" zu größter Zurückhaltung raten. Für mich ist das AT kein Leistungssport, sondern eine Möglichkeit der inneren Sammlung und Einkehr. Daß ich konzentrierter und besser arbeiten kann, wenn ich durch das AT Gelassenheit erlangt habe, ist ein durchaus begrüßenswertes Nebenprodukt, das von selbst entsteht, mir jedoch nicht als unmittelbares Ziel erscheint.

Dazu folgendes Protokoll: Ein 60-jähriger Manager wurde mir wegen einer Schlafstörung bei einem massiven Angst-Syndrom zum Autogenen Training überwiesen. Seine Symptomatik bestand seit etwa einem 3/4 Jahr. Seine Biographie schien unauffällig: er war, wie er sagte, gut verheiratet und seit 40 Jahren bei der gleichen Firma. Er habe jedoch ein Hobby, den Sport, und zwar den Leistungssport. Er war sogar in einer bestimmten Sportart bayerischer Meister gewesen, im Jahr darauf Münchener Meister, und in dem Jahr sei er plötzlich nach einer sehr anstrengenden sportlichen Leistung aufgrund einer Wette mit einem Zwanzigjährigen erkrankt mit schwersten Ängsten. Die Untersuchung auf der Intensivstation ergab keinen Anhalt für den befürchteten Infarkt. Jedoch plagten ihn seither seine Schlafstörungen, und die Angst ließ ihn nicht mehr los. Die Einübung des AT ging ohne Schwierigkeiten vonstatten, er konnte wieder schlafen, und er meinte dann etwas treuherzig, der Vorsatz „Ich schaffes es" sei doch wohl der Passende für ihn. Im gemeinsamen Gespräch konnte er erkennen, daß er u.U. mit dieser formelhaften Vorsatzbildung, die ausgesprochen auf Leistung ausgerichtet ist, ein Rezidiv heraufbeschwören könnte, das vielleicht größeren Schaden anrichten könnte. Er erarbeitete sich den von mir unterstützten Vorsatz: „Ich kenne meine Grenzen − ich bleibe in meinen Grenzen" − und hatte damit Erfolg.

Das Ganze liegt jetzt mehr als 10 Jahre zurück, und als ich dieses Protokoll auf einem Kongreß mit meiner Gruppe durchsprach, erschien im darauffolgenden Jahr eine Kollegin und bedankte sich bei mir für diesen Satz. Sie hatte mit „Ich kenne meine Grenzen − ich bleibe in meinen Grenzen" 25 Pfund abgenommen. Sie konnte damit ihre Eßgewohnheiten nachhaltig beeinflussen und abbauen.

Formelhafte Vorsatzbildungen in der Vorbereitung für ein Examen:

> „Gelerntes wird behalten"
> „Alles Gelesene frei verfügbar"
> „Gedächtnis behält"
> „Ich arbeite ruhig und gelassen" (gesammelt)
> „Ich denke und handle sicher und klar" (gelassen und klar)

Das folgende Protokoll zeigt, wie man es nicht machen soll: Ein Mediziner vor dem Physikum hatte sich im unkontrollierten Alleingang den Vorsatz gewählt: „Ich will alles ganz genau wissen!" Er wurde damit unruhig und schlafgestört. Seine Freundin, ebenfalls Medizinerin, glaubte, sich mit dem Vorsatz „Ich bin aktiv" etwas Gutes anzutun. Auch sie wurde nervös und brach daher ihren Versuch ab. Beide konnten mit dem Vorsatz „Ich schaffe es" ihre illusionäre Erwartung relativieren − und bestanden ihr Physikum.

Nach wiederholten Mitteilungen von *Langen* gibt es keinen erfolgreich ins AT eingeübten Studenten, der im Examen durchgefallen wäre. Ich bin nicht sicher, ob man diesen etwas apodiktischen Satz so stehenlassen kann. Sicher aber ist, daß der autogen Trainierte über sein − gelerntes − Wissen im Examen besser und rascher verfügen kann. Anders wäre die Aussage einer Studentin, die ihr Dolmetscherexamen bestanden hatte, nicht zu verstehen gewesen. Sie sagte nämlich: „Ich habe im Examen mehr Dinge gewußt, als ich geglaubt habe, gelernt zu haben."

Ein weiteres Protokoll: Ein Student der TH bereitete sich in den Fächern Statik und Festigkeitslehre auf sein Examen vor. Dabei fiel ihm die Festigkeitslehre besonders schwer, da sie ihn nicht sonderlich interessierte. Einer momentanen Eingebung folgend, bot ich ihm den Satz an: „Festigkeit macht Freude", der von ihm akzeptiert wurde. Nach acht Tagen kam er wieder mit der Mitteilung: „Ich bin umgepolt! Ich kann zwar die Festigkeitslehre jetzt gut lernen — aber dafür klappt es bei der Statik nicht mehr!"

Für Studenten und Schüler empfiehlt sich die Formel:

> „Prüfung und Prüfer ganz gleichgültig."

Eine unbeabsichtigte und überraschende Wirkung erzielte vor etlichen Jahren ein persischer Student der TH. Er kam nach der Prüfung, um sich zu bedanken, und teilte mir mit: „Es hat sehr gut gewirkt! Die Prüfung ist mir so gleichgültig geworden, daß ich gar nicht hingegangen bin." Vielleicht spielte bei ihm auch der kulturelle Hintergrund Persiens eine gewisse Rolle. Jedenfalls ist mir dies bei einem deutschen Studenten nie passiert.

Formelhafte Vorsatzbildungen bei Lampenfieber:

Nahe verwandt mit den Prüfungsängsten erscheint mir das Lampenfieber. Hier bieten sich folgende Formeln an:

> „Ich spreche flüssig und frei"
> „Ich bin auf der Bühne (Podium) gelassen und frei"
> „Ich bin in Gesellschaft gelassen und ruhig"

Formelhafte Vorsatzbildung bei Angstzuständen und Depression: Ein Vorsatz, der einmal von einem Patienten im Selbststudium des Autogenen Trainings gefunden wurde, ist ein Beispiel, wie man einen Vorsatz n i c h t gestalten sollte: „Ich will keine Angst haben!"

Dieser Satz enthält gleich drei Fehler: Erstens ist das Wort „will" drin, das absolut antiautogen ist. Zweitens die Negation „keine"; die Formel soll positiv gestaltet sein. Und drittens impliziert der Übende, daß er jetzt Angst hat — vielleicht steckt irgend etwas ganz anderes dahinter.

Angebracht wäre hier der Satz:

> „Ich bin innerlich frei"
> „Ich bin ruhig, sicher und frei von quälenden Gedanken"
> „Ich sehe das Gute und freue mich am Leben"
> „Ich erlebe meinen Wert"
> „Ich ruhe in mir selbst"

> „Ich lasse mich los"

ist schließlich ein Vorsatz, in dem alles gewissermaßen als Extrakt enthalten ist.

Formelhafte Vorsatzbildungen für Streßgeplagte:

> „Eins nach dem anderen"
> „Immer langsam voran"
> „Unangenehmes zuerst"
> „Ruhig und sicher schalten"
> „Ich kann delegieren"
> „Ich kann wegwerfen"
> „Ich kann warten"

Für Schlafstörungen bedarf es im allgemeinen keiner formelhaften Vorsatzbildung. Jeder, der sich mit AT-Gruppen beschäftigt, weiß aus eigener Erfahrung, daß schon relativ bald nach Beginn eines Kurses (2–3 Wochen) die ersten Berichte über besseres Einschlafenkönnen auftauchen. Für anhaltende schwerere Schlafstörungen hat Langen den wirkungsvollen Vorsatz geprägt:

„Erholung wichtig – Schlaf gleichgültig“,

um den Betreffenden von seinem Zwangsdenken an den Schlaf abzukoppeln.

Über sehr gute Erfahrungen beim AT mit Kindern berichtet Frau *Kruse*. Kinder sind außerordentlich fantasiereich im Erfinden neuer Formeln, die von ihnen alsdann wie ein tiefes Geheimnis streng gehütet werden.

Eine Sonderstellung nehmen die Alkoholabhängigkeit und das Rauchen ein. Im allgemeinen führt die Indifferenzformel

„Alkohol (bzw. Rauchen) gleichgültig“

nicht zum Erfolg. Neben die aggressiven Aversionsformeln

„Alkohol ekelhaft“ oder
„Alkohol macht Übelkeit bis zum Erbrechen“

tritt hier eine Formulierung nach *J.H. Schultz*, die man kategorisch nennen könnte, und bei der die Antizipation eine besonders große Rolle spielt:

„Ich weiß, daß ich keinen Tropfen Alkohol trinke,
zu keiner Zeit, an keinem Ort, bei keiner Gelegenheit,
in keiner Form, in keiner Stimmung.
Andere trinken – mir ist Alkohol gleichgültig.“

Wie Sie unschwer erkennen, sind in diesem Vorsatz entgegen unserem sonstigen Prinzip gleich mehrere Negierungen enthalten. Auch ist er sehr lang. Sinngemäß kann man diese Formel auch bei der Raucherentwöhnung einsetzen. Da Trinker sehr suggestibel sind, empfiehlt es sich hier, die Behandlung fremdhypnotisch einzuleiten und langsam in das Autogene Training überzuführen.

Gegen jenen bei Süchtigen ebenso häufig wie auch verhängnisvoll verwendeten Satz: „Einmal ist keinmal“ kann gewissermaßen als spezifisches Antidot der Vorsatz gewählt werden:

„Jeder Augenblick ist wichtig.“

Bei der Behandlung der Alkoholabhängigkeit und der Raucherentwöhnung ist jedoch – wie bei allen anderen einschlägigen Methoden – mit Recidiven zu rechnen.

Noch ein Wort zur Oberstufe des Autogenen Trainings, die zu einer besonderen Vertiefung und Festigung vieler allgemeiner Auswirkungen des AT führt. Dies gilt in besonderem Maße auch für die formelhaften Vorsatzbildungen. Diese werden – ich zitiere *J.H. Schultz* – „häufig von einer entsprechenden Bilderschau begleitet und dadurch eindringlicher, beständiger und wirksamer.“

Ich bin mir bewußt, daß ich Ihnen mit meiner zusammenfassenden Darstellung nichts Neues bringen konnte. Aber ich wäre schon zufrieden, wenn der eine oder andere von Ihnen eine Anregung daraus mitnehmen würde.

Die Oberstufe des Autogenen Trainings

H. Binder

Wo es eine Oberstufe gibt, da besteht auch eine Unterstufe. Das könnte bereits irgendwie als Wertung ausgelegt werden. Im Laufe der Jahrzehnte sind wir aus gewissen Erfahrungen heraus immer mehr zur Ansicht gelangt, daß keine scharfe Trennung zwischen Unterstufe und Oberstufe des Autogenen Trainings zu ziehen ist, denn vieles, was systematisch bei der Erlernung der Oberstufe des Autogenen Trainings in Gang gesetzt wird, kommt oft bereits spontan im Geschehen der Unterstufe, wie z.B. mit Bildern, Farben, Erkenntnissen und dergl. mehr zum Durchbruch. Wir sprechen deswegen heute lieber statt von einer Unterstufe von einer Grundstufe des AT.

Nach *J.H. Schultz* erfordert der Einstieg in die Oberstufe des AT eine vollständige, sichere und prompte Beherrschung der allgemeinen Technik der Grundstufe. „Die Versuchspersonen müssen in der Lage sein, durch einen kürzesten Akt innerer Konzentration schlagartig die spezifische Umschaltung zu vollziehen, sodaß der Körper als schwere, warme, ruhende Masse von gleichmäßigem Puls und ruhigfließender Atmung erfüllt, von dem kühl abkonzentrierten Kopf gewissermaßen getrennt, erlebt wird" (wörtl. Aussage von *J.H. Schultz*).

Dem Begriff der Oberstufe ging bei Schultz ein anderer voraus. Schultz hielt 1929 einen Vortrag mit dem Titel: „Gehobene Aufgabenstufen im AT." Dem Begründer des AT war es sehr wichtig, die Ergebnisse des AT als Leistungen, als Experimentalantworten geringeren und höheren Grades auszuweisen und damit eine wissenschaftliche Grundlage seiner Methode zu liefern und zu sichern. Schultz spricht öfter von gehobenen Leistungen physiologischer Art und von der Nutzung des besonderen seelischen Zustandes seiner Versuchspersonen. *Schultz* verlangt als ersten Schritt zur gehobenen Stufe des AT die willkürliche Innervation beider Augäpfel nach innen-oben, nach der Stirnmitte zu sehen. Dieses Verfahren ist bekanntlich uralter Bestandteil aller Versenkungs- und Hypnotisierungstraditionen. Diese Maßnahme der Innen-Oben-Stellung der Augäpfel bei sonst versenktem Zustand bewirkt oft eine ruckartige Vertiefung der Selbstumschaltung. Vorsicht ist jedoch bei Myopen geboten, weil die Konvergenzhaltung zu erheblichen Mißempfindungen führen kann.

Dann folgt die Aufgabe, in tief getriebener Versenkung irgendeine gleichförmige Farbe vor dem geistigen Auge erscheinen zu lassen. Dieser Versuch erfordert ein mindestens halbstündiges Verweilen in versenktem Zustand und ungefähr ein Jahr vorheriges regelmäßiges Training mit der Grundstufe des AT. *Schultz* spricht auch bei dieser Übung vom Auffinden der Eigenfarbe. Entsprechend den affektiven seelischen Zuständen werden bestimmte Farbwahlen getroffen, soweit diese nicht ganz spontan erscheinen.

Als nächster Schritt folgt das Experiment, bestimmte, vom Versuchsleiter gewählte Farben zu vergegenwärtigen, und zwar als sogenannten Prisma- oder Spektrumversuch, weil im Sinne der Farbskala des Spektrums diese Farbenreihe angeboten wird. Diese „Farbeinstellung" wird dann auch ohne Gegenwart des Übungsleiters zuhause geübt. Die Versuchsperson soll zu einer freien und sicheren Verfügung ihrer Farberlebnisse kommen. Als Folge wurde ausnahmslos eine erhebliche Steigerung der Erlebnisfähigkeit festgestellt und damit eine spätere Bilderschau erleichtert und gebahnt. Empfohlen wird, daß Introvertierte zuerst im Dunkeln, Extrovertierte bei Tageslicht üben sollten.

Nach Erarbeitung der Farberlebnisse wendet man sich der Aufgabe zu, bestimmte Objekte innerlich erscheinen zu lassen. Thomas, der sich weitgehend an die Prinzipien von Schultz hält, erleichtert seinen Patienten diese Aufgabe, indem er diesen ganz bestimmte konkrete Gegenstände des Alltags zuerst mit offenen Augen fixieren läßt, z.B. eine brennende Kerze, einen Früchtekorb, einen Brotlaib, eine Blumenvase und dergl. mehr. Nach Augenschluß wirken diese Bilder weiter. Hier beginnt der Weg ganz gezielt in die Welt der Bilder einzutauchen. Diese Übungen steigern die beobachtende Hinwendung auf reale Objekte und wirken der krankhaften Ichbezogenheit entgegen. Sollte diese Aufgabe nicht gelingen, wird der Versuchsperson angeraten, in das eigene Augendunkel hineinzuschauen und abzuwarten, was sich eventuell von selbst aus dem Innern anbietet. Während die Farbschau in ca. 2–3 Wochen zu guten Resultaten führt, erfordert die Gegenstandschau zeitlich eine ganze Reihe von Wochen. Es gruppieren sich drei Typen heraus: „Die mehr denkerisch abstrakten Menschen kommen schneller zu einer Gesamtschau, die affektiven Naturen bringen mehr Farbmomente, und die kleinlichen Persönlichkeiten bleiben an Einzelheiten hängen" (nach *J.H. Schultz*).

Wenn die Innenschau selbstgewählter konkreter Objekte einigermaßen gelingt, wird dazu übergegangen, abstrakte Begriffe wie z.B. Gerechtigkeit, Glück, Schönheit, Wahrheit u.a. einzustellen. Die Entdeckung der eigenen inneren Welt bedeutet eine Bereicherung. Als Reaktionen ergeben sich in dieser Stufe wiederum Farberlebnisse, aber auch akustischmusikalische oder auch poetisches Fantasieren bis hin zu Stimm-Mithören. Es tauchen auch allegorische oder symbolische Bildinhalte auf. Sogar kathartische Abläufe werden registriert. „Die produzierten Materialien können, wie die der Nachtträume, mit großem Nutzen psychotherapeutisch verwendet werden" (persönl. Aussage von *Schultz*). Eine analytische Arbeit kann dadurch erleichtert werden.

In der weiteren Fortführung der Oberstufe des AT kommen wir nun zu dem, was *Schultz* als „Eigengefühl" bezeichnet hat. Der Übende unternimmt den Versuch, was für ihn Ausdruck oder Sinnbild des intensivsten und erwünschtesten Gefühlszustandes ist. Realistisch eingestellte Versuchspersonen produzieren häufig Erlebnisse aus der Vergangenheit oder Wunschbilder, während die mehr idealistisch veranlagten Versuchspersonen allgemeine bildhafte Gestaltung bevorzugen. Ein Beispiel: „Für die Vergegenwärtigung des Eigengefühls wurde das Gefühl des Friedens, der Ausgeglichenheit beim Anblick der erhabenen Natur der Alpenwelt gewählt. Dabei tauchte in der Ferne schneeverwehtes Hochgebirge auf, dabei ertönte ein Lobgesang, der mich zutiefst ergriff, sodaß ich weinen mußte." Es kann aber auch zur völligen Überraschung zu ganz anderen Eindrücken kommen. Frauen z.B., besonders solche mit eingeschränkter Lebenserfüllung, sehen das ihnen versagte Kind.

In einer weiteren Aufgabe wird die Einfühlungsgabe in einen anderen Menschen kontrolliert. Der Übende versucht, das Bild eines bestimmten Menschen ganz konkret plastisch vor sich erscheinen zu lassen. Am leichtesten gelingt die Vergegenwärtigung neutraler Umweltpersonen, während bei nahestehenden Menschen durch Affektbeziehung lebhafte Widerstände ausgelöst werden können. Die Eigenart des Versenkungszustandes erlaubt da-

56

bei die Kontrolle der eigenen Gefühlsreaktion. Bei feindlichen Umweltpersonen führt dieses über eine Katharsis zu einer weitgehenden Versachlichung der inneren Einstellung, verbunden mit einer Urteilsvertiefung und Abstandsnahme und damit zu einer vertieften Selbsterkenntnis.

Ich zitiere hierzu *Schultz* wörtlich: „Ist die Versuchsperson bis zu diesen Versuchen vorgedrungen, so können wir die Technik benutzen, um entweder vom Versuchsleiter her oder von der Versuchsperson selbst fragende Einstellung an die Versenkung heranzunehmen und beobachten zu lassen, welche inneren Erlebnisse gewissermaßen als Antwort aus dem Unbewußten auftreten."

Schultz sieht in der Arbeit seiner Oberstufe bei den Fragen an das Unbewußte das mögliche Ziel einer besseren Selbstverwirklichung. Er spricht von „Klärungserlebnissen". An diesem Punkt werden von ihm wieder Vorsatzbildungen aus der Grundstufe des AT aufgegriffen und treten nach seiner Ansicht hier an zentralster Stelle in ihr Recht. Es handelt sich um Persönlichkeitsformeln, die entweder mehr individuell oder mehr richtunggebend sind. Aus der Fülle der Möglichkeiten zähle ich auf: „Ich nehme mich an", „Ich mache mit mir Frieden", „Ich bin frei", „Ich entscheide selbst", „Ich sehe den anderen", „Leben ist Wechsel und Wandel" usw. Der mit solchen Vorsatzbildungen in der Versenkung Übende wird zu einer Auseinandersetzung mit seiner Tiefenperson geführt. Das ist nicht ohne Risiko. *Schultz* sagt deshalb auch ganz eindeutig: „Verständlicherweise bedeutet die hier geschilderte Arbeit ein Umgehen mit außerordentlich subtilen und tief anrührenden Dingen. Es muß daher dringend betont werden, daß nur ein großes Maß an Vorsicht, Kritik und nachfühlendem Eingehen auf die Versuchsperson es erlaubt, diesen Teil unserer Arbeit guten Gewissens und ohne Nachteile für die Mitarbeiter durchzuführen. Durch Unachtsamkeit und mangelnde Erfahrung kann es zu katastrophalen Durchbrüchen aus der Tiefe kommen. Durch diese aufwühlende Innenarbeit treten Unruhe, Schlafstörungen und depressive Verstimmungen bis hin zum Suicid auf." *Schultz* verlangt deshalb auch strikte vom Arzt-Übungsleiter eine fundierte medizinisch-psychologische Ausbildung. Schultz schließt dieses Kapitel seines Buches mit folgendem Satz: „Viele unanschauliche seelische Vollzüge enthüllen durch die Oberstufenarbeit ihr sinnenhaftes Attribut, damit zu gleicher Zeit Beitrag leistend zu den verschwiegenen Gesetzen der Symbolik."

Ich konnte bisher in diesem Kurzreferat nur ganz konzentriert die von *J.H. Schultz* empfohlene Übungsweise der Oberstufe des AT aufzeigen, wobei ich das Gefühl habe, daß *Schultz* nicht ganz zum Abschluß seiner Ideen mit der Oberstufe des AT gekommen ist.

Thomas, ein in Berlin lebender Psychotherapeut (auch Pädagoge und Theologe), hat sich weiter mit der Ausgestaltung der Oberstufe beschäftigt. Ich will seine Arbeitsweise gleichfalls hier ganz kurz skizzieren.

Thomas arbeitet mit größeren Gruppen bis zu 20 Personen. Er beginnt ebenfalls mit den Farberlebnissen und folgt dann in der Richtlinie von *Schultz*. *Thomas* ist überzeugt von einer Charakterbildung in der Oberstufe des AT. Übungen zur vertieften Selbsterkenntnis stehen dabei am Anfang. Von ihm empfohlene Formeln sind: „Vor meinem inneren Auge entwickelt sich ein Bild, das Bild zeigt mir, wer ich bin, oder, das Bild zeigt mir, was ich eigentlich suche, oder, das Bild zeigt mir, worin ich Unrecht habe." *Thomas* hebt sehr die Heilsamkeit der Bilderschau hervor und hält die Oberstufenarbeit der Psychoanalyse überlegen. Er hat sich besonders der Bilderschau gewidmet, wobei die „Bergbesteigung" und das „Hinabtauchen in den Meeresgrund" Ihnen sicher bekannt sein dürften. *Thomas* bezeichnet seine Bilderschau als „hypnotische Imagogik"

Ich möchte noch auf einen weiteren Mitarbeiter von *J.H. Schultz,* auf *Luthe,* eingehen, den wir bei der Darstellung der Oberstufe des AT nicht übergehen sollten, weil er auch wertvolle Anregungen gegeben hat. *Luthe* geht in seiner 1969 entwickelten Methode noch systematischer und kompromißloser als *Schultz* vor. Gegen die mehr leistungsbezogenen, progressiven Schritte bei *Schultz* ist *Luthes* 7stufiges Modell gekennzeichnet durch einen klaren Differenzierungsprozeß. Die Stufen 1—3 werden bei Luthe als Elementarstufen ausgewiesen. Sie entsprechen weitgehend den verschiedenen Farberlebnissen bei *Schultz.* Die Stufen 4—5 befassen sich mit der Umgestaltung von Gegenständlichem und fortschreitender Differenzierung der Bilder. In den Stufen 6 und 7 wird von Visualisation gesprochen, von Filmstreifen, von einem bunten Cinerama. *Luthe* stellt in der letzten Stufe nicht Fragen an das Unbewußte, sondern wartet in der Versenkung auf Antworten aus dem Unbewußten. Sehr wesentlich scheint mir auch bei *Luthe* der Gedanke zu sein, daß der Patient zu einer Verschiebung seiner mentalen Aktivität von der formelgebundenen passiven Konzentration zu einer formelfreien passiven Akzeptation gelangen sollte. *Luthe* lehnt grundsätzlich heterosuggestive Eingriffe ab. Für ihn ist der seelische Erlebnishintergrund des Übenden Ausgangspunkt jeglicher Oberstufenarbeit. So steht *Luthe* durchaus auf dem von *Schultz* gelegten Fundament. Die Kombination der Oberstufe mit analytisch orientierter Psychotherapie hat sich nach Luthe als brauchbar erwiesen besonders für die Herbeiführung eines produktiven Prozesses und damit als Hilfe für eine effiziente Psychotherapie überhaupt.

Zum Schluß nun zu *Rosa* (1979 verstorben). *Rosa* lehnt Leistung als Ziel ab. Nicht was angestrebt wird, ist wichtig, sondern was spontan kommt. Bei solchen Patienten, die schlecht Gefühle äußern können, sind Farberlebnisse oft gar nicht möglich. Die Grundstufe hat nach *Rosa* einen in sich geschlossenen Eigenwert. Die Oberstufe dient der aufnahmebereiten Beziehung zum eigenen Unbewußten. Als Psychoanalytiker, sagte *Rosa,* „sehe ich die Oberstufe des AT als eine Chiffre des Unbewußten, die ich mit den gleichen Mitteln der freien Assoziation und der Deutung angehe." *Rosa* hält die „Carte-blanche-Technik" von *Luthe* für den wichtigsten Schritt in der Oberstufe des AT, der sich damit von Aufgabe und Leistung absetzt und dem Unbewußten Spielraum läßt, das aufsteigen zu lassen, wonach es drängt. *Rosa* lehnt jegliche Leistung und Wertvorstellung für die Arbeit mit der Oberstufe des AT ab. Er setzt zwar vor Beginn mit der Oberstufenarbeit ein Jahr Arbeit mit der Grundstufe voraus sowie Erfahrungen mit Vorsatzformeln und ein 30minütiges Verharren in einem Versenkungszustand mit Bewußtseinsreduktion.

Ich fasse zusammen: Ich habe versucht, Ihnen die Prinzipien der verschiedenen Denkmodelle von der Oberstufe des AT aufzuzeigen, beginnend mit *Schultz,* als dem wirklichen Urheber des autogenen Trainings schlechthin. Seine Darstellung ist überwiegend deskriptiv. Er sah in seiner Unter- und Oberstufe vorwiegend zwei getrennte Verfahren, obwohl er auch wieder an anderer Stelle die Oberstufe als weiterführendes Verfahren bezeichnet. Die Aufgaben, die die Versuchsperson in der Oberstufe zu erfüllen hat, werden vom Versuchsleiter angesagt. Ein deutliches Leistungsprinzip schleicht sich ein. Es folgt dann eine einzige große Expedition zur eigenen Tiefenperson. *Schultz* spricht zwar von kathartischen Möglichkeiten, aber vermeidet die Begriffe von Widerstand, Übertragung und Gegenübertragung. Das bleibt alles offen. Er hat diese Arbeit weitgehend *Thomas* überlassen, der die Oberstufenprinzipien von Schultz durch den Einbau seiner „Imagogik" ergänzte.

Luthe griff das Stufenmodell von *Schultz* noch differenzierter auf, aber erst auf der letzten Sprosse seiner Stufenleiter läßt er den Übenden frei gewähren und bewegt ihn dazu, sich von der rational mentalen Übungsweise abzusetzen und einem formelfreien passiven Geschehen hinzuwenden. Aufsteigende Bilder sollen auf eine weiße Leinwand projiziert werden. Luthe erklärt jedoch alle Vorgänge im AT für physiologische Hirnleistungsmechanismen.

Rosa leitet seine Versuchspersonen immer wieder dahin an, in der Oberstufe abzuwarten, was kommt, hinzusehen und hinzuhören, was an Bildern und Vorstellungen sich anbietet. Diese Oberstufentechnik mit ungerufenen Inhalten eröffnet dem Bewußtsein neue Fenster, wenn auch oft verschlüsselt. Die Entzifferung erfolgt durch nachfolgende Assoziation in methodisch fortlaufender Arbeit. Das ist Tiefenpsychologie mit der analytischen Technik des Erinnerns, Wiederholens und Durcharbeitens.

Wenn wir diese vier soeben angeführten Modelle betrachten, so muß es dem einzelnen Therapeuten überlassen bleiben, und er muß auch das Gespür dafür haben, ob er die Methode von *J.H. Schultz* anwendet oder jene von *Luthe, Thomas* oder *Rosa*, oder sogar eine Mischung aus den verschiedenen Denkmodellen zulassen kann. Auf jeden Fall wäre es gut, wenn der Therapeut über eine breite Palette seiner anzubietenden therapeutischen Möglichkeiten verfügen kann.

Die analytische Oberstufe des Autogenen Trainings

H. Wallnöfer

Wenn man von dem sehr allgemeinen Ziel, sogenannte Kranke zu sogenannten Gesunden zu machen, absieht, ist das letzte Ziel unserer psychotherapeutischen Arbeit nach *J.H. Schultz* die Selbstverwirklichung. Dazu gehören:

Das Freimachen der jeder Person innewohnenden Entwicklungs- und Gestaltungskräfte.
Das Befreien von Hemmungen.
Das Lösen der Beengungen von außen und der Bedrängungen von innen.
Das freie Schwingen mit der Umwelt bei Stärkung der eigenen Persönlichkeit, der eigenen Kreativität.

All das ist ohne Respekt vor der Person des anderen, der da bei uns Hilfe sucht, nicht möglich.

Die Führung zu einer weitgehenden Verwirklichung des Selbst muß dieses Selbst vorerst einmal anerkennen und ihm nicht das eigene oder ein kollektives Selbst als Ziel gegenüberstellen.

Trotzdem bedingt jedes „Führen", jede noch so vorsichtige Form des Leitens ein „An-leiten". Damit verbunden ist notwendig etwas Hierarchisches, also eine Einschränkung der Autonomie. Man kommt, wenn man das AT nicht als zudeckende Entspannungsübung verwenden will (wozu es ausgezeichnet geeignet ist), damit unweigerlich zum Problem der Ambivalenz von schöpferischem Chaos und Ordnung, von der unendlichen Vielfalt der Möglichkeiten, ein menschliches Leben zu leben, zur völligen Aufhebung aller Lebensmöglichkeiten, wenn Ordnung fehlt.

In der großen Darstellung des Verfahrens findet man bei *J.H. Schultz* schon in den ersten Anweisungen zur US zuerst die strenge, durchdachte Hierarchie der Übungen I bis VI, dann aber den Rat zu einer Reihenfolge durch „spontane Einstellung": Die Übungen „melden sich selbst". Und weiter: „wirkliches Autogenes Training ist eine völlig individuelle Angelegenheit und jeder Mensch (muß) hier den ihm eigenen, naturhaft bestimmten Weg gehen."

Auch wenn man Unter- und Oberstufe des AT für andere Zwecke und nach anderen „Weltanschauungen" (z.B. als Vorbereitung zur Verhaltenstherapie) erfolgreich anwenden kann, bleibt das Ziel, das dem AT von *J.H. Schultz* zugrunde liegt: Der **eigene**, jedem aus seiner Persönlichkeit bestimmte, naturhafte Weg. Diese Forderung des Autogenen richtet sich nicht nur an den „Geführten", sondern auch an den „Leitenden", an den, der vorsichtig „begleitet". Er sollte allen Verlockungen zu direkten und direktiven Eingriffen widerstehen können, wenn er „auto-gen" arbeiten will.

Schultz schreibt: „Die freiproduktive Selbstgestaltungsarbeit des Verfahrens fordert bei den Übungen beider Stufen völliges Stillschweigen, absoluten Respekt vor dem Spontanerleben des Übenden. „Begleitendes", noch so wohlgemeinte Reden des Versuchsleiters, Anschalten von Platten usw. schafft einen hypnotisch geführten Zustand und hebt das Grundprinzip des „auto-genen", selbstgeschaffenen, autorhythmischen Erlebens beim Übenden auf."

Unsere Abstinenz und unser Respekt vor dem Erleben sind somit die Garanten für den autogenen Weg des Übenden zur Selbstverwirklichung. Ich verwende diesen Begriff bewußt, obwohl ihn die inflationäre Verwendung in Mißkredit gebracht hat. Es scheint mir in diesem Zusammenhang wichtig, daß im Gegensatz zur Hypnose beim AT die Ruhe erst allmählich aus der Arbeit mit der quergestreiften Muskulatur, indirekt, als Folge der Muskelentspannung entstehen soll. Diesen physiologischen Einstieg in die Ruhehaltung kennen wir aus der Anthropologie für viele Formen meditativer Arbeit, und *J.H. Schultz* hat auf diesen Zusammenhang schon in seiner ersten Arbeit über die „Autogenen Organübungen" hingewiesen. (Siehe auch *D. Langen:* Archaische Ekstase und asiatische Medikation.) Die Ruhe wird „rückläufig" angestrebt – nicht etwa geübt! –, erst als Wort, dann als Gedanke, „Vorstellung", dann „fühlend", bis endlich ein „Zustand" daraus wird. Das eigentliche Üben bezieht sich auf die Muskulatur, auf das Herz, die Atmung usw.

Soviel zum Respekt vor dem Ubw und dem Autogenen.

Das Erkennen der Zusammenhänge von psychischem und physischem Geschehen ist prinzipiell, vor allem aber für den so oft überzerebralisierten Psychosomatiker notwendig. Ein Beispiel mag das Erkennen der Psychogenese – in diesem Fall einer traumatischen Neurose – schon in der Unterstufe deutlich machen:

In die dritte Stunde kommt ein Ingenieur aus einem Gießereibetrieb und sagt: „Wann immer ich mich zum Training hinlege, sehe ich ein merkwürdiges braunrotes Gebilde vor meinen Augen. Es verschwimmt, hat rote Tupfen, und ich bekomme daraufhin sofort einen Schweißausbruch, Herzklopfen, Angst und weiß nicht, was mit mir los ist. Jedenfalls macht mir dieses Training solche Beschwerden, daß ich es nicht mehr machen kann."

Selbstverständlich wurde sein Wunsch respektiert und auch keinerlei Versuch unternommen, ihn zum Bleiben oder Weitermachen aufzufordern. Nur eine Bitte hatte ich: Ob er mir als Techniker nicht zeichnen oder malen könne, was er da gesehen habe. Ich wäre dankbar, wenn er mir das Bild irgendwie zukommen lassen könnte.

In die nächste Stunde kam der Techniker wieder, sehr beeindruckt und euphorisch meinte er, daß das Training wieder gut funktioniere, daß er sich wirklich wohl fühle und die Ursache seiner Beschwerden erkannt habe: Das Bild zeige die Oberfläche der **Gießmasse** in einem Betrieb, den er mit einer Gruppe vor etwa drei Jahren besucht hatte. Die Besucher wurden darauf hingewiesen, vorsichtig zu sein, die Temperatur in den Kesseln sei etwas zu hoch, und es bestehe die Gefahr, daß Gießgut aufspritzen könne. Die Gruppe von Technikern ging die Kesselreihe entlang, vorn rutschte jemand aus, die Kolonne kam ins Stokken, und unser Techniker mußte gerade zwischen zwei Kesseln, sehr nahe am Gießgut, stehenbleiben. Er stand starr, etwas ängstlich, hatte Herzklopfen und Schweiß auf der Stirn. Man ging bald danach ins Freie, und die Beschwerden waren – scheinbar – völlig überstanden.

Wir können natürlich nie definitiv sagen, ob ein Trauma endgültig verarbeitet ist, weil wir dafür einfach keine Kriterien haben. Aus jahrelanger Nachbeobachtung z.B. dieses Falles ist aber ersichtlich, daß die Beschwerden nicht mehr aufgetaucht sind.

In unserem Fall war eine weitere Grundforderung von *J.H. Schultz* erfüllt: „Der Arzt wird nur mit wenigen vorsichtigen Hinweisen andeuten, was dieses oder jenes Bild gerade für

Abb. 1: Das Bild des Gießgutes.

diesen Menschen und für diese Situation etwa bedeuten könne, und im übrigen die Selbstverwirklichung der Persönlichkeit ungestört sich vollziehen lassen."

Der Vorgang des Erkennens der psychophysischen Zusammenhänge blieb völlig ungestört, die Erkenntnis kam autogen. Am Rande sei vermerkt, daß diese Form früher Verarbeitung im AT praktisch nur Traumen erfaßt, die nicht mehr als einige Jahre zurückreichen (Autounfälle, Militärerlebnisse, Berggefahren usw.).

Tauchen ausnahmsweise Traumen aus der Kindheit auf, beziehen sie sich bestenfalls auf das frühe Schulalter. Etwa der Fall mit der Formelveränderung „beide Arme sind ganz arm" bei einer Patientin, deren Arme man in Pappröhren am Gitterbett festgebunden hatte, um sie während der Varizellen am Kratzen zu hindern. Wieviel im analytischen Sinn schon in der Unterstufe geschehen kann, zeigen auch Bilder, die gute Maler oder Zeichner von ihren Erlebnissen im AT machen. Das Herzerlebnis einer Patientin war mit dem Gefühl verbunden, ein Ball schlage wie ein Herz mitten in ihrem Brustkorb. Sie sah sich im Bild wie sie sich auch sonst sah, als braves kleines **Mädchen**, mit einer schönen, weißen Spitzenhaube. Bei der Sonnengeflechtsübung (ein schöner Versprecher einer anderen Patientin dazu: „Das Sonnengeschlecht ist störend warm") erlebt sie sich viel weniger brav: In einer Landschaft voll von Symbolen der **Fruchtbarkeit** steht sie mit entblößtem Oberkörper und einem Vogelunterleib.

Auf dem nächsten Bild, einige Zeit danach, trägt sie eine **Krone aus Blättern** der fleischfressenden drosera rotundifolia, und der Leib ist ein einziges, großes Genital, dessen Labia majora ebenfalls aus Blättern der drosera bestehen. Innen sieht man viele laichartige Eier. Rechts und links sind traubenartige Gebilde, die sie selbst als Eierstöcke bezeichnet, und

Abb. 3: Fruchtbarkeit-Sexualität.

Abb. 2: Das „brave" Mädchen am Anfang der Unterstufe.

Abb. 4: Auftauchen des Problems.

darunter ist ein bleicher Kopf eines Kindes mit zwei Embryonen, die aus den Ohren herausragen. — Das Problem war die Unvereinbarkeit einer strengen Erziehung und eines Abortus.

Das typische Angst-Enge-Erleben der Asthmatiker zeigt sich im häufigen Auftreten von **Tunnelbildern**, auch schon in der Unterstufe. Wobei zu Beginn die Tunnels meist grau und schwarz, eng und sehr bedrohlich sind. Eine Besserung zeigt sich häufig dadurch an, daß die Tunnels heller und weiter werden. In einem Fall entstand in einem trostlosen, grauen Tunnel ein kleiner, brauner, der allmählich das ganze Bild füllte. Von diesem Tunnel sagte die Patientin, sie fühle sich darin wohl wie in einem Stall. (*Lüscher*: Braun = Stallwärme!)

Von den wenigen Medizinern, die sich mit dem analytischen Geschehen im Autogenen Training befaßt haben (für die neuere Zeit wären R. *Durand de Bousingen* und B. *Hoffmann* zu nennen), möcht ich G. *Kühnel* aus seiner Arbeit von 1949 zitieren. Er kam auf

Abb. 5: Das Tunnelbild mit dem wachsenden innen braunen Tunnel.

die Idee einer „Kombination" beider Verfahren bei der Arbeit mit Fürsorgezöglingen. Eine Klientel, die auf den ersten Blick nur wenig für eine „Innenschau" geeignet erscheint. Kühnel berichtet: Die Jugendlichen (zwei „gesunde" und sieben „haltlose", die aus einer Gruppe von 12 geblieben waren) berichteten in den Protokollen zuerst über „Fremdheitsgefühle", über die „komische" künstliche Ruhe, begannen aber bald unübliche Fragen zu stellen, die ihre „tatsächlichen" Lebensprobleme berührten. Die Jungen, die bisher nur den Überlebenskampf kannten, erfuhren auf einmal in der inneren Entspannung durch das Training etwas wie ein persönliches Innenleben. Die künstlich erzeugte Ruhehaltung brachte sie in seelische Bereiche, die sie noch nie kennengelernt hatten. Sie konnten das nicht ausdrücken. Aber sie waren aus ihren bisherigen Angeln gehoben und erschüttert.

„Solche spontane Durchbrüche neuer seelischer Bereiche schildert *J.H. Schultz* als häufig im Training in der Oberstufe. Ihr Eintreten bei diesen Jungen im Beginn der Unterstufe mag seinen Grund darin haben, daß bei ihnen diese Bereiche bereitlagen, nur in ihrem Auftreten durch äußere soziale Zwänge behindert ... Es waren Schichten bei den Jungen zum Durchbruch gekommen, die man ruhig als tiefenpsychologische Bereiche bezeichnen kann." Etwas weiter unten schreibt *G. Kühnel* weiter: „Diese Darstellung will zeigen, daß es durch das Training möglich ist, sich einen Zugang zu den tiefenpsychologischen Schichten der Persönlichkeit zu verschaffen." Er beschreibt dann auch das Vorgehen: „die kombinierte Behandlungsmethode hat den Vorteil, daß sie den Patienten zu einer regelmäßigen Beschäftigung mit sich selbst verpflichtet, die als durchaus ernste Arbeit empfunden wird ... Der Psychotherapeut steht als Hilfsperson mehr neben diesem oft höchst dramatischen Geschehen als in ihm, wie wir es in den oft endlos zeitraubenden Widerstands- und Übertragungsanalysen orthodoxer Art sehen." *G. Kühnel* weist dann, soviel mir bekannt ist, als erster auf die enorme soziale Bedeutung hin, die ein Verfahren erlangen könnte, das die Resultate einer durchgeführten Psychoanalyse erreichen könnte, ohne den Patienten mehrmals wöchentlich zu betreuen. Er zitiert einen Fall, bei dem er an Stelle der zu erwartenden 380 Stunden bei einer 19 Monate dauernden erfolgreichen Therapie nur 104 brauchte.

Wenn heute von Analytikern festgestellt wird, daß die Wiederkehr des Verdrängten erst durch die Veränderung der Persönlichkeit möglich wird, so drückt man diesen Umstand in der Terminologie des Autogenen Trainings so aus, daß wir glauben, daß erst durch die Verbesserung der Tragfähigkeit durch das Trainieren die Wiederkehr verdrängten Materials möglich ist. Das ändert nichts daran, daß natürlich auch die Probleme von Widerstand und Übertragung im AT eine Rolle spielen. Sie werden hier aber nicht in der Form einer klassischen Psychoanalyse bearbeitet und verwertet.

Historisch gesehen folgt dann auf *Kühnel* meine Arbeit über das kathartische und analytische Geschehen im AT im Buch von *H. Binder* („20 Jahre Psychotherapie"). Ich bin darin auch auf die Bearbeitung von Versprechern in den Formeln des AT eingegangen. Ein Bereich, den auch *G. Krapf* berücksichtigte. Wenn man gelernt hat, mit diesem Phänomen umzugehen, bietet es schon in der US reichlich, meist ebenfalls nicht sehr weit zurückliegendes, Material an. Ich zitiere aus dem Buch von *H. Binder*: „Der Patientin hatte sich, als sie den klassischen Herzspruch des AT einstellen wollte, aufgedrängt: „Das Herz steht ruhig und still", und sie hatte panische Angst bekommen, die erst verschwand, als sie sich von der neuen Formel losreißen konnte. Vorerst gab es keine Erklärung und auch kein Verständnis für die merkwürdige Formulierung. Auffallend war nur, daß die Patientin, obwohl sie auch sonst heftige funktionelle Herzbeschwerden hatte (Praecordialangst, Stenocardien usw.), immer betonte, für **ihre** Person habe sie keine Angst vor dem Sterben. Die Frage lag nahe, vor wessen Sterben sie denn Angst hätte. Ein heftiger Weinanfall bestätigte, daß die Richtung der Vermutung stimmte: Nun berichtet sie, daß an dem Tag, an dem sich der Spruch geändert hatte, ihr einziges Kind mit hohem Fieber erkrankt war und die verordneten Sulfonamide noch nicht wirkten. Daß dies am ersten Tag gar nicht sein könne und daß der Zustand nicht bedrohlich wäre, hatte ihr der Hausarzt beruhigend erklärt, und sie sei damit wohl auch zufrieden gewesen, denn ihr Vertrauen zum Hausarzt sei sehr groß. Die panische Angst, die sie empfunden hatte, müsse wohl eine andere Ursache haben. Die Aufforderung, doch noch einmal zu ihrem einzigen Kind zu assoziieren, brachte die Erinnerung an eine Abtreibung unter großem seelischem Druck (Patientin ist streng katholisch). Weitere Assoziationen deckten die Angst auf, nun auch das einzige Kind als Strafe Gottes für die Interruptio zu verlieren. Die Aufdeckung dieser Zusammenhänge, die der Patientin offensichtlich vorher nicht bewußt waren, brachte in diesem Fall einen eklatanten Erfolg. Die Praecordialangst und die Stenocardien blieben aus, während eine ebenfalls schon lang dauernde Anfälligkeit im gastrointestinalen Bereich unbeeinflußt blieb — allerdings auch nicht, etwa im Sinn eines Symptomwandels — verstärkt wurde."

Ein weiterer Schritt zur analytischen Oberstufe ist das „Gestalten vor und nach dem AT". Diese Technik, die wir Ende der 60er Jahre entwickelt haben und die auch statistisch einige interessante Aspekte hat, macht ebenfalls oft Material frei, das (auto-)analytisch zugänglich ist. So zeichnet als „freien Einfall" der Sohn eines strengen und unberechenbaren Alkoholikers vor dem AT seinen Vater in typischer **Haltung von hinten**, drohend und überwältigend, und nach dem AT einen **Hackstock**, ein Beil darin und das herunterrinnende Blut.

Das alles mit einem schwarzen Stift bei einem Angebot von acht Farben. Bei der Arbeit

Abb. 7: Die ödipale Lösung.

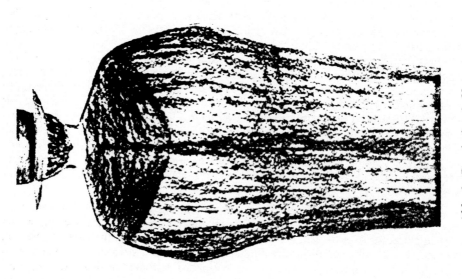

Abb. 6: Der drohende Vater.

mit diesem Verfahren stellte sich übrigens eine Reihe von Gesetzmäßigkeiten heraus. So malt oder zeichnet die Versuchsperson vor der Übung häufig eher kantig, nach einem „gut" verlaufenen AT eher rund, zügig, geordnet, kräftiger.

Wir wissen also schon aus der Arbeit mit der US, daß es unter Umständen bereits bei der ersten Übung zu kathartischem und letztlich auch analytischem – autoanalytischem – Geschehen kommen kann.

Es wird wenig beachtet, daß *Johann Heinrich Schultz* schon im ersten Satz seiner ersten Arbeit über das AT darauf hingewiesen hat, daß *Oskar Vogt* lange vor der Erfindung des Autogenen Trainings bei Patienten, die er zur prophylaktischen Autohypnose angeleitet, „geschult" hatte, nicht nur eine Symptombeherrschung erreichte, sondern auch „Innenklärungen über die Psychogenese ihrer Reaktionen (Selbstanalyse)".

In der Arbeit über die „gehobenen Organübungen" schreibt *Schultz* dann: „ . . . so ist endlich als letzter umfangreicher Aufgabenkreis die vertiefte Selbstschau zu nennen."

Zuletzt noch aus dieser Arbeit: „Eine Vereinigung der drei bisher erwähnten Sonderverfahren der vertieften Selbstschau gestattet in einem gewissen Rahmen eine Autopsychokatharsis, ja, bei entsprechender Schulung, Eignung und Selbständigkeit der Versuchsperson eine Autopsychoanalyse oft bis zu überraschender Tiefe."

Wenn wir – wie ich glaube folgerichtig – von der analytischen Oberstufe sprechen, so meinen wir damit:

1) Die Tatsache, daß eben durch das AT und besonders durch die Oberstufe „Innenklärungen", „Selbstanalysen" möglich sind und

2) daß wir in der analytischen Oberstufe explizit der Psychoanalyse entnommene Techniken zur Erleichterung der Produktion und der Bearbeitung des ubw Materials anwenden.

Mit den „Aufgabenstellungen" der Unterstufe und dem eben Zitierten aus der US finden wir schon in den ersten Veröffentlichungen von J.H. Schultz die zweimal drei Säulen für eine echte autogene Arbeit mit den psychischen, physischen und psychophysiologischen Möglichkeiten des Patienten.

Die Gruppe 1, weitgehend Unterstufe, ist verhältnismäßig bekannt und anerkannt:

1) Die Entdeckung der psychischen Repräsentanz von Organerlebnissen – z.B. Ich erlebe meinen Arm, Herzerlebnis usw.

2) Körperbeseelung: „die persönliche Vertiefung des Menschen in sein körperliches Ich."

3) Objektivierung, Distanzierung und Vertiefung von Sinneserlebnissen, Kreativitätssteigerung.

Gruppe 2, praktisch Oberstufe, ist weniger geläufig:

1) Freies Assoziieren im AT

2) Fragestellungen an das System Ubw

3) Selbstkontrolle der Innenstruktur, Be- und Verarbeitung von Problemen, Störungen usw., die bis in den Persönlichkeitskern reichen.

Um Mißverständnissen vorzubeugen: Ich bin nicht der Meinung, daß das AT die Analyse ersetzen kann. Es ist eine Frage der Indikation, der sozialen Möglichkeiten usw., welches Verfahren man anwenden will. Es wendet sich aber z.B. mehr als die Analyse an Körperliches, geht mit dem Aufspüren von Spuren im Gedächtnis des Organischen über die zeitliche Regression der Analyse hinaus usw.

Die Analyse verwendet praktisch ausschließlich als Instrument der Therapie die Beziehung zum Therapeuten, letztlich unter der Vorstellung, daß jemand, der an einer zwischenmenschlichen Beziehung erkrankt ist, an einer solchen auch genesen kann. Das AT hat mehrere Instrumente, u.a. die Autokonditionierung, und verwendet die Beziehung zum Therapeuten nicht so ausschließlich.

Das bedeutet aber nun keineswegs, daß wir in der analytischen Oberstufe auf die Provokation autoanalytischer Deutung und auf die damit verbundenen, gar nicht so seltenen AHA-Erlebnisse verzichten.

Neben der übend herbeigeführten Regression erlernt die VP etwas wie eine gleichschwebende Aufmerksamkeit. Diese Kunst, die Freud für den Analytiker beschrieben hat, erlernt allmählich (wenn auch mühsam) der Trainierende sich selbst gegenüber: „Man halte alle bewußten Einwirkungen von seiner Merkfähigkeit ferne und überlasse sich völlig seinem „unbewußten Gedächtnisse", oder rein technisch ausgedrückt: man höre zu und kümmere sich nicht darum, ob man sich etwas merke." Schultz spricht davon, daß jedes Bemühen die Arbeit in sich aufhebt, er spricht von der „inneren, schauenden Haltung", von der „Passivierung".

Daß sich in der Praxis der Weg von der US zur eigentlichen analytischen oder wie immer gearteten OS allmählich vollzieht, ist wohl allgemein bekannt. Trotzdem muß der Schritt einmal sozusagen offiziell getan werden. Förderlich ist dazu eine abstinente Vermittlung der US und natürlich die Bereitschaft des Patienten, die psychosomatischen oder im Fall der Neurose die psycho-physischen Zusammenhänge zu bearbeiten. Das AT ist für diese Bereitschaft eine bekannte gute Leitschiene.

Wir nehmen die Patienten — von stürmischen Verläufen und Ausnahmefällen abgesehen — etwa ein Jahr nach Beginn der US in die OS. Auch hier sind natürlich Menschen, die ihre Erlebnisse im Bild gut darstellen können, eine willkommene Hilfe zur Demonstration des Geschehens. Ein Beispiel:

Beim Farberleben einer Patientin stellt sich zuerst eine graue Felswand ein. Es ist „wie ein vertrockneter Wasserfall". Allmählich entsteht eine demütig kniende blaue Gestalt mit einem kronenartigen Ring, der über dem blonden Haar schwebt. Die Figur erinnert die Patientin spontan an eine Madonna (und ist auch für andere madonnenhaft). Freilich hat sie selbst sofort ein merkwürdiges Gefühl: Dieses Blaue, das ist etwas ganz Hartes, ganz Festes. Dieser Eindruck übertönt alles andere, und nachdem die Patientin mit Hilfe eines dünnen Blattes Papier die Konturen der Figur nachgezeichnet hat, entsteht unverkennbar die Form eines Phallus. Die Patientin nennt das Bild dann auch folgerichtig die „Penismadonna". Daß sich hier reichhaltiges Material sowohl zur Autoanalyse als auch zur vorsichtigen gemeinsamen Bearbeitung anbietet, ist offensichtlich.

Aus der schon sehr umfangreichen Kasuistik lassen sich natürlich nur einige kurze Hinweise geben. Darüber hinaus unterscheidet sie sich nicht wesentlich von den Kasuistiken anderer analytisch orientierter Verfahren.

Indikationen, Vorteile, Unterschiede.

1) Wenn wir vom Gesunden absehen, der mehr über sich erfahren will, so steht der zerebralisierte Psychosomatiker bei den Indikationen an erster Stelle. Mit der Leitschiene AT kann man ihm — wie ich in dem Fall des Gießereiingenieurs zeigen konnte — oft rasch und überzeugend verständlich machen, daß es auch bei ihm so etwas wie psycho-

Abb. 8: Die knieende Frau vor dem vertrockneten Wasserfall.

physische Zusammenhänge gibt. Manchmal kann man damit auch schon die erste Erleichterung erzielen.

Ob es sich dabei nun um eine Asthma bronchiale, um eine Colitis oder um cardiale Beschwerden handelt, ist nicht so wesentlich.

2) Unter den Neurosen sind Kernneurosen (etwa schwere Zwänge) behandelbar, wenn man – wie wohl bei anderen Methoden auch – bereit ist, die entsprechende Geduld aufzubringen.

3) Wie schon die US hilfreich bei sexuellen Störungen sein kann, ist bei schwereren Fällen die OS ein sehr nützliches und zeitsparendes Verfahren, das die Hintergründe (z.B.: Abwehr unbewußter homosexueller oder sadomasochistischer Triebwünsche) oft überraschend schnell aufdeckt. Auch ältere und alte Traumen sind auffind- und verarbeitbar.

4) Eine weitere Indikation sind Drogen- und Alkoholabhängigkeit sowie Spielsucht.

5) Auch wenn man die Weltanschauung des Vorteiles des Autogenen für die Selbstverwirklichung nicht teilt, ist die analytische Oberstufe ein Verfahren, das viel Therapeutenzeit ersparen und damit um ein Vielfaches sozial wirksamer werden kann. Darauf hat schon *G. Kühnel* (siehe oben) hingewiesen, und wir glauben, das bestätigen zu können.

6) Für den Therapeuten selbst kann die analytische Oberstufe ein gutes Hilfsmittel sein, seine eigene Problematik bei der Behandlung von Problempatienten aufzudecken. Bekanntlich sind ja viele Patienten deshalb ein Problem, weil sie etwas im Unbewußten des Therapeuten ansprechen.

Bei der Arbeit mit dem Material verwenden wir vor allem folgende analytische Techniken:
Das Schweigen.
Das schweigende, aufmerksame Zuhören.
Das „neutrale", „abstinente" Fragen.
Das vorsichtige Hinweisen.
Das Wiederholen eines Wortes, eines Satzes oder einer Passage.
Die Deutung.
Das Umgehen mit und das Aufdecken der Regression.
Das Bearbeiten von Symbolen.
Das Aufdecken negativer Besetzungen.
Das Bearbeiten von Versprechern in den Formeln
Die Verschwiegenheit (auch in der Gruppe).
Das analytisch-gruppendynamische Geschehen.

Als relative Kontraindikationen gegen die analytische OS könnte man latente Psychosen nennen, wenn nicht eine eindeutige psychiatrische Indikation vorliegt.

Angegeben als Kontraindikationen werden auch Zustände von Flucht in Tagträume mit Realitätsverlust usw. Ich halte das für eine sehr relative Kontraindikation, da gerade diese Patienten die Übungen sehr leicht machen. Es ist dann eben unsere „analytische" Aufgabe, ihnen den Unterschied bewußt, ihre Neigung zur Flucht in diesen Zustand aufzuzeigen und an der Überwindung der Fluchttendenz — deren Ursache aufzudecken ist — zu arbeiten.

Die optimale Voraussetzung eines Therapeuten für die Arbeit mit der OS wäre eine fundierte Ausbildung im AT beider Stufen und eine eigene Analyse.

Erst die Erfahrung seiner eigenen unbewußten Bedürfnisse versetzt den zukünftigen Therapeuten in die Lage, die richtige Mischung von Abstinenz und Intervention zu finden.

Wo eine eigene Analyse nicht möglich ist, muß eine mehrjährige Selbsterfahrung mit der analytischen Oberstufe gefordert werden.

Nicht zuletzt aus Gründen der Dokumentation eines Behandlungsverlaufes verlangen wir die Kontrolle des Ablaufes ab Beginn der Unterstufe mit psychologischen Tests. Unsere Testbatterie enthält den FPI, MPI, EPI, Gießentest, die Freiburger Beschwerdenliste und den Ängstlichkeitstest nach Spreen. Peresson in Italien arbeitet mit dem Lüschertest (den wir auch bei Einzelpatienten verwenden) und dem TAT.

Die Grundlagen der Formeln, die wir verwenden, liegen durchwegs schon bei *Schultz* — bzw. bei *K. Thomas* — vor.

Zum Auftauchen einer Farbe (oder einer beliebigen anderen Empfindung, z.B. Geruch, Geschmack, alles wird zugelassen): Vor meinem inneren Auge entwickelt sich eine Farbe. Den Punkt hinter der Farbformel habe ich anfangs immer wieder betont, um darauf hinzuweisen, daß die Versuchsperson nun warten und nicht eine Farbe intendieren soll. Wir sind davon wieder abgekommen, als sich herausstellte, daß bei den so instruierten Patienten viel häufiger als sonst die ersten Farben als Punkte kamen.

Im Gegensatz zu *Thomas*, der zur Erleichterung der Farbfindung vorher den Lüschertest zeigt, werden von uns keinerlei Farben genannt oder vorgestellt. Das scheint uns wichtig, da wir ja eine „freie Farbentstehung" intendieren. Versuche haben gezeigt, daß das Nennen einer Farbe oder einer Farbreihe: „Da kann etwa Rot, Blau oder Grün kommen", bei der Mehrzahl der Übenden das Auftreten dieser Farben begünstigt.

Wir haben die Formeln in mehrere Kategorien eingeteilt:

1) **Die völlig freie Formel**: Beispiel: Ich sehe. (Ähnlich: die carte blanche von *W. Luthe*.)

2) **Selbstgestaltete Formeln** zu einem vorgegebenen Meditationsziel.

Beispiel: Die Meeresübung und das Absinken ins Meer (gemeinsam mit *K. Rosa*, nicht der Spaziergang am Meeresgrund). Vorgabe: Stellen Sie sich bitte nach eigener Formel vor, daß Sie auf dem Meer liegen . . .

3) **Formeln mit einer indeterminierten Vorgabe.** Beispiel: Vor meinem inneren Auge entwickelt sich eine Farbe. (Welche ist völlig dem Ubw überlassen.)

4) **Die determinierte Formel mit selbstgewählter Vorgabe.** Beispiel: Vor meinem inneren Auge entwickelt sich eine Farbe, ich sehe (und nun folgt eine unbeeinflußt gewählte Farbe) . . .

5) **Die determinierte Formel** wie in der US: Vor meinem inneren Auge entwickelt sich ein Bild, ich sehe einen Würfel (Kreis, Dreieck).

Die Versuchsperson erhält damit einen Rahmen, der von neuerlich anfänglicher Führung wieder zum endgültig autogenen Geschehen hinlenken soll.

Wichtiger aber als all diese eher technizistischen Anleitungen scheint uns, sich im Umgang mit dem Autogenen jene Grundtugenden angelegen sein zu lassen, die da heißen: Vorsicht und Geduld.

Literatur (deutsch, englisch, italienisch, französisch) beim Verfasser. Interessenten für die analytische Oberstufe können sich bei der österr. Gesellschaft für AT und allg. PT (Sekretariat, Schelleingasse 8, A-1040 Wien und beim Europäischen Komitee für die analytische Oberstufe, c/o Cisspat Piazza Alcide di Gasperi 41, I-35100 Padua oder Pyrkergasse 23, A-1190 Wien) anmelden.

Indikationen und Kontraindikationen des autogenen Trainings

E. Schäfgen

Zur Frage der Indikationen hat *J.H. Schultz* selber seine Methode mit wenigen Worten umrissen: (1)

> „Die konzentrative Selbstentspannung des autogenen Trainings hat den Sinn, mit genau vorgeschriebenen Übungen sich immer mehr innerlich zu lösen, zu versenken und so eine von innen kommende Umschaltung des gesamten Organismus zu erreichen, die es erlaubt, Gesundes zu stärken, Ungesundes zu mindern oder abzustellen. Wie der Mensch, der lesen gelernt hat, nun lebenslänglich lesen muß, wenn er Schriftzeichen sieht, muß dem autogen Trainierten eine entspannt-gelassene Haltung zur Zweiten Natur werden. Wir sprechen von einem erworbenen Vollzugszwang im normalen Seelenleben."

Demgemäß ist der Bogen der Indikation außerordentlich weit. Er reicht einerseits von der Psychohygiene bis hin zur Psychotherapie und zur Behandlung psychosomatischer oder organischer Krankheiten. *Schultz* sagt an anderer Stelle auf die Frage, was grundsätzlich beim autogenen Training erreicht werden könne:

> „Alles, was Entspannung und Versenkung, wie die ärztliche wissenschaftliche Hypnose bewies, leisten können."

So führt er mehrere Punkte an, zunächst weist er auf die Wichtigkeit der Erholung hin. Sie scheint heute ganz besonders bedeutungsvoll zu sein.

> „Leben verlangt Polarität", so heißt es am Schluß des soviel bekannten Übungsbuches,
>
> „Höchste Kampf- und Wirklichkeitsspannung auf der einen, tiefaufbauende, von innen quellende Entspannung auf der anderen Seite." (2)

Mit anderen Worten können wir es auch ausdrücken, indem wir vielleicht ein mehr moderneres Vokabular verwenden im Sinne von *Seley:* „Wir werden ständig von Stressoren beeinflußt, denen es sich anzupassen gilt." (3)

Der Streß ist nicht nur ein ständiger Begleiter, er ist auch die Würze unseres Lebens. Die Stressoren führen zur möglichen Einsatzbereitschaft, zu dieser Kampf- und Wirklichkeitsanspannung, sehr leicht kann es aber auch zu einer überschießenden Reaktion kommen. Dann wird aus dem Eustreß ein Dysstreß. Die Anpassungsmöglichkeiten an Streßsituationen wurden schon zu Beginn des menschlichen Daseins genetisch verankert. *Harrer* und *Mitterauer* (4) beschreiben in einer Betrachtung über Streß als Freund oder Feind des Menschen, daß diese Anpassungsmöglichkeiten mit den vom Menschen geschaffenen umwälzenden Veränderungen der Umwelt und unserer Lebensgewohnheiten nicht Schritt gehalten haben. So sei ein Teil der sogenannten Zivilisationskrankheiten sicher auch auf eine Überforderung unserer Anpassungsmöglichkeiten an die moderne technisierte Umwelt zurückzuführen.

In diesem Zusammenhang hat *Prokopp* (5) früher die sogenannte Umweltneurose geschildert, sie in seinem Buch über autogenes Training noch einmal dargestellt. (6) Er spricht davon, daß dort, wo früher Seuchen das menschliche Leben gefährdet hätten, heute trotz aller warnenden Vorzeichen noch immer verkannt und unterschätzt die Schädigung, die Versklavung und Krankmachung durch entartete Umwelt und Technik stehe.

Hier hat das autogene Training sicherlich eine hervorragende Position in der Psychohygiene. Durch die Selbstruhigstellung im AT kommt es zu der sogenannten Resonanzdämpfung der Affekte, wie *Schultz* (7) es immer wieder genannt hat. Er betont, daß durch die Ruhigstellung der körperlichen Organe dem Affektgeschehen wesentliche Anteile genommen werden. Es kommt zu einer Entspannung und Beruhigung der Organe, die von dem Affektgeschehen wesentlich betroffen werden. So wird aus der Erregungswelle, die den Organismus durchbrandet, durch Teilentspannung ein mehr gedankliches, vorstellungshaftes Gebilde, sagt *Schultz*. Man findet immer wieder in der Literatur den Hinweis auf den Gedanken von *Heyer*: „Wer es lernt, sich im autogenen Training zu lassen, der wird gelassen." *Schultz* spricht davon, daß die leibliche Resonanz der Gemütserregung abgedämpft wird, im Gegensatz zu der gewaltsam spannenden Niederkämpfung des Ausdrucksbedürfnisses durch ein Sichzusammennehmen; hierbei bleibt der Affektverlauf unverändert, der Erlebende müht sich nur, durch aktive Hemmung seinen Ausbruch zu verhindern. Demgegenüber wird im anderen Falle durch das AT der Affekt nicht eingeengt, sondern das Spannungssystem des Affektes wird in sich selbst aufgelöst.

Diese innere Gelassenheit mit der Resonanzdämpfung der Affekte führt dazu, daß, wie *Iversen* (8) es einmal formuliert hat, „anstelle sinnloser Reaktionen oder Aktionen ein ökonomischer Einsatz leib-seelischer Energien erfolgen kann". Neue Kräfte sammeln sich, es wird eine Ruhe erreicht, die auch neue Einsichten ermöglicht.

Krapf (9) weist in seinem Buch auf das französische Sprichwort hin: „reculer pur mieux sauter." Durch die Ruhe erfolgt eine Distanzierung von den Problemen, so daß sich neue Lösungsmöglichkeiten ergeben. So erlaubt das autogene Training es, Kräfte zu bewahren für die Bewältigung von Schwierigkeiten oder auch von Krisen auf dem Lebensweg. Hier ist das AT eine Hilfe zur Selbsthilfe gerade auch in Krisensituationen nach längerer Belastung, wie *Iversen* es formuliert hat.

Durch Entspannung, innere Sammlung ist es insgesamt möglich, eine Konzentrations- und Leistungssteigerung herbeizuführen. Oft steht ja der Leistungsmöglichkeit eine ängstliche Verkrampfung entgegen. Die freie Energie kann, wie eben auch schon betont, dem eigentlichen Leistungsziel zugeführt werden. Diese Besserung der Leistungsfähigkeit muß nicht unbedingt dazu führen, daß man befähigt wird, den Ozean in einem Ruderboot zu überqueren, wie dies *Lindemann* bekanntlicherweise getan hat, jeder kennt Situationen, in denen besondere Leistungen abverlangt werden. Ich denke nur an Examina, an Schulleistungen, an die Erledigung von nichtalltäglichen Aufgaben. Hier wird es das autogene Training ermöglichen, durch eine größere innere Ruhe leistungsfördernd zu sein.

In diesem Zusammenhang spricht *Schultz* auch von den sogenannten prophylaktischen Ruhepausen. (10) Mit einer relativ ununterbrochenen Leistung ist, wie er betont, ein dauernder Spannungszuwachs verbunden, so daß mit zunehmender Leistungsdauer jeder neue Vollzug auf höherem Spannungsniveau beginnt. Dies kann durch kurz eingeschaltetes Training unterbrochen werden, so daß das erhöhte Niveau wieder abgebaut werden kann. Hier ist auch an die Förderung sportlicher Leistungen zu denken und an die Tatsache, daß Kosmonauten und Astronauten ohne AT nicht zu ihren Leistungen fähig wären. *Schultz* konnte sich noch auf eine persönliche Mitteilung an ihn bei der Schilderung dieser Leistungsmöglichkeiten berufen.

Wichtig ist sicherlich auch die Förderung des Konzentrationsvermögens durch die innere Ruhe. Die Gedächtnisleistungen werden intensiviert. *Schultz* (11) schildert einen Versuch, in dem er den Beginn eines in der Schulzeit erlernten Gedichtes aufsagen ließ. Beim Steckenbleiben ließ er zwei Minuten nach der Fortsetzung suchen, danach wurde die Versuchsperson aufgefordert, sich in einen möglichst tiefen autogenen Entspannungszustand zu versetzen. In 60% trat ein schlagartiges Fortsetzen des früher erlernten Textes ein. Jeder wird solche Reproduktionsleistungen bei sich selbst schon erfahren haben.

Mit der Förderung des Gedächtnisses hängt zweifellos auch zusammen das sogenannte Terminerwachen, (12) mit dem man ein Erwachen aus dem vorher eigensuggestiv eingeprägten Zeitpunkt meint.

Meiner Ansicht nach hat das autogene Training eine besonders weite Verbreitung gefunden im Bereich der Hygiene des Schlafes, (13), bzw. in der Therapie von Schlafstörungen. Es ist erwiesen, daß über die Hälfte von Besuchern von Volkshochschulkursen die Motivation hat, besser schlafen zu lernen bzw. lästige Schlafstörungen abzubauen. Diese Menschen sind dann auch zweifellos, wie Befragungen zeigen, in der Lage, einen wesentlichen Erfolg zu erzielen. Das Sich-lassen, das Sich-hingeben, wie man es im AT lernt, fördert die Schlafbereitschaft, verhindert innere Verkrampfungen, Verspannungen, die dem Schlaf entgegenstehen. Gerade die Absicht, unbedingt schlafen zu wollen, ist es ja, die das Schlafen verhindert. Der Schlaf ist wie eine Taube, die sich auf die Hand setzen will — wenn man danach greift, fliegt sie davon. Hier kann das AT ein Mittler sein, den Versuch, eben nach dem Schlaf zu greifen, zu unterlassen und demgegenüber in einer entspannt-abwartenden Haltung sich zur Ruhe hinzugeben. Sehr hilfreich ist es, den Schlafgestörten auf Vergleichszahlen hinzuweisen über den Erholungseffekt von AT und Normalschlaf. *Schultz* soll gesagt haben, daß 20 Minuten AT gleich 2 Stunden Schlaf entsprechen würden.

Prokopp hat in dem schon erwähnten Vortrag die besondere Bedeutung des autogenen Trainings auch gerade für den Urlaub dargestellt. Es kommt nicht nur rascher zu einer Anpassung an veränderte Verhältnisse, sondern es wird eine notwendige Einstellung gefördert, die gerade auch für den Urlaubsgast immer wichtiger wird, nämlich „den Weg nach innen" anzutreten. Es besteht damit die Möglichkeit, sich wieder selber zu finden. Diese sogenannte Selbstfindung oder Selbstbestimmung wurde schon von *Schultz* als besondere Indikation herausgestellt. Er beschreibt z.B. in seinem kleinen Übungsheft die Förderung der Selbstkritik und der Selbstkontrolle durch Innenschau in der Versenkung. Sie führt zu Möglichkeiten der psychischen Beeinflussung im positiven Sinne, zum Abbau störender Verhaltensweisen, zu einer Veränderung der gesamten Lebenshaltung. Diese Indikation wird sicherlich verstärkt durch den Einbau sogenannter formelhafter Vorsatzbildungen, die sozusagen von innen heraus wirksam werden, die, wie *Krapf* (9) es genannt hat, eingepflanzt sind und dann gewissermaßen automatisch wirken. Selbstverständlich wird eine verstärkte Innenschau besonders in der Oberstufe befördert. Hier soll nicht auf die zahlreichen Möglichkeiten der Oberstufe eingegangen werden.

In der Versenkung wird der Trainierende nach außen abgewendet und in-sich-gekehrt sein und damit eine nach außen gerichtete Indifferenz erwirken können. Dabei geht es nicht nur darum, weite Gebiete der Sinnesempfindung auszuschalten, die innere Einstellung zu Eigenerlebnissen kann dabei deutlich verändert werden. Es kommt zu einer Vertiefung des Erlebens, zu einer Verstärkung des Empfindens, zu denken wäre beispielsweise an den erhöhten Genuß musikalischer Werke. Hier ist auch auf die Möglichkeit kreativer Eingebungen nicht nur bei Künstlern hinzuweisen, sicher gibt es immer wieder solche im AT erlebte Erleuchtungen auch bei Durchschnittsmenschen. In diesem Zusammenhang soll auf Feststellungen von *Wallnöfer* (14) eingegangen werden. Er hat darauf hingewiesen, daß durch das AT bei Drogengewöhnten ganz ähnliche oder identische bewußtseinserweiternde Erlebnisse vermittelt werden können, wie durch den Genuß von Drogen. Das kann dann dazu führen, von der Gewohnheit zu befreien. Er prägte den Slogan:

„Das AT hält, was Haschisch verspricht."

Eine besonders weite Indikation findet das AT durch den Abbau der Angst bzw. der angespannten Erwartung im Hinblick auf die Schmerzbekämpfung. So schreibt *Achelis:* (15)

„Schmerz scheint mehr eine qualvolle, vergebliche Tätigkeit zu bedeuten, als ein bloßes Erleiden."

Es ist oft die Erwartung des Schmerzes, die ihn intensiver erleben läßt. Hier wirkt das AT durch seine Entängstigung nicht zuletzt schon durch die bloße Ablenkung. In sehr eindrucksvoller Weise ist immer wieder von verschiedenen Autoren beschrieben worden, wie es gelungen ist, Schmerzen abzubauen, zu vermindern bzw. gar nicht auftreten zu lassen. So sehen z.B. auch Zahnärzte immer wieder die Möglichkeit, an sensiblen Patienten in größerer Ruhe Eingriffe vorzunehmen. Hier ist an Beobachtungen zu erinnern, die *Barolin* (16) bei Hypnose-Versuchen an Behinderten machen konnte. Das AT führt in der Operationsvorbereitung zu einer Verminderung von Analgetika oder von Betäubungsmitteln. Ich möchte hier *Langen* zitieren, der dies am eigenen Leibe bei seiner Hüftgelenksoperation erfahren konnte.

Wenden wir uns nun den eigentlichen Organfunktionsstörungen zu, bei denen das AT in besonders wirkungsvoller Weise eingesetzt werden kann. Die Literatur zu diesem Thema ist kaum noch zu übersehen. Ich möchte daher nur die wichtigsten Indikationen darstellen, wie sie schon von *Schultz* selber herausgearbeitet worden sind:

Eines der hauptsächlichsten Anwendungsgebiete stellt zweifellos die Regulation des Gefäßsystems dar. Durch die vor allen Dingen bei der Wärmeübung herbeigeführte Blutgefäßerweiterung wird es zu einer Senkung des Blutdrucks kommen. Hier ist es vor allem die Entspannung, die der wohl meist psychisch bedingten Erhöhung des Gefäßtonus entgegenwirkt. Eindrucksvolle Blutdrucksenkungen sind verschiedentlich beschrieben worden. Beim hypotonen Symptomenkomplex kommt es nicht zu einem weiteren Abfall des Blutdrucks, vielmehr zu einer Normalisierung, wahrscheinlich, darauf hat *Hoffmann* (17) hingewiesen, durch eine Blutumverteilung. Es kommt eben in der Entspannung zu einer Normalisierung des Gefäßtonus, ähnlich wie im Schlaf. Man kann das AT bei der Einwirkung auf den Gefäßtonus vergleichen mit einer vegetativen Gymnastik. Durch regelmäßige Kurzübungen im Sinne einer kurzen organismischen Umschaltung oder durch Einschaltung sogenannter prophylaktischer Ruhepausen wird eine positive Einwirkung auf Gefäße und Blutdruck möglich sein.

Mit der Einflußnahme auf das Gefäßsystem ist auch eine Therapie bei den so häufigen vasomotorischen Kopfschmerzen bzw. bei der Migräne möglich. Hier ist auf ein Bild von *Fromm-Reichmann* (18) hinzuweisen. Der Migräne-Patient ballt da den Kopf, wo ein anderer die Faust ballt. Bei solchen Migräne-Patienten wird daher sicher eine zusätzliche fokussierte Therapie vonnöten sein, um eine Neuorientierung zu ermöglichen.

Hoffmann (19) hat auf die Veränderung der Wärmeregulation hingewiesen, während der Übung steigt die Fingertemperatur um durchschnittlich 2,34 Grad an, die Rektaltemperatur, also die Kerntemperatur, fällt gleichzeitig um 0,8 Grad. So konnte *Schultz* schon von der Fähigkeit eines Sportlers bei einem Lawinenunglück berichten, die Wärme immer wieder in verschiedene Körperregionen wechselseitig zu schicken und damit Erfrierungen vorzubeugen.

Zweifellos ist es so auch möglich, Durchblutungsstörungen überhaupt vorzubeugen bzw. sie zu bekämpfen. Eine Patientin, bei der eine Vagotonie an den Beinen zur Förderung der Durchblutung vorgenommen worden war, erklärte mir, daß gerade sie unter der Vorstellung, besonders warme Beine zu haben, wesentlich weniger Beschwerden gehabt habe als unmittelbar nach durchgeführter Operation.

An dieser Stelle soll auch auf die erfolgreiche Behandlung einer Errötungsfurcht hingewiesen werden, bei der *Schultz* (20) die Ablenkung der störenden Blutwelle in die Beine vorschlug. Er hat es „ein Erden" der falschen Funktion genannt und beschreibt einen 24-jährigen Mann, der in der Lage war, in seinem Unterbewußtsein die Blutwelle statt in den Kopf in die Beine zu schicken. *Hoffmann* (21) schildert in demselben Zusammenhang eine Verkäuferin, die fähig war, ihr Blut in die Arme umzuleiten.

Ein sehr breites Anwendungsgebiet findet natürlich die Entspannung des AT bei den Herzfunktionsstörungen. Wichtig ist das Training bei der Herzenge, die als funktionelle Störung heute so häufig beobachtet wird, aber auch dann, wenn sie organisch bedingt ist. Die Möglichkeit, durch eine gezielte Wärmeentwicklung im linken Arm eine bessere Durchblutung des Herzens herbeizuführen, wurde von *Hoffmann* nach Art der Hauff'schen Teilbäder beschrieben. Was die Rhythmusstörungen anbelangt, so berichtete *Wallnöfer* (22) einmal von einem Patienten, dem während einer paroxysmalen Tachycardie mittels Metronom ein Rhythmus sozusagen vorgespielt wurde. Dadurch war es dem Betroffenen möglich, wieder in einen normalen Herzrhythmus zu kommen. *Hoffmann* (23) beschreibt im Hinblick auf die Behandlung von Rhythmusstörungen, daß von 70 Patienten 55 beschwerdefrei wurden nur mit dem autogenen Training. Ich selbst sah einen Patienten mit absoluter Arrhythmie, bei dem im Liegen die Störungen nicht sich stets verstärkten, er war aber in der Lage, durch Übungen im Sitzen eine Verbesserung des Herzrhythmus herbeizuführen. Sehr wichtig ist sicherlich auch die Nachbehandlung beim Herzinfarkt. Es ist hier nicht der Ort, auf die mannigfaltigen Möglichkeiten der Verursachung einzugehen, wichtig ist hier die Prophylaxe, die durch das autogene Training erreicht wird, auf die ich schon eingangs hingewiesen habe. Es wird aber auch durch das AT möglich sein, diese Erkrankung sozusagen in das gesamte Leben zu integrieren, um damit auch wiederum dem Erkrankten eine Hilfe zur Selbsthilfe in die Hand zu geben.

Besonders eindrucksvoll ist oft die Behandlung der Asthmatiker. Es geht ja immer wieder hierbei um die Notwendigkeit, dem Asthmaanfall vorzubeugen. Allzu oft hört man, daß die Erkrankten ängstlich auf irgendwelche Atemstörungen achten, daß durch eine seelische Verkrampfung es zu einer Verengung der Luftwege kommt. Es entsteht, wie *Hoffmann* (24) es beschrieben hat, eine Zirkelbildung, die gespeist wird aus der Wut über den gehabten und der Angst vor dem kommenden Anfall. So lauert der Kranke auch in der asthmafreien Zeit ängstlich, unruhig, mit Luftsucht gespannt auf den nächsten Anfall. *Schultz* selbst hat ja am eigenen Leibe feststellen können, wie gut die Entspannung bei asthmatischen Störungen hilfreich sein konnte. Bei *Trautwein* (25) finden wir eine ausführliche Beschreibung der Anwendung des autogenen Trainings bei Asthma. Er weist vor allen Dingen darauf hin, daß es so wichtig ist, wieder Vertrauen zu sich und dem Körper zu finden, das besonders dazu beiträgt, die Angst vor dem Asthmaanfall, die häufig erst zur Auslösung desselben führt, zu beseitigen. Der Betroffene hat nun etwas Sinnvolles in der Hand, um seine Angst zu bekämpfen, ein therapeutisches Moment, das auch sicher bei anderen körperlichen Beschwerden eine wesentliche Rolle spielt. Die Verkrampfung innerhalb der Luftwege kann nun herabgesetzt oder ausgeschaltet werden. Wesentlich erscheint es *Trautwein* aber auch, daß es zu einer inneren Umstellung kommt, zu einer anderen Reaktionslage dem Leben gegenüber.

Den sogenannten Parästhesien in den Respirationsorganen, die häufig am Beginn asthmatischer Attacken auftreten, kann begegnet werden durch die Vorstellung der Kühle im gesamten oberen Schleimhauttrakt. In einer sehr bemerkenswerten Arbeit hat *Fischer-Hoppenworth* (26) schon 1952 darauf hingewiesen, daß bei der Lungen-Tbc die psychische Beeinflussung von besonderer Bedeutung sei. Er zitiert *Roloff*, der erklärte, bei allen Tuberkulösen sei ein seelischer Konflikt vorhanden, wenn er nicht gefunden würde, habe der Arzt nicht genügend danach gesucht. So wurde betont, daß das AT als therapeutische Grundmaßnahme in jeder Tuberkulosebehandlung nützlich sein könne. Neben der allgemeinen Entspannung wurde vorgeschlagen, die Formel „Lungen warm" miteinzubauen.

Außerordentlich stark von psychischen Einflüssen abhängig ist der Magen- und Darmkanal. Es ist hier nur auf die vielen Ausdrücke hinzuweisen, die in der Umgangssprache diesen Zusammenhang verdeutlichen. Bei allen derartigen Störungen hat selbstverständlich das autogene Training seinen Platz. *Schultz* (27) selber zitiert zahlreiche Fälle, bei denen einerseits die Entspannung, vor allen Dingen aber auch wohl das Wärmegefühl im Bauchraum ausgleichend und heilend wirken konnte. Vor allen Dingen wird auch von *Enke, Kurzius* und *Rohrmoser* (28) von guten Erfolgen bei der Colitis ulcerosa berichtet. Schließlich finden wir sogar bei Hämorrhoiden eine Besserung durch abgedämpfte Allgemeinwärme, „Darmausgang schwer" bzw. „Becken-Binnenraum warm – Darmausgang kühl", eine Besserung, die z.B. bei *Luthe* beschrieben wird.

Daß eine chronische Obstipation gebessert werden kann, ist sicher schon jedem begegnet, der das autogene Training anwendet. Eindrucksvoll wird diese Indikation auch bei *Krapf* in seinem Büchlein über das AT beschrieben.

Was das gynäkologische Fachgebiet anbelangt, so leistet die Entspannung sicherlich Ausgezeichnetes in der Praxis des Frauenarztes, wie sich schon aus Falldarstellungen bei *Schultz* ergibt. Er kann sich auf zahlreiche weitere Veröffentlichungen stützen, vor allen Dingen z.B. auch bei Störungen der Menstruation. Auf die psychischen Entstehungsfaktoren des sogenannten prämenstruellen Syndroms hat kürzlich erst *Ladisch* hingewiesen und betont, wie gerade psychisch belastete Frauen mit stärkeren prämenstruellen Beschwerden reagieren. Hier wird das autogene Training hervorragend einzubauen sein.

Prill (30) hat sehr ausführlich 1956 und auch noch einmal 1967 auf die Ergebnisse in der Geburtshilfe hingewiesen. Dabei wird gegenüber der Read'schen Methodik die Notwendigkeit der bionomen Gesamtentspannung betont. *Prill* hebt hervor, daß das autogene Training eine sicher für Mutter und Kind unschädliche Methode sei, die besonders in den ersten zwei Dritteln der Eröffnungsperiode Wesentliches zur Geburtshypalgesie zu leisten vermöge.

Sehr deutlich sind auch die psychischen Einflüsse bei vielen Blasenstörungen. Es ist ja auffällig, wie z.B. das Wasserlassen durch primitive Reize oder durch Situationsänderungen zu beeinflussen ist. So kann man sicherlich bei der sogenannten Reizblase durch die Vorstellung der Wärme bzw. auch durch die Einstellung des Gleichgültigseins eine Besserung herbeiführen. Wenn wir uns in diesem Zusammenhang den Sexualstörungen zuwenden wollen, so sehen wir hier ja auch oft eine Zirkelbildung, z.B. bei Klagen über Impotenz bei Männern, indem die Vorstellung besteht, eine Leistung erbringen zu müssen, und die Angst zu versagen. Zweifellos ist hier einerseits das aufklärende Gespräch wichtig, aber auch die Anwendung des AT im Hinblick auf die Entängstigung, auf die Einstellung zur Ruhe mit der Möglichkeit, eine warme Durchblutung des Leibes herbeizuführen. Daß hier zahlreiche Zusatzformeln möglich sind, möchte ich an dieser Stelle nur andeuten. *Hoffmann* (31) spricht von einer emotionalen Aufwertung und schreibt: „Durch ein länger durchgeführtes AT mit betonter Einbeziehung der Unterleibsorgane lassen sich seit Jahren, sogar seit Jahrzehnten bestehende gefühlsmäßige Abwehr und Ablehnung abbauen." Zu denken ist schließlich auch an die Hilfe bei Enuretikern. *Lohmann* (32) sah sehr eindrucksvolle Hilfe in der Therapie mit Dialyse-Patienten.

Wie wesentlich Hauterkrankungen von psychischen Einflüssen abhängig sind, stellt sich in der Praxis immer wieder von neuem dar. Es ist also allzu verständlich, daß man mit dem AT auch akute und chronische Hautkrankheiten sehr gut anzugehen vermag. *Hoffmann* (33) weist treffend darauf hin, daß die Haut wie ein Spiegel Affekte sichtbar macht. So ist Angst von Blässe und kaltem Schweiß begleitet, Scham läßt erröten, man schwitzt vor Verlegenheit, Juckreiz ist sehr stark von Unruhe und Gereiztheit begleitet. Bei *Hoffmann* findet man dann auch sehr gute Formen zur Bekämpfung von Störungen im Bereich der Dermatologie.

Die so ausgedehnten Störungen des Stütz- und Bewegungsapparates, die zu langwierigen körperlichen Behandlungen führen, meistens mit Medikamenten und mit relativ kostspieligen physikalischen Maßnahmen, sind in einem großen Teil der Fälle psychisch überlagert. Auf diese psychischen Zusammenhänge der Fehlhaltungen der Halswirbelsäule bzw. der psychogenen Muskelverspannungen mit Verhärtungen soll nicht näher eingegangen werden. Gerade hier liegt jedenfalls ein ausgedehntes Feld für die Anwendung des AT einerseits mit dem Ziel der Entspannung, andererseits mit ganz gezielten Wärmeübungen im Bereich der Wirbelsäule. Allein schon die Kurzübung mit dem Versuch, die Schultern fallenzulassen, führt häufig zu einer entsprechenden Entspannung und damit u.U. zu einem Nachlassen der so häufig geklagten chronischen Kopfschmerzen.

Zender und *Schultz-Zehden* (34) haben sich eingehend des AT bei der Behandlung von Augenkrankheiten bedient. So konnten sich Menschen mit Hilfe des AT mit der Kontaktlinse anfreunden, Abwehrspannungen wurden abgebaut, und es gelang sogar, den Augeninnendruck in erheblicher Weise zu senken bzw. therapeutische Bemühungen anderer Art zu unterstützen. Ähnliche Erfolge wurden von *Mentz* aus der Augenklinik in Berlin berichtet.

Sehr bemerkenswert sind Forschungen von *Hermann* (35) in Heidelberg, der in der Kieferorthopädie das AT anwendet. Es kommt zu einer Veränderung des Raumerlebnisses. Nicht nur bei Kindern kann die Therapie fehlerhafter Zahnstellungen durch die tiefe Entspannung des AT unterstützt werden.

Sehr eindrucksvolle Erfolge haben sich auch bei anderen körperlichen Erkrankungen herbeiführen lassen, die zunächst nicht als unbedingt psychosomatisch anzusehen sind. Hier zeigt es sich, wie z.B. die Überfunktion der Schilddrüse, Cortison-Werte und der Blutzucker-Spiegel durch die psychische Entspannung positiv beeinflußt werden konnten im Sinne einer Normalisierung. *Hoffmann* (36) weist mit Recht darauf hin, daß die allein schon durch das AT bewirkte Disziplinierung dem Zuckerkranken helfe, die sonst so häufigen Diätfehler zu vermeiden. Er zitiert außerdem *Luthe*, der berichten konnte, daß bei 10 Patienten nach etwa halbjähriger Übung festgestellt wurde, daß der Cholesterinblutspiegel eindeutig gesenkt werden konnte. *Kleinsorge* (37) hat einmal Bedenken geäußert, ob mit einer Formulierung „Bauchspeicheldrüse strömend warm" zu helfen ist. Es ist wohl mehr die allgemeine Entspannung, die sich hier wiederum hilfreich auswirkt, ist es doch bekannt, wie sehr die Blutzuckerregulierung auch von psychischen Bedingungen abhängt.

Von ganz besonderer Bedeutung ist die Mobilisierung von Restfunktionen, von der *Prokopp* (38) spricht. Für ihn sind es vier Faktoren, die dabei zum Tragen kommen, vor allem sicherlich die Entspannung und Erholung neben der Anwendung der Organübungen und dem Einbau formelhafter Vorsatzbildungen neben dem suggestiven Gesamteffekt.

Im Rahmen der körperlichen Erkrankungen sei noch auf die positive Einwirkung des AT auf neurologische Störungen hingewiesen. *Barolin* (39) hat sehr eindrucksvoll auch von der Besserung paretischer Störungen durch das Training berichtet.

Sehr gute Erfahrungen in der Behandlung von Hirnverletzten konnte *Binder* (40) gewinnen. Es kam nach seinen Beobachtungen zu Besserungen von Schlafstörungen, zu einem größeren Leistungsvermögen, zu einer erheblichen Verminderung von Erregungszuständen und sonstigen affektiven Abläufen, es konnten auch ein besseres Konzentrationsvermögen und eine bessere Wortfindung angegeben werden. Er beschreibt sogar, daß die Physiognomie einzelner Hirnversehrter sich in der Richtung einer Glättung der Gesichtsmuskulatur und damit eines verjüngten Aussehens verändert habe. Deutliche Erfolge beschreibt *Reuter* (41), der auch eine Besserung der Anfallsfrequenz nachweisen konnte.

Schließlich soll noch auf die positiven Erfolge bei Blinden eingegangen werden, die von *Thomas* (42) beschrieben wurden. Er setzt sich mit den besonderen psychischen Belastungen der Blinden auseinander und betont, daß über die bekannten allgemeinen Wirkungen des AT hinaus sich gerade aus der Lage und Haltung der Blinden besondere Anwendungsmöglichkeiten des AT ergeben, und zwar nicht nur im Hinblick auf die Haltung gegenüber den Dingen und Ereignissen der Umwelt, sondern auch gegenüber den anderen Menschen, ist doch der Blinde besonderen Spannungen und Anstrengungen ausgesetzt. Er beschreibt Lichterlebnisse, die Blinde haben konnten bei der Sonnengeflechtsübung, und er weist abschließend darauf hin, daß bei Blinden das AT noch mehr als bei anderen den Weg bahnen kann, die Alltagsstörungen und Schwierigkeiten zu überwinden, das Kontaktfinden und -pflegen zu erleichtern sowie ein gesundes Selbstwertgefühl aufzubauen.

Auf die besonderen Indikationen, die dem AT im Übergang mit Kindern erwachsen, möchte ich hier nur hinweisen. Frau *Kruse* (43) hat sich ganz besonders um den Aufbau und Ausbau des AT mit Kindern bemüht.

Selbstverständlich ist das autogene Training immer da auch nützlich, wo es sich „nur" um psychische Störungen handelt. Auf die Möglichkeit der Entängstigung bin ich schon verschiedentlich eingegangen. Bei den Erwartungsängsten, die jetzt so häufig auftreten und mit Zittern, Sprachhemmungen, Schweißausbrüchen, Lampenfieber einhergehen, lassen sich sicherlich die Unsicherheiten, die häufig diesen Störungen zugrunde liegen, sehr gut mit dem AT angehen. So konnte ich z.B. gute Erfolge bei Schreibkrampf sehen, auch bei Blinzeltic. Weite Anwendung werden die Entspannungs- und Suggestionsübungen bei allen Phobien finden, hier sicherlich in Verbindung mit anderen psychotherapeutischen Maßnahmen. *Schultz* (44) hat schon berichtet, daß bei gewissenhaftem und konsequentem Training mit entsprechender Selbstruhigstellung mehr als die Hälfte der in Frage stehenden Störungen restlos und dauernd verschwinden. Es kommt hier im wesentlichen auch darauf an, dem Betroffenen ein Mittel an die Hand zu geben, mit dem er selber umgehen und damit seinen Ängsten begegnen kann. Daß hier Kombinationen mit der Dereflektion nach *Frankl* oder der Desensibilisierung im Sinne der Verhaltenstherapie möglich sind, ist einleuchtend. So schreibt *Wallnöfer* (45) einmal ganz richtig: „Wir sind in der Lage, unsere Patienten an angstbeladene Situationen im AT heranzuführen und so vielfältige Ängste, die später zu einer schweren Störung führen können, aufzulösen."

Gerade die Möglichkeit einer verstärkten Innenschau, auf die ich schon eingangs hingewiesen habe, ist wichtig für die Bewältigung von neurotischen psychischen Störungen. Hier ist das AT als „Basistherapeutikum" zu sehen, wie *Iversen* es immer wieder genannt hat. Es veranlaßt in sehr vielen Fällen den Patienten überhaupt einmal, sich mit sich selbst zu beschäftigen. Es ist in vorzüglicher Weise geeignet, zu einem Umgang mit den eigenen seelischen Kräften hinzuführen und damit zu einem Einstieg in die Psychotherapie überhaupt.

Wichtig ist in jedem Falle das regelmäßige Üben. In einem Büchlein von *Brenner* (46) über das autogene Training fand ich folgendes Gedicht:

„Dies alles wird ihm nicht geschenkt.
Doch einmal auf das Ziel gelenkt,
trainiert der Mensch mit großem Fleiß,
weil er um jene Wirkung weiß,
die autogenes Training schafft:
gelöst zu sein durch eigene Kraft.
Gelassen sieht er nun die Welt,
nicht mehr schockiert,
wenn sie mißfällt,
Probleme bleiben − auch der Kampf,
doch konzentriert und ohne Krampf
trägt leichter sich des Tages Last!
Dies hat nun unser Mensch erfaßt!"

Wenn ich nun noch etwas zu den Kontraindikationen sagen soll, so möchte ich zunächst *Schultz* (47) wörtlich zitieren: „Mit der Erörterung der Indikation ist auch die Frage ihrer Kontraindikation gestellt. Es ist mir bis jetzt nicht gelungen, eine solche zu finden, wenn der Versuchsleiter im Auge behält, daß die Dosierung besonders für die selbständige Verfügung über die Vasomotoren vorsichtig und individuell erfolgen muß." Damit ist eigentlich schon alles gesagt. Es ist häufig festgestellt worden, daß Kontraindikationen nicht bekannt sind. *Lohmann* (48) hat in einer kleinen Zusammenfassung, wobei er sich weitgehend auf *Schultz* berufen kann, darauf hingewiesen, daß psychisch Gesunde mit freier Selbstverfügung und ausdauernder Mitarbeit das AT am besten erlernen. Nervöse, psychosomatisch Gestörte und Kranke sowie chronisch körperlich Kranke haben es etwas schwerer.

Psychisch schwer Gestörte, z.B. psychopathische Persönlichkeiten oder auch echte Kernneurosen sowie Geistesschwache vermögen das AT meist nicht zu erlernen.

Zu größeren Schwierigkeiten in der Vermittlung wird es bei Zwangsneurosen kommen, besonders beim sogenannten malignen Zwangssyndrom. Solche Patienten vermögen es nicht, sich fallen- bzw. gehenzulassen, sie wenden das AT zu zwanghaft an, kontrollieren sich selbst ständig zu stark. Hier ist zweifellos eine besonders einfühlsame Anleitung notwendig. Ähnliches ist bei hysterischen Persönlichkeiten zu beobachten, sie verfügen oft nicht über die notwendige Bereitschaft zur echten Hingabe, sie demonstrieren u.U. aber ganz auffallende Ergebnisse in der Gruppe, brillieren sozusagen, vermögen aber nicht, sich fallenzulassen und damit die organismische Umstellung zu erzielen.

Sicherlich gibt es auch Altersgrenzen, aber wohl nur insofern, als noch eine gewisse Flexibilität beim alternden Menschen vorausgesetzt werden muß, so daß die Verfügbarkeit über den eigenen Körper noch vorhanden ist. Bei Kindern dürfte diese Fähigkeit wohl erst im Alter von 8−10 Jahren vorhanden sein.

Zu Schwierigkeiten in der Vermittlung kann es vielleicht bei Herzkranken kommen, wenn durch Insuffizienz eine Hypoxydose besteht, die vielleicht verstärkt werden könnte. Hier sollte erst mit dem Üben nach Herbeiführen einer Kompensation der Herzleistung begonnen werden.

Schultz hat noch auf die Besorgnis hingewiesen, die konzentrative Hinwendung auf das Körpererleben könne zu hypochondrischen Störungen führen. Er erklärt aber, daß genau das Gegenteil der Fall sei, die von der Hypochondrie regellos und lebenswidrig in Betrieb gesetzte Funktionserregung der Organe werde im Verlauf des Trainings zu zielbewußt beherrschtem Persönlichkeitseigentum. Er betont an dieser Stelle, daß auch das Bestehen nachgewiesener struktureller Organveränderungen an und für sich niemals ein Gegengrund gegen psychotherapeutische Behandlung sein könne.

Immer wieder ist zum Ausdruck gebracht worden, daß ausgeprägte Psychosen eine absolute Kontraindikation seien. Das ist sicherlich richtig. Demgegenüber ist das AT aber durchaus auch sinnvoll angewandt worden bei chronischen Schizophrenien, darauf hat zuletzt *Kraft* noch einmal hingewiesen. Aber auch hier ist es wohl notwendig, daß die Persönlichkeit der Kranken nicht zu stark angegriffen ist, vor allen Dingen, daß eine gedankliche Zerfahrenheit fehlt.

In der Tiefe einer endogenen Depression ist der Erkrankte nicht in der Lage, die notwendige Selbstverfügbarkeit aufzubringen. Die Hemmung steht dem zu stark entgegen. Hier besteht sicherlich eine echte Kontraindikation, die es zu erkennen gilt. Vor allem in Kursen an Volkshochschulen findet man mitunter Patienten, denen das AT bei länger anhaltenden Depressionen angeraten worden ist. Mißerfolgserlebnisse, die bei der endogenen Depression mit dem AT auftreten müssen, führen dann u.U. zu einer Verstärkung der seelischen Erkrankungen. Dagegen hat aber z.B. *Völkel* (49) das autogene Training sehr sinnvoll bei leichteren depressiven Verstimmungen anwenden können, es ist dann u.U. möglich, die depressive Phase mit gelassener Zuversicht besser durchzustehen. Wichtig ist es aber auch, daß der Patient vor der Phase oder in den Intervallen zwischen den Phasen die Entspannung gut gelernt hat, wobei *Völkel* betont, daß Depressive zuweilen eine gewisse Anpassung gewinnen können und lernen, mit ihren Symptomen umzugehen.

Selbstverständlich stellen akute körperliche Erkrankungen insofern eine Gegenindikation dar, als z.B. ein hoch fieberhaft Erkrankter nicht in der Lage ist, sich den autogenen Übungen hinzugeben. Ähnliches wird beim akuten Myocardinfarkt der Fall sein. Sobald aber diese akute Phase abgeklungen ist, ist das AT unbedingt positiv einzubauen.

Man könnte nun denken, das AT sei so etwas wie eine Art von Wundermittel. Das ist es sicherlich nicht. Ich möchte hier an die bescheidene Antwort von *Schultz* bei seiner Begegnung mit *Freud* erinnern (50). Auf dessen Frage: „Sie glauben doch nicht, daß Sie damit heilen können?", erwiderte *Schultz*: „Keinesfalls, aber ich meine doch, daß man wie ein Gärtner Hindernisse wegräumen kann, die der echten Eigenentwicklung entgegenstehen." – „Dann werden wir uns schon verstehen!" bemerkte *Freud*.

Wir haben gesehen, wie außerordentlich der Umfang der Indikationsstellung des AT ist, von der heute so wichtigen Psychohygiene bis hin zur Therapie von organischen Störungen.

Das AT ist eben eine psychotherapeutische Methode, die in jeder ärztlichen Praxis Raum finden müßte.

Literatur beim Verfasser.

Zum Neurosenkonzept
von Johann Heinrich Schultz – ein Rückblick
Gestützt auf die Darstellung „Arzt und Neurose" (1953, 1. Aufl. 1936) und „Grundfragen der Neurosenlehre" (1955).

G. Iversen

J.H. Schultz sah in neueren Forschungsergebnissen (aus dem dritten bis fünften Dezennium dieses Jahrhunderts – bis hin zu *Pawlow* und dessen Schülern) eine Bestätigung für die Überzeugung seines anatomischen Lehrers *Friedrich Merkel*, Göttingen, der seine Vorlesung über das Nervensystem – etwas drastisch – so einleitete: „Der Mensch ist Nervensystem mit einem bißl was dazwischen."

Funktionsstörungen des Organismus mit ausgesprochen nervöser Komponente dürfen als Neurosen bezeichnet werden (in der Mehrzahl der Fälle gleichzusetzen mit psychologisch faßbaren Abläufen, – „psychonervöser" Faktor). Die Frage „Was ist eine Neurose?" kann aber nach *Schultz* „nie beantwortet werden, wenn nicht wirklich unerbittlich ernst mit der Ganzheitsbetrachtung gemacht wird. Nur so sei zu erkennen, „daß alle funktionellen Krankheitserscheinungen neben ihren gesetzmäßigen körperlichen Abhängigkeiten auch dem psychisch-nervösen Faktor als einer wichtigen Bedingung unterstellt sein können . . .

- Mag es sich darum handeln, daß ein Mensch nur gewissermaßen
- von außen seelisch geschädigt wird, mag es sich um gewissermaßen
- falsche Gewohnheiten und Einstellungen handeln, mag es sich um
- Gefühlsschwankungen und Konfliktbewältigungen handeln, mit denen der kranke Mensch nicht zurechtkommt oder . . .

er selbst in seinem innersten Wesen nach wichtigen Seiten lebensunfähig sein: Immer werden wir das eigentlich Entscheidende der Neurose nur entdecken, wenn wir es lernen, den Kranken seelisch richtig zu erschließen, wenn wir uns der Verantwortung bewußt sind, die darin liegt, daß ein leidender Mitmensch uns um Hilfe angeht."

Diese Definition ergänzte *Schultz* durch folgende Feststellung:

„Vom Nervensystem erworbenermaßen ausgelöste Fehlfunktionen des Organismus können ihre Kraft und Beständigkeit daraus ziehen, daß sie lediglich eine falsche Schaltung lebenswichtiger Allgemeinreaktionen sind."

Experimente, mit denen nach der Methodik von *Pawlow* über einen bedingten Reflex von *Metalnikoff* nachgewiesen wurde, „daß bei den Immunvorgängen wie bei jeder Gesamtreaktion des Organismus auch das Nervensystem tätig ist", veranlaßten *Schultz* festzustellen: „**Neurose ist eine falsche Lebensbewältigung**".

J.H. Schultz sah **drei Möglichkeiten seelischer „Bewirkung"** (Therapie):

1. i.S. einer **Übung oder Entwöhnung** (mit Umgestaltung des lebendigen Organismus);

2. **Umbildung einer Fehlhaltung** oder eines Falscherlebens, **z.B. durch Befreiung von einer Angst (vor Gift)** mit allen ihren unbewußten Wurzeln, und

3. **psychotherapeutische Beseitigung von Hemmungen,** die sich dem gesamten psycho-physischen Wachstum entgegenstellen (Entwicklungsermöglichung).

Nachdrücklich bemerkt *Schultz* hierzu:

„Wer auch nur einige Achtung vor der tiefen Rätselhaftigkeit alles Lebensgeschehens hat, wird es sicher mit Nachdruck von sich weisen, einer solchen Entwicklung **etwa den Weg vorzuschreiben** oder vorher zu **prophezeien, wohin der Weg führen wird** . . . Er wird auch auf dem Gebiete der Persönlichkeitsentwicklung verantwortlich abwartender Begleiter sein, Hindernisse beseitigen, Belastungen verteilen, unbewußte Ängste auflösen, Selbstbesinnung und Selbstbeherrschung vermitteln. Niemals aber ist es Sache ärztlicher Psychotherapie, weltanschauliche Inhalte zu geben oder einem andern ein Wesen aufzudrängen, das etwa dem Arzte (oder den Angehörigen!) erfreulich oder wünschenswert erscheint."

Eine – **vielleicht** – **„verfehlte Erlebensform"** medizinisch-psychologisch zu bearbeiten hielt *Schultz* nur soweit für vertretbar, als Krankhaftes im Spiele sei; hierzu brachte er ein Bild:

„Wir bemühen uns, dem Kranken freien Gang für seinen Lebensweg zu erkämpfen; wohin dieser Gang führt, ist keinesfalls mehr eine medizinisch-psychologische Entscheidung, sondern nur Eigenweg, Eigenentscheidung und Selbstgestaltung aus dem immanenten Ich des Kranken, wobei der Arzt nur als achtender Begleiter in Erscheinung treten darf. Fühlt er sich als Mensch berechtigt, diese klaren Grenzen zu überschreiten, so wird niemand . . . sich anmaßen, ihm hier entgegen zu sein, aber mit unerbittlichem Ernst muß verlangt werden, daß der so handelnde Arzt sich völlig darüber im klaren ist, bei solchen sicher oft außerordentlich wertvollen menschlichen Begegnungen eben ,Mensch' und nicht mehr ,Arzt' zu sein!"

Die „wissenschaftliche Lehre vom Gedächtnis bis hinüber zum urwaltenden ,Gedächtnis des Lebendigen', der Mneme" hielt *Schultz* bei lebensgeschichtlichen Forschungen für mangelhaft berücksichtigt. – Nachdrücklich unterstrich er auch die Bedeutung, die über eine „rein mechanistische Kausalität und logische Begründung" hinaus bei seelischen Versagenszuständen dem **„Lebensgebiet der Affekte und Motive"** zukommt. Folglich sei nichts dagegen einzuwenden, „wenn auch von einer ,affektiven Kausalität' gesprochen und damit versucht wird, auch in diese innersten seelischen Bereiche kausale Betrachtungsweisen zu tragen."

Die Grenzen unserer Zuordnung von seelischen Reaktionsweisen zu bestimmten Kategorien sah *Schultz* deutlich, wenn er schrieb: **„Hätten wir nur bessre Maßstäbe für den hier unentbehrlichen Begriff seelischer Tragfähigkeit!"**

Wesentlich erschien ihm ferner ein Hinweis darauf, „daß **die der organismischen Reagibilität entsprechende, ,vernehmende' Vernunft** eine völlig andere seelische Vollzugsweise darstellt als begrifflich urteilende, ordnende Intelligenz; ,die' Vernunft steht nicht umsonst als weibliche Figur – bildlich gesprochen – ,dem' Verstand gegenüber und erlaubt häufig größere und tiefere Ein-sicht", betonte *J.H. Schultz* 1919; – 1955 fügte er hinzu, daß jedem Psychiater „sehr vernünftige Schwachsinnige ebensowohl bekannt sind, wie völlig des ,Vernehmens' unfähige hochintelligente Persönlichkeiten"! – *Schultz* teilte die

Auffassung von *Franz Alexander*, „daß die

- aus Anlage,
- Umweltbewältigung und
- übender Erfahrung

sich gestaltende **affektive Enwicklung Eigenwert** und **Eigengestaltung besitzt und sich rationalistischer Erfassung widersetzt.** Erlebnisse und **Erlebnisfolgen schließen sich organismisch gestaltend unausweichlich zu Ganzheiten** . . . "

Eine Neurosenbetrachtung, die allzu einseitig analytisch „nur Motivforschung" betreibt und alles Organismische vernachlässigt, „kann der Vielfalt wirklicher Gegebenheiten im Bereich der Neurosen niemals gerecht werden, und es ist durchaus unsinnig, etwa ganz oder überwiegend gewohnheitsbedingte, ‚physiogene Randneurosen' mit dem schweren Geschütz lebensgeschichtlicher Motivanalyse zu beschießen, statt unmittelbar und direkt mit einer ‚organismischen Psychotherapie' (Acta Psychoth., 1953, 33) hypnotisch oder autogen eine Umstellung und Entübung organismischer Art herbeizuführen."

Noch etwas deutlicher unterstrich *Schultz*, „daß **jeder Versuch, ‚die' Theorie ‚der' Neurose zu geben, grundsätzlich zum Scheitern verurteilt** ist"! Möglich sei allerdings, „gewisse grundsätzlich immer wieder auffindbare Neurosenschemata zu entwerfen", bei denen ihm der Hinweis auf einen Unterschied zwischen zentripetalen und zentrifugalen Neurosen besonders wichtig war. Zwar spielen in beiden Fällen Primitivreaktionen eine entscheidende Rolle; diese können aber in zwei völlig verschiedenen Zusammenhängen erscheinen. (*J.H. Schultz* in „Grundfragen der Neurosenlehre", S. 46/47):

1. als unmittelbar akut einbrechende, im Verhältnis zu Person und Situation ungemäße, a- oder antibionome, meist übersteigerte Primitivreaktionen, die einen Menschen in Ausnahmesituationen anfallen. Tausendfältige Beispiele lieferten die Zitterneurosen des ersten, die vegetativen Neurosen des zweiten Krieges. Hier ist es berechtigt, von einer „psychonervösen Luxation" zu sprechen, da hier ein nach medizinisch-psychologischer Untersuchung Durchschnittlicher akut falsch reagiert. Dementsprechend sind derartige abnorme Reaktionen **in frischem Zustand** „einzurenken", sie reagieren fast auf jede einigermaßen eindrucksvolle psychische Bewirkung mit Dauerheilung, was erfahrungsgemäß immer wieder Ärzte aus diesem Arbeitsbereich dazu verführt, die Möglichkeiten primitiv-aktiver Neurosentherapie weit zu überschätzen. **Diese akuten Primitivreaktionen können sich nun** „von der Peripherie der Persönlichkeit her" **tiefer eingliedern, sie können zentripetal einwachsen,** besonders auch rein mnemisch fixiert werden und haben eine grundsätzlich andere Struktur als

2. zentrifugale **Persönlichkeitsmißbildungen, die, aus tiefsten, frühgesetzten Fehlhaltungen entfließend, das gesamte Leben und Reagieren fälschende psychophysische, organismische Fehlhaltungen bedingen.** Hier ist selbstverständlich nur eine tiefgreifende, persönlichkeitsformende und persönlichkeitsentwickelnde, insbesondere analytische Psychotherapie möglich.

Während bei zentripetalen Neurosen in die bereits wesentlich oder ganz gereifte und ausgeglichene Persönlichkeit **ein** „peripheres" **Primitivgeschehen** „von außen" einbricht „**persistieren**" bei den zentrifugalen „von innen" innnerst, intimste Fehlhaltung der Persönlichkeit, die einstmals dem unreif-infantilen Erleben gemäß waren, also durchaus normale Erscheinungen eines unreifen Seelenlebens bedeuteten.

Weitaus die meisten Krankheitserscheinungen dieses Gebietes können nur richtig erkannt und gewertet werden, wenn das **Bild der gesamten Persönlichkeit des Kranken**, seiner **Erbeigenart**, seiner **allgemeinmedizinischen**, **psychiatrischen Anamnese**, seines **Schicksalsweges** und seiner **Daseinswelt geklärt** ist, und auch hier sind noch wesentliche Irrtümer möglich, da, öfter als heute im allgemeinen gesehen wird, auch komplizierte und **vorgeschichtlich tief strukturierte Neurosenbilder gar nicht so selten sind, wie es einseitig analyti**scher Betrachtung erscheint, lediglich „**physiologisch psychologisch**", lediglich als falsche Gewöhnung mitgeschleppt werden, gewissermaßen ein erstarrter Panzer der Persönlichkeit oder eine **nicht mehr lebendig verbundene Haut, die der Kranke bei umstellenden Hilfen ablegen kann.** Es handelt sich dann um neurotische Haltungen, die aus einer früheren schweren Schicht- oder gar Kernneurose im Laufe von Jahren und Jahrzehnten zu physiogenen Randneurosen geworden sind, tote Gehäuse, die lediglich durch pervertierte Mneme mitgeschleppt werden und nun oft bei **einfachsten ärztlichen Hilfen abgestoßen werden können.**

Das Bemühen, „Neurosen zu verstehen",

sie **mit ärztlicher Hilfe zu bessern** bzw. die lebenswidrigen Beschwerden möglichst weitgehend zu mildern, ist demjenigen **Arzt nicht möglich, der** etwa lediglich feststellt, „**daß hier Unsinniges geschieht**"; vielmehr wird er – so *Schultz* – „nach den Gesetzen und **dem tieferen Sinn dieses Unsinns** fragen"!

Wer auf überdurchschnittliche Belastungen (bei geminderter Widerstandskraft vielleicht schon auf durchschnittliche Beanspruchungen über längere Frist) **mit einer Neurose reagiert**, mag – im Sinne von *Bergmann's* – als **vegetativ stigmatisiert** gelten, meinte *Schultz*; wichtig sei aber „die Vermeidung verschleiernder Scheindiagnosen wie ‚vegetative Dystonie'!"

Bei dem **vegetativ Stigmatisierten** handelt es sich um einen „Menschentyp mit körperlich verfeinerter Reaktion . . . , also **erhöhter Ansprechbarkeit** und **Sensibilität**". Erwähnenswert ist in diesem Zusammenhang – so in „**Arzt und Neurose**" (S. 38/9) *Schultz* wörtlich daß wir „im Kreise der Neurosen eine ganze Reihe von Menschen sehen, deren Eigenart ausgesprochenen Geistesstörungen verwandt ist".

Züge von **manisch-depressiven Bewegungen**, Absonderlichkeiten **schizophrener** Eigenart, **explosiv-periodische Reizbarkeit epileptoider Art, tiefe Kränkungen der Gemeinschaftsfähigkeit im Sinne paranoider Veränderung, kindisch-wirklichkeitsfremdes Theater hy**sterischen Possenspiels – alle diese Abartigkeiten zeigen uns schon in ihrem Erscheinungsbilde **nahe Beziehungen zu den Fällen schwerer Geisteskrankheiten.** Dieser Eindruck verstärkt sich bei genauer Sippenforschung.

Eine „**psychopathische genotypische Disposition**" hielt *Schultz* für unerläßlich zur „Entstehung bestimmter Neurosen, aber in keiner Weise an sich verpflichtend für ihre Entstehung".

Den so Disponierten steht ein Menschentyp gegenüber, der „durchaus immun gegen das Auftreten von Neurosen" erscheint, gekennzeichnet durch das „Merkmal des ‚Robusten' (*Kretschmer*), . . . im **Vollbesitz menschlicher Gefühlsfähigkeit und** menschlichen Erlebens . . . , aber niemals übermäßigen Schwankungen . . . ausgeliefert".

Zum „Aufbau" von Neurosen:

Wer früher etwa von Herz-, Magen- und anderen Organneurosen oder auch Psychoneurosen sprach, der mußte alsbald „die **völlige Unabhängigkeit** von **äußerem symptomatischem Bilde** und **innerem Aufbau**" der Neurose erkennen. Im Klartext konstatiert *Schultz*, daß

„die symptomatische Gestaltung einer Neurose für ihren inneren Aufbau meist belanglos ist"!

Die äußere wirksame Fassade läßt gerade nicht erkennen, ob die Behandlung leicht oder schwer sein wird. Seine Erfahrungen faßte *Schultz* dahin zusammen, daß Symptom und Aufbau der Neurosen in weitem Maße voneinander unabhängig sind. Hieraus ergibt sich, daß eine rein klinische Beurteilung von Neurosen, die sich etwa nach der äußeren Heftigkeit der Krankheitserscheinungen richtet, in der Mehrzahl der Fälle zu groben Irrtümern führt.

Verstehen wir eine Neurose als gefälschte Haltung gegenüber dem Leben, so ergibt sich hieraus eine einfache Ordnungsmöglichkeit.

Schultz **unterschied die Fremd- und Randneurosen sowie die Schicht- und Kernneurosen.** Wo eine „ausgesprochen lebensschädigende Situation und Umwelt" – vielleicht bei einem labilisierten bzw. in seiner Tragfähigkeit geminderten Menschen – **in einen Konflikt oder eine (jetzt) überfordernde Belastung mündet, kann es zu einer exogenen Neurose** kommen, die *Schultz* als Fremdneurose bezeichnet hat. „Beispiele dieser Art sind in der ärztlichen Praxis sehr alltäglich, ganz besonders in der Kinderpraxis; **gehen doch die Neurosen der Kinder zu einem guten Teil auf schädigende Erziehungs-, Beispiels- oder andere Einflüsse der Erwachsenen in der Umwelt des Kindes zurück.** Bei den exogenen Fremdneurosen ist der Lebenskonflikt nach seinem **Schwerpunkt außerseelisch, in einem anderen** begründet."

Als Zeichen einer (neurotischen) „falschen Lebensbewältigung" können jetzt **entsprechende Symptome aller Funktionsgebiete** auftreten: „Von **Ernährungsstörungen** und **Neurodermatitis** über das bunte Reich **spastischer und irritativer Funktionsstörungen** einzelner Organsysteme (Asthma!) bis hinauf zu **Affekt- und Charakterstörungen** . . . von **Allergie bis zu Schwererziehbarkeit"** – bezüglich der Symptomatik für den inneren Aufbau der Neurose meist belanglos. **Bei solchen „Fremdneurosen" kann die Psychotherapie** „grundsätzlich mehr fürsorgenden, **umweltverändernden Charakter tragen"**, meinte *Schultz*; sie ziele dann weniger auf das Leben und die Schwierigkeiten des einzelnen Kranken, seine Nöte und seine Fehlreaktionen ab; die **kausale Therapie könne dann** „durch **energischen Zugriff in den Lebensraum" erfolgen.** Denn Außenschädigungen dieser Art, **exogene Fremdneurosen, seien Infektionskrankheiten vergleichbar.**

Ähnlich verhält es sich mit einer Gruppe von Neurosen, die – „auch gewissermaßen ‚außen' in der menschlichen Persönlichkeit" gelegen – *Schultz* als **Randneurosen** bezeichnet hat. Damit meinte er „die große Reihe solcher **Neurosen, für deren Entstehung und Verlauf falsche Gewöhnungen, falsche Einstellungen, falsche Haltungen usw. entscheidend** sind" (z.B. krampfhafte Gesichtszuckungen, Augenzwinkern als Ausdruck nervöser Bewegungsstörung, Gewohnheitstics).

Aus den **Forschungen über bedingte Reflexe bei Tieren** ist bekannt, daß „derartige **abnorme Gewöhnungen** oft außerordentlich **fest und nachhaltig sind",** vielleicht – so meinte *Schultz* – „besonders bei bestimmten psychopathisch disponierten Menschen".

Da aber **„Gewöhnen, Üben, Lernen und alle verwandten Reaktionen** . . . psychophysisch neutral sind, ist es sinnlos, zu fragen, ob sie physisch oder psychisch vor sich gehen." Deshalb **bezeichnete** *Schultz* **die Randneurosen als physiogen und meinte damit, daß sie aus** der beseelten Natur, der „Physis" hervorgehen. Sie entstehen nicht überwiegend durch einen starken „Außeneinfluß, sondern im wesentlichen **durch das geschilderte falsche Verhalten des Trägers (selbst).** Er wird gewissermaßen von den Mechanismen seiner eigenen Natur besiegt, er erliegt einem somatopsychischen Konflikt."

Hier müsse die Therapie eine Entwöhnung anstreben oder eine „falsche Gewöhnung durchbrechende Umstellung". Prinzipiell sah *Schultz* außer suggestiven und übenden Verfahren auch disziplinierende Möglichkeiten.

Psychogene Schichtneurosen

basieren auf einer „inneren seelischen Konfliktbildung (endopsychischer Konflikt)", sodaß primitive Übungsverfahren oder Umweltveränderungen keine ursachengerechte Hilfe bedeuten können. Statt dessen hält *Schultz* „ eine wesentlich pädagogische psychotherapeutische Arbeit" für geboten, die auf ein **Herausarbeiten des Kranken aus seinem Gefühlskonflikten** abzielt.

Aussichtsreich seien komplizierte Suggestivmethoden einschließlich der Psychokatharsis, „ferner vor allen Dingen die **rationale Wachpsychotherapie oder Psychagogik** einschließlich der ihr nahestehenden Individualpsychologie . . . " Relativ kurz erwähnt *Schultz* in diesem Zusammenhang, „**daß für Rand- und Schichtneurosen oft gerade das autogene Training sehr Gutes leistet"**!

Sowohl Fremd- und Randneurosen wie auch Schichtneurosen kann ein **im übrigen dem Leben durchaus angepaßter, gesund wirkender Kranker** „haben". Demgegenüber meinte *Schultz*, daß bei einer schweren Neurose der Kranke „in seinem ganzen Wesen, seinem gesamten Lebensgefühl **als Persönlichkeit krankhaft verändert**" sei. Da die Neurose gewissermaßen **seinen Kern angreife**, das, was gemeinhin als „Charakter" eines Menschen bezeichnet wird, sprach *Schultz* hier von

Kernneurosen; – sie erwachsen

oft – „mit **unheimlicher Konsequenz, aus den Tiefen der krankhaft veränderten Persönlichkeit, charakterogen"**. Dabei könne es sich um Menschen handeln, die z.B. „**Liebe** verlangen, ohne **Opfer** bringen zu wollen; Menschen, die **Macht** um der Macht willen erstreben, die **mehr scheinen** wollen, als sie **sein können**, weniger opfern wollen, **als sie dulden können**; Menschen, die weder mit der **Wirklichkeit des Lebens** noch mit der **Wirklichkeit ihres eigenen Wesens in lebendige Fühlung** und harmonischen Einklang kommen können; Karikaturen ihrer selbst, **Verkrampfte, Verbissene, Verängstigte, Verlogene** i.S. von „Lebenslüge" und sonstige **Verbildete** jeder Art".

Höchst unbefriedigend, wenn auch **bequem, sei es**, „diese Menschen ihrem fast ausnahmslos traurigen Schicksal zu überlassen." – Demgegenüber sei es **außerordentlich unbequem,** gewissermaßen in einem zähen Kampf "den **Mächten seelischer Verbildung Schritt für Schritt Gelände**" abzugewinnen. Jeder Arzt müsse im Prinzip wissen, welche „**Umbildungsmöglichkeiten kernneurotischer Kranker**", das heißt schwer leidender Patienten, erwiesen sind. Ausdrücklich zählt *Schultz* **auch Perversionen, schwere Psychopathien und Süchtigkeit hierher,** „alle diese lebenszerstörenden und auch für die Umwelt der Kranken so überaus folgenschweren Zustände".

Mit dieser Einteilung in Fremd-, Rand-, Schicht- und Kernneurosen wollte *Schultz* **nicht etwa eine neue Neurosentheorie** anbieten. – Auch für ihn blieb die Frage aus der Psychoanalyse wichtig, **woher ein Symptom kommt**. Bei allen schweren Fällen hielt er es für eine „unerläßliche Vorbedingung der Heilung", dem Kranken durch „Vermittlung **tieferen Selbstverstehens**" ein **Umleben zu ermöglichen**. Allerdings sei damit die **große Gefahr** verbunden, „daß Arzt und Kranker über mehr und mehr vertiefte Analyse der Vergangenheit und der Inneneinstellung **Gegenwart und Alltag unterschätzen**."

Jeder psychotherapeutisch engagierte Arzt weiß, was *Schultz* mit den Worten ausdrückte

„auch die Oberfläche hat ihre Tiefe": Das **vordergründige Symptom**, die an der Oberfläche erkennbare Verhaltensänderung, gilt es eben auch **in ihren ‚Gründen', ihren tiefergreifenden Wurzeln zu berücksichtigen.** Das kann durchaus auch geschehen, ohne jede einzelne dieser Wurzeln bis zu ihrer Spitze, den feinsten Endverzweigungen frei- (oder vermeintlich frei-) zu legen.

Eine **heilsame Wirkung kann schon durch tiefgreifende Entspannungen** bewirkt werden, weil damit den **seelischen Selbstheilungskräften neue Entfaltungsmöglichkeiten** eröffnet werden! In diesem Zusammenhang habe ich in den letzten Jahren das autogene Training gerne als eine **katalytische Psychotherapie** bezeichnet. Sie kann sowohl als Alternative wie auch als Ergänzung zur analytischen Psychotherapie gelten. Klassisches Beispiel hierfür ist die tiefgreifende und regelmäßig, also **konsequent durchgeführte autogene Entspannung.**

Wir sollten dabei den **Wortursprung** vergegenwärtigen: **katalysein – losbinden, auflösen; –** das läßt an **entbinden, befreien, lösen, auslösen** und damit an das **Ermöglichen** einer (wie auch immer gearteten) Entwicklung denken!

Daß der Psychotherapeut wie ein „Katalysator" wirkt, ist kein neuer Gedanke; folgerichtig ist auch zu fragen, wie weit ein psychotherapeutischer Ansatz ‚lediglich' katalytische Bedeutung hat. Wir können ja davon ausgehen, daß wir damit – im Sinne einer behutsamen Hilfestellung – die eben erwähnten seelischen „Selbstheilungskräfte" mobilisieren bzw. **freisetzen.**

Zum **Wesen einer katalytischen Psychotherapie** gehört also ganz entscheidend die Hilfe zur Selbsthilfe, mit der Sperren, Verhärtungen, ‚Knoten' gelöst und (Entwicklungs-) Hemmungen beseitigt werden; **damit würde ein Normalisierungsprozeß ermöglicht:** die seelischen Selbstheilungskräfte, die unter einer neurotischen Fehlhaltung wie unter einer Kruste erstarrt sein können, würden reaktiviert!

Anstelle von entsprechender Zuwendung der Angehörigen aufgrund des neurotischen Gehabes oder auch eines somatisierten Konfliktes **könnten dem Patienten, so neue Erfolge im Leben ermöglicht werden** – im Sinne der Lösung anfangs kleinerer, dann wachsender Alltagsaufgaben. – Allerdings wird immer zu prüfen sein, ob in Ergänzung der eben erwähnten „Hilfe zur Selbsthilfe" nicht eine tiefenpsychologisch fundierte Psychotherapie erforderlich wird. *Schultz* erwähnte ausdrücklich außer *Freuds* Psychoanalyse und der Individualpsychologie von *Adler*

die analytische Psychologie

von *C.G. Jung.* Diese habe „in Anerkennung der beiderseitigen Grenzen von Psychoanalyse und Individualpsychologie einen großen Versuch der Neurosentheorie unternommen". *Schultz* unterstreicht, daß *C.G. Jung* „im **Unbewußten nicht lediglich die individuellen Verdrängungsprodukte bearbeitete,** sondern an Traum, Zeichnung, künstlerisches Schaffen, Phantasieproduktionen und Neurosensymptome mit der Frage herantrat, wie weit hier eigentlich schöpferische Kräfte des Unbewußten im allgemeinen menschlichen Sinne wirksam seien, wie weit das Unbewußte als lebendiger Persönlichkeitsanteil von ahnungstiefer Schaukraft beim Menschen in seinen Träumen auch Hinweise, Warnungen und Offenbarungen für Gegenwart und Zukunft zuteil werden lasse"!

Nachdrücklich hat der erfahrene Neurosenexperte *Schultz* unterstrichen, daß ‚jede Tiefenbehandlung ihrem dynamischen Charakter entsprechend" Kräfte in Gang setzt, die den Kranken „ausnahmslos dicht am Rande von Chaos, Selbstvernichtung und Persönlichkeitsstörung" vorüberführen.

Vor Dilettantismus warnend, nannte *Schultz* als „**Voraussetzung** für jede Tiefentherapie die gründliche Ausbildung des Arztes einschließlich eines eingehenden Selbstversuches . . ., der leider wenig glücklich als ‚Lehranalyse' bezeichnet wird". In diesem Zusammenhang fügte er hinzu, daß — „erweitert durch die Systeme tiefenpsychologischer Art" — nun „**aus dem einfachen Schema der Neurosen hinsichtlich der Schicht- und Kernneurosen ein viel komplizierteres Bild** wird. Nur wer dieses Bild lebendig zu schauen gelernt hat und durch reichliche Erfahrung in sachverständiger Führung diese Anschauung mit wirklicher Lebensforschung belegen kann, darf sich **getrauen, selbst in das Kräftespiel dieser seelischen Gewalten einzugreifen."**

Die möglichen Nachwirkungen von Lebensschwierigkeiten in der Kinderzeit

veranschlagte *Schultz* besonders hoch: **ihre Verarbeitung könne ebenso bildend wie verbildend wirksam werden**. Das Kind werde ja — ganz besonders in den ersten Lebensjahren — seinen Erfahrungen quasi ohne Eigengewicht ausgesetzt, stehe ihnen „ohne bewußte Verarbeitungsmöglichkeit gegenüber". Daraus folgt, daß es „**von diesen Umständen gelebt** wird; es **erlebt nicht im Sinne des Erwachsenen** in ihnen aktiv-passiven Austausch, sondern **die Lebensumstände gestalten es in seinen innersten Verhaltensweisen."** Wir sollten uns immer wieder **vergegenwärtigen, daß die Seele des Kindes etwa so weich ist wie** erwärmtes Wachs und daß — so *Schultz* — „seine noch plastisch bildsame Persönlichkeit von diesem Leben gestaltet wird"!

Bedenken wir weiter, daß nach *Schultz'* Anschauung „**jede Neurose erbliche, d.h. sippenhafte Voraussetzungen nötig hat**, so wird im allgemeinen zu erwarten sein, daß der nervöse Mensch auch nervöse Eltern habe, Eltern also, die nicht in naturhaft harmonischem Gleichmaß leben, die nicht in ursprünglicher und unmittelbarer Auswirkung ihres Wesens mit gesundem Wollen und starkem Verzicht ihr Leben aufbauen, sondern **ungleichmäßige, disharmonische, schwankende und zerrissene."** — Der Einfluß solcher Unzulänglichkeiten könne besonders dann gar **nicht überschätzt werden**, „wenn noch äußere Mängel der Selbsterziehung hinzukommen", sei es durch die **Schwankungen einer** „**psychopathischen Mutter"** oder — nicht minder folgenschwer — durch einen „**pedantisch-hypochondrischen Vater"**; er kann mit seinem „**schein-besorgten Tyrannisieren und Quälen** der Umwelt" schließlich zweifellos „**in dem plastischen kindlichen Gemüt** bei einiger Ansprechbarkeit **die allerübelsten Folgen"** herbeiführen.

Selbst wenn der Eintritt ins Schulleben, eine gewissermaßen äußere Belastung, glücklich überwunden sei, können **dem so** „**zur Neurose vorbereiteten Menschen** bald sehr **ernste innere Schwierigkeiten** durch die Entwicklungsjahre erwachsen"!

Als potenzierend nennt *Schultz* **bei solchen Entwicklungen ein** „**Grundgesetz",** das im Auge behalten werden müsse: „Gewinnt ein Mensch, ganz besonders ein Kind, aus irgend einer Erfahrung eine bestimmte Haltung dem Leben gegenüber, so fordert diese Haltung von der Umwelt **immer wieder Bestätigung** (‚Komplex')." Dieses Grundgesetz machte *Schultz* den Patienten mit einem einfachen Beispiel klar:

„Wird ein junges Pferd beim ersten Aufsetzen des Kopfzeuges brutal angefaßt, vielleicht weil es sich anfangs begreiflicherweise sträubte und wehrte, so macht dieses Tier die Erfahrung: ‚Aufzäumen ist verbunden mit Mißhandlung'. Es braucht sich nun nur wieder ein Mensch mit den Zügeln dem Tier zu nähern, um sofort Abwehrreaktionen, Zurücklegen der Ohren, Zeigen der Zähne auszulösen. Die Umwelt macht also die Erfahrung, ‚dieses Tier ist bissig', und verhält sich, wenn das genügende Verständnis für Tiere fehlt, sofort aggressiv und brutal; dadurch wird aber die Erfahrung des Pferdes wieder bestätigt."

Mit diesem Beispiel wird die **bio-logische Einstellung von** *Schultz* **zur Entstehung der Neu-**

rose besonders anschaulich! – Daraus ergibt sich auch seine Auffassung, daß ärztliche Krankenbehandlung mit seelischen Mitteln, **Psychotherapie also, „bio-nom" sein muß.**

Ziel einer bionomen Psychotherapie

ist also (so *Schultz* 1951 in einem Buch mit diesem Titel), „den aus seelischen, aus Erlebnisgründen, zu sich selbst, zur Gemeinschaft und **zum Leben im ganzen fehl eingestellten, völlig oder überwiegend Erbgesunden, den Neurosekranken in die ihm gemäße Lebensgesetzlichkeit wieder einzufügen, ihn ‚umzuleben'."**

Für *Schultz* stand außer Zweifel, daß **bei schwer Neurosekranken** (vom neurotisch Liebesgestörten bis zum neurotisch Süchtigen) **nur ein „wirkliches ‚Umleben', eine ‚Wandlung' zu dem echten eigenen Lebensgesetz Hilfe bringen kann".**

Die dabei wichtige Tätigkeit des Arztes kennzeichnete *Schultz* dahin, „daß er **Gesundheits- und Lebenshelfer, Anwalt der Natur, ‚des Leibes' und der Gemeinschaft ist.** So fallen ihm nicht nur pflegende und heilende Aufgaben rein gesundheitlicher Art zu, sondern darüber hinaus Hilfsstellungen in vielen allgemeinen Nöten und Schwierigkeiten menschlichen Daseins. Er wird weiter wesentlich beteiligt sein am **Kampfe um den Ausgleich übermäßig denaturierender, übertriebener, naturentfremdender, zivilisatorischer, domestizierender und pseudokultureller Verbildungen."**

Der Patient

erscheint aber – so *Schultz* – beim Arzt „nicht nur als Leidender und Hilfesuchender, sondern in sehr vielen Fällen nicht weniger als Erkenntnissuchender"!

Das ist gleichbedeutend damit, daß der Kranke „neben der **Erkenntnissuche** auch häufig die **Wegsuche** an uns heranträgt. Er wünscht Beratung, die vielfach **über das rein Gesundheitliche hinausreicht** und gleichfalls einen **einfachen Weg zu innerer Sicherung und Klärung** darstellt."

Wenn sich so der Patient in seiner Ratlosigkeit, seinem Suchen „bildlich gesprochen **nicht nur leiblich entkleidet**, sondern **auch seelisch,** so begibt er sich damit in eine **Situation völliger Wehrlosigkeit";** er bringt also quasi „ein **Opfer der Selbstaufgabe,** das von starken Naturen nur mit großen Schwierigkeiten gebracht werden kann. Gewiß verlangt der Arzt dieses Opfer nicht aus persönlichen Gründen; er muß aber wissen, daß der Kranke im Ausliefern dieses Opfers gewissermaßen eine Verpflichtung an den Arzt vollzieht und dementsprechend **besonders tiefgreifend den Menschen im Arzte für sich in Anspruch** nimmt", betonte *Schultz.*

Wer den **beispielhaft einsatzbereiten Arzt** *Johann Heinrich Schultz* in diesem Sinne als Psychotherapeuten wahr-genommen und als Lehrer ansteckend erlebt hat, wird ihn immer als **leuchtendes Vorbild** in Erinnerung behalten!

Entwicklungstendenzen im autogenen Training

W. Stucke

Wenn man das Thema der Entwicklungstendenzen im autogenen Training behandelt, begibt man sich in die Gefahr, von Freunden des autogenen Trainings sofort angegriffen zu werden. Das autogene Training gilt als eine gefestigte Methode, und ein großer Teil der Schüler von J.H. Schultz wacht mit scharfem Blick darüber, daß sich nichts verändert. Das Thema Entwicklungstendenzen aufzugreifen, beinhaltet also die Gefahr, sich der Kritik von erfahrenen Kennern des autogenen Trainings auszusetzen. „Die reine Lehre darf man nicht antasten!"

Ich kann für mich in Anspruch nehmen, das autogene Training bei unserem „Altmeister J.H. Schultz" erlernt und ihn über Jahrzehnte hin Jahr für Jahr erlebt zu haben. Seine Freunde zitierten ihn, um „Abweichler" zur Ordnung zu rufen, wobei leicht übersehen wird, daß er selbst an einer Entwicklung des autogenen Trainings arbeitete. Wer dies nicht glaubt, muß sich nur die Mühe machen, die vielen Auflagen seines Lehrbuchs zu lesen, um die Veränderungen zu erfahren.

Die Kenntnis der Literatur ist erforderlich, wenn man Änderungen einführen will und diese als neu bezeichnet. Bei der Bewahrung der „reinen Lehre" fällt auf, daß ein Teil seiner Schüler fast kleinkrämerisch sich jeder Entwicklung widersetzt, ohne selbst neue Ideen einzubringen. Vielleicht liegt dies in der Methode begründet, die sehr exakt ist und primär der Improvisation wenig Raum läßt. *Strotzka* hat, wie er uns berichtet, schon sehr frühzeitig die Methodik des autogenen Trainings „als zu preußisch" empfunden. Er versuchte, sie aufzulockern und hat dies auch im Disput mit J.H. Schultz begründet.

Wenn man persönliche Begegnungen mit J.H. Schultz zitiert, so muß man berücksichtigen, daß seine noch lebenden Schüler ihn erst kennengelernt haben, als er das 60. Lebensjahr überschritten hatte. Zu diesem Zeitpunkt „stand" sozusagen für ihn sein „Lebenswerk", das Autogene Training. In den letzten Jahren und Jahrzehnten seines Lebens fühlte er sich gemüßigt, dieses Lebenswerk zu bewahren. Damals wie heute ist zu beobachten, daß solche Veränderungen im autogenen Training proklamiert werden, die nicht neu sind und sich längst bei einer Überprüfung als nicht zweckmäßig erwiesen haben.

Wenn man sich über die Weiterentwicklung Gedanken macht, so wird man das Thema vielleicht aufteilen können nach der Unterstufe (Grundstufe), der Oberstufe und der Ausweitung des autogenen Trainings insgesamt über den früheren medizinischen Rahmen hinaus.

Die Unterstufe des autogenen Trainings, oder wie ich sie in Übereinstimmung mit der Deutschen Gesellschaft für ärztliche Hypnose und autogenes Training gern als Grundstufe bezeichne, ist besonders fest gefügt. Die Ruhetönung mit den sechs formelhaften Vorsatzbildungen ist unbestritten, und der Streit geht eigentlich nur um Details. Da gibt es Kollegen, die das Vorsprechen der Übung fast als eine Todsünde bezeichnen, weil sie das „Autogene" im autogenen Training damit verloren sehen. Sie vergessen, daß J.H. Schultz es primär selbst so geübt hat, und so habe ich es auch persönlich bei ihm gelernt. Der Patient oder der Kursteilnehmer übt bzw. trainiert zu Hause immer allein und ohne die Vorsprache. Ein Vorsprechen in den ersten Übungsstunden schleift nach Auffassung vieler das autogene Training besser ein, und wenn man die Kursteilnehmer entsprechend informiert, besteht nicht die Gefahr, daß hier das Autogene im Training verlorengeht.

Es gibt eben zwei Möglichkeiten des Vorgehens, und entscheidend ist nur, daß man weiß, was man tut und dieses den Kursteilnehmern auch mitteilt. Ob die Ruhetönung entfallen sollte, ob sie vor den sechs Übungen oder zwischen der ersten und zweiten Übung erfolgt, mag diskutabel sein, aber all diese Diskussionen erscheinen mir letzten Endes zu kleinlich und wenig fundiert.

Wichtig erscheint mir, daß wohl alle maßgeblichen Dozenten des autogenen Trainings erkannt haben, daß die Unterstufe des autogenen Trainings nicht zum Erfolg führt, wenn eine Fülle von Zusatzformeln angehängt werden. Es gibt Dozenten, die mit viel Phantasie Zusatzformeln nennen, ohne daß sie biologisch umsetzbar sind und den Lernenden helfen. Erfreulicherweise hat sich die Tendenz durchgesetzt, es bei ein bis zwei Zusatzformeln zu belassen und diese erst einzuführen, wenn die Grundstufe des autogenen Trainings eintrainiert ist. Im Laufe der Monate kann man diese Zusatzformeln auswechseln, aber die Zahl sollte stets beschränkt bleiben.

Auseinanderzusetzen hat sich das autogene Training mit anderen Entspannungsübungen. Die Ärzte, die Entspannungsübungen nach *Jakobs* ebenso kennen wie das autogene Training, sind nach meinen Erfahrungen zumeist dazu gekommen, das autogene Training als Entspannungsübung vorzuziehen. Eine Auseinandersetzung muß auch stattfinden mit den meditativen Verfahren, die heute, wenn auch unter bestimmten Religionen entstanden, längst umgesetzt worden sind als Entspannungstraining. Das gilt auch in unserem Abendland. J.H. Schultz hat die Meditation gekannt und sie auch verglichen mit dem autogenen Training. Die Ausdehnung der meditativen Übung mit ihren Abwandlungen, wie sie heute vorliegen, konnte er nicht übersehen. Eine Beschäftigung mit diesen Methoden lohnt für jeden, der sich mit dem autogenen Training wissenschaftlich befaßt. Es gibt Tendenzen einer Kombination, wobei ich nicht überzeugt davon bin, daß diese Entwicklungstendenzen sich durchsetzen. *Bühler*, Arzt und Psychologe aus Würzburg, schreibt: „Auf diese Verbindung bin ich vor Jahren in der Selbsterfahrung gestoßen, als ich einerseits über eine längere Zeit in der Entspannung verharren wollte, mir andererseits die verbalen Formeln des autogenen Trainings lästig wurden und sowohl der völlige Verzicht darauf als auch die Verkürzung der Formeln auf Schlagworte den Entspannungszustand nicht mehr ausreichend aufrechterhalten konnte, was mir aber mittels eines Mantras gelang. Inzwischen konnte ich mit der spezifischen Form der Kombination über Jahre hinweg praktische Erfahrungen gewinnen und fand, wie ein bestimmter Teil meiner Patienten mit elementarer Mantra sich rascher und tiefer entspannen konnte, wohingegen der Großteil leichter den Einstieg in die Entspannung über das autogene Training fand. Da ich mir nicht erklären konnte, woran dies wohl liegen mag, versuche ich zur Zeit, dieses Phänomen etwas eingehender zu erforschen." Positive Entwicklungstendenzen?

Aus der Krankheitslehre heraus gibt es wohl kaum neue Ansätze zur Anwendung des autogenen Trainings. Wir alle kennen die psychosomatischen Erkrankungen und Symptome, bei denen das autogene Training allein oder in Kombination mit anderen Formen der Psychotherapie nützlich ist. Die Frage der Indikation sollte immer kritisch beantwortet werden, und gelegentlich kann man nur erschrecken, wie das autogene Training als Allround-

Methode sozusagen für alle psychischen Krankheiten empfohlen wird. Auch hier wird bei den Erfolgsmeldungen oft nicht unterschieden zwischen der echten und der Suggestivwirkung, die durch den Therapeuten auch dann erfolgt, wenn er die Formeln in der Gruppe nicht vorspricht. Dabei kann man der Meinung sein, daß ein Suggestiverfolg nicht zu verachten ist, aber der Therapeut sollte eben immer wissen, was die Methode erbracht hat bzw. was Fremdsuggestivwirkung ist. Es würde den Rahmen dieser Arbeit sprengen, hier auch reihenweise unkritische Zitate von prominenten Lehrern des autogenen Trainings wiederzugeben. Genau hier nehmen die mehr somatisch eingestellten Mediziner ihre oft nicht unberechtigte Kritik her.

So mag die Unterstufe – Grundstufe des autogenen Trainings – ein relativ festgefügter Begriff sein. Entwicklungstendenzen bei dieser so bewährten Methode sind spärlich, über die Ausweitung der Anwendung und deren Auswüchse sei erst später berichtet.

Wie sieht es mit der Oberstufe aus? Gerät sie in Vergessenheit oder findet sie neue Freunde? Ich vertrete die Auffassung, daß die Tendenz besteht, anderen psychotherapeutischen Verfahren den Vorzug zu geben. Der Oberstufe des autogenen Trainings wird heute häufig die Bezeichnung gegeben: „Autogene Imagination". Schultz selbst sprach 1961 von „autogener Bilderschau". Abgrenzen von dieser Technik läßt sich das katathyme Bilderleben. Dieses, vornehmlich von *Leuner* erarbeitete, Verfahren ist methodisch besser durchgearbeitet und Effizienzkontrollen zugeführt. Es ist ebenso wie die Oberstufe des autogenen Trainings tiefenpsychologisch angelegt und wird auch von Freunden des autogenen Trainings sehr gelobt. Demgegenüber bleibt der Oberstufe des autogenen Trainings das Merkmal der Gruppe und des Autogenen vorbehalten. Ob die autogene Anwendung tatsächlich von Vorteil ist bei einer tiefenpsychologischen Methode, bleibt aber fraglich. Ich kenne hervorragende Sachkenner des autogenen Trainings, die zumindest im persönlichen Gespräch bekennen, daß sie die Oberstufe des autogenen Trainings nicht mehr anwenden. Das Lehrangebot reduziert sich, wenn man die Programme entsprechender Fort- und Weiterbildungsveranstaltungen nachliest. So wird man zur Zeit neben der Unterstufe/ Grundstufe mehr Kursangebote für Fortgeschrittene finden als Angebote in der Oberstufe. Wenn diese früher als Alternative zur Psychoanalyse angesehen wurde, so wird man jetzt daran erinnern müssen, daß die tiefenpsychologisch fundierte Psychotherapie mit ihren Kurzverfahren heute eine sehr gute und erprobte Therapieform darstellt, wenn eine Psychoanalyse nicht indiziert ist, aber ein tiefenpsychologisches Vorgehen erforderlich ist.

Schultz selber hat in seinem Lehrbuch der Oberstufe nur relativ wenig Raum gegönnt. In den letzten Jahren seines Lebens war ihm das Bewahren der Unterstufe des autogenen Trainings wichtiger, als die Oberstufe weiterzuentwickeln.

Ich weiß das auch aus persönlichen Gesprächen mit ihm selbst, daß er auf Jüngere wartete, die diese Methodik weitergestalten sollten. Es hat sie gegeben. Die methodisch-didaktischen Darstellungen bei *W. Luthe* sind wenig bekanntgeworden. Die Darstellungen bei *K. Thomas* haben viele Widerstände ausgelöst und das autogene Training bei somatischen Medizinern in Mißkredit gebracht. So vertrat er die Auffassung, daß das autogene Training die Bilderwelt in jenen tiefen Schichten erreicht, in der die Märchenbilder und Begriffe einer Kindheit-Archaischen Zauberwelt herrschen. Mit dieser Begründung gibt er z.B. folgende Zusatzformel: – „In meiner rechten Hand befindet sich der Zauberstab – er läßt sich nach Belieben verwandeln, in jede Waffe, um mich zu schützen, oder in einen Schlüssel, der jede verschlossene Tür oder jeden Behälter öffnet. Der Stab kann auch jedes lebende Wesen verwandeln – an meiner linken Hand trage ich einen Zauberring, seine Strahlen durchdringen jede Dunkelheit." –

Mit *H. Kraft* bin ich der Auffassung, daß sich Kursleiter und Kursteilnehmer mit derart magischen Vorstellungen kaum auseinandersetzen wollen. Auf die Entbehrlichkeit solcher Vorstellungen hat auch *Wallnöfer* bereits früher hingewiesen.

Die Bearbeitung von *K.R. Rosa* hat wohl die meisten Anhänger. Ohne auf Einzelheiten hier eingehen zu wollen, kann man – wie bereits gesagt – nicht davon ausgehen, daß sie sich durchgesetzt hat.

Gelegentlich habe ich den Eindruck, daß es bei Kollegen, die die Oberstufe des autogenen Trainings vermitteln, eine Rolle spielt, daß sie zwar diese Methode kennen, nicht dagegen die Entwicklung der tiefenpsychologisch fundierten Psychotherapie mit ihren Kurzformen. Zur Rechtfertigung wird dann immer wieder betont, daß eben nur die Oberstufe des autogenen Trainings eine „autogene Methode" ist.

Bei österreichischen Kollegen, wo die „Linientreue" dem autogenen Training gegenüber offenbar besonders ausgeprägt ist, haben sich *Bartl* und *Wallnöfer* eingehend mit der Oberstufe des autogenen Trainings befaßt. Sie propagieren diese und haben sie, soweit ich es aus persönlichen Gesprächen entnommen habe, variiert und besonders geprägt. Es wäre zu hoffen, daß sie ihre Vorgehensweise einmal im Detail bearbeiten und der Nachkontrolle zur Verfügung stellen. Dabei ist die Bemerkung von *Strotzka* nicht uninteressant, daß er früher die Oberstufe des autogenen Trainings abgelehnt habe, heute aber nicht mehr dagegen sei.

Die Entwicklungstendenz für die Oberstufe des autogenen Trainings – autogene Imagination – fängt bei aller Begeisterung auch *Bartl* dahingehend ein, daß er sagt, „daß sicher keine Volksbewegung sich hieraus ergeben würde".

Nun bliebe zu besprechen, wie die Entwicklungstendenzen bei der Anwendung des autogenen Trainings, und hier speziell der Unterstufe–Grundstufe, aussehen. Es ist darauf aufmerksam zu machen, daß immer mehr Sportler das autogene Training anwenden, um die im Training erarbeiteten Höchstleistungen auch im Wettkampf leisten zu können. Fälschlicherweise wird dabei vom autogenen Training als Mittel zur Leistungssteigerung gesprochen. Richtig ist, daß der Sportler eintrainierte Leistungen unter Reduzierung der ängstlichen Erwartung im tatsächlichen Wettkampf ebenfalls erbringen kann.

Mehr als früher wird das autogene Training bei Kindern und Jugendlichen angewandt. Literatur zur methodischen Anwendung in diesem Alter liegt vor (*Kruse*). Auch die Anwendung bei älteren Menschen wird häufiger. Ich selbst kann nur bestätigen, daß alte Menschen vom autogenen Training sehr wohl profitieren können. Vor einiger Zeit wurde ich gebeten, in einem Altersheim einen Kurs für autogenes Training durchzuführen. Alle Teilnehmer hatten die Altersgrenze von 75 Jahren deutlich überschritten. Berichtet wurde über Einschlaf-, Wiedereinschlafstörungen und innere Unruhe. Ängste und Erwartungen zeigten sich vor dem Besuch von Angehörigen, und auch nach solchen Besuchen bestand oft eine Unruhe, die dann dem Schlaf abträglich war. Die Mitarbeit im Kurs war sehr gut, es wurde eifrig trainiert, und bei einer Zusammenkunft 6 Monate nach Abschluß des Kurses zeigte sich, daß alle Teilnehmer weitergeübt hatten und mit Erfolg das autogene Training, im Hinblick besonders auf die genannten Situationen, anwandten.

Bei uns in der Bundesrepublik wird das autogene Training zunehmend nicht nur von Ärzten bei entsprechenden Indikationen angewandt, vielmehr wird es im Rahmen der Psychohygiene als eine Methode zur Lebensverbesserung propagiert. Dies erfolgt in einer Zeit, wo Menschen zu entspannen verlernen, Schlafstörungen immer häufiger auftreten sowie die Konfliktbearbeitung zumeist verbleibt und durch die Einnahme von Medikamenten (Tranquilizer) ersetzt wird. Wenn man diesen Ansatz für richtig empfindet und Kurse in Volkshochschulen, Sportvereinen etc. begrüßt, so nur dann, wenn die Kurse unter entsprechender Leitung erfolgen. Vielen dieser Leiter, die autogenes Training vermitteln, fehlt die Qualifikation. Nicht selten haben diese Entspannungsübungen mit dem eigentlichen autogenen Training nur den Namen gemeinsam. Wenn man so liest, wogegen das autogene Training alles helfen soll, so kann man nach diesen Verlautbarungen eigentlich auf jede andere Psychotherapie verzichten. Eine Mischung von Elementen des autogenen Trainings mit Musik und vielen pathetischen Worten – nicht selten unter Einbeziehung pastoraler Klänge – kann man registrieren. Die Übungsleiter sind Laien, die in Seminarveranstaltungen und „Instituten" ihre Kenntnisse für teures Geld erworben haben und entsprechend versuchen, gegen hohe Gebühren sie wieder umzusetzen. Wenn die Erfolge ausbleiben, wird das autogene Training insgesamt durch diese Negativ-Erlebnisse belastet. Die Auswüchse in der Bundesrepublik Deutschland, aber offenbar auch in der Schweiz, sind besonders groß. Das Angebot eines autogenen Trainings findet sich in den Instituten gemeinsam u.a. mit dem Angebot von Fußpflege, Akupunktur und Frischzellenbehandlung. Außerhalb der ärztlichen Praxis wird das autogene Training immer mehr von Nichtärzten angeboten. Laien ohne jegliche Vorbildung preisen sich als Dozenten an.

Ich selbst bekenne mich zu der Aussage, daß das autogene Training, da es sich um ein biologisches Verfahren handelt und mit Körperübungen einhergeht, nur von Ärzten gelehrt werden sollte. Ich kann mich noch eben damit einverstanden erklären, wenn in Institutionen, in denen ein Arzt jederzeit verfügbar ist, das autogene Training auch von Dipl.-Psychologen mit entsprechender Ausbildung ausgeführt wird. Man mag mir nachsagen, daß dieses eine sehr enge Auslegung sei, aber ich bringe hier meine langjährigen Erfahrungen ein.

Dabei ist zu berücksichtigen, daß in der Bundesrepublik Deutschland die Auswüchse des autogenen Trainings besonders massiv zu beobachten sind. Dazu tragen Schallplatten, Tonbänder und vieles mehr bei, die mit dem autogenen Training nicht viel zu tun haben. Da man offenbar hiermit gut verdienen kann, reißt die Publikationswelle auf diesem Gebiete nicht ab. Auch Ärzte, die es eigentlich besser wissen sollten, finden sich unter den Autoren dieser oft seltsamen Programme.

Bei dem beschriebenen Mißbrauch muß die rechtliche Einordnung des autogenen Trainings interessieren. In der Bundesrepublik Deutschland ist das autogene Training Ausübung der Heilkunde. Dies ergibt sich rechtlich formal schon aus der Tatsache, daß das autogene Training an mehreren Stellen im ärztlichen Berufsrecht ausdrücklich erwähnt wird. So verlangen die Richtlinien der Ärztekammer über den Inhalt der Weiterbildung in den Bereichen (Zusatzbezeichnungen) der „Psychoanalyse" und der „Psychotherapie" u.a. eingehende Kenntnisse und Erfahrungen mit dem autogenen Training. Durch die Aufnahme des autogenen Trainings in dem Katalog der Richtlinien über den Inhalt der Weiterbildung in den Bereichen Psychoanalyse und Psychotherapie wird das autogene Training als ein Teil der Ausübung ärztlich heilkundlicher Tätigkeit erfaßt. Ebenso sieht die ärztliche Gebührenordnung (GOÄ 82) die Behandlung mit autogenem Training ausdrücklich als eine Abrechnungsziffer vor (Ziff. 846, 847). Bekanntlich ist Ausübung der Heilkunde aber nicht nur den approbierten Ärzten vorbehalten, sondern auch nach dem Heilpraktikergesetz von 1939 zulässig, wenn jemand ohne als Arzt bestallt zu sein, die Heilpraktikererlaubnis besitzt. Das Angebot autogenen Trainings durch Personen, die weder die ärztliche Approbation noch die Heilpraktikererlaubnis besitzen, ist aber unzulässig. Das Bundesverwaltungsgericht hat in einem Urteil vom 10.02.1983 – Az. 3c

21/82 – festgestellt, daß eine berufliche Tätigkeit, die Personen psychotherapeutisch behandelt, eine heilberufliche Tätigkeit ist, die erlaubnispflichtig ist.

Da das autogene Training zur psychotherapeutischen Tätigkeit zu rechnen ist, ist nach der höchstrichterlichen Rechtssprechung des Bundesverwaltungsgerichtes die Behandlung von Patienten mit autogenem Training als heilkundliche Tätigkeit an die ärztliche Approbation oder die Heilpraktikererlaubnis gebunden. Das Bundesverwaltungsgericht führt dazu aus, daß stets dann Heilkunde vorliege, wenn die Tätigkeit nach allgemeiner Auffassung ärztliche oder heilkundliche Fachkenntnisse voraussetzt, sei es im Hinblick auf das Ziel, die Art oder die Methode der Tätigkeit oder für die Feststellung, ob im Einzelfall mit der Behandlung begonnen werden darf. Hiernach sei Psychotherapie Heilkunde, da diese das Erkennen und die Behandlung psychischer und körperlicher Erkrankungen durch systematische, z.B. suggestive, hypnotische und psychoanalytische Beeinflussung des Seelenlebens des Patienten betreffe. Von der Patientenbehandlung durch autogenes Training muß allerdings das Angebot unterschieden werden, durch Kurse und Seminare Kenntnisse für das autogene Training zu vermitteln, auch wenn das Kurs- und Seminarangebot sich an Personen richtet, die weder Ärzte noch Heilpraktiker sind. Im In- und Ausland werden von Instituten und Seminaren mit zum Teil attraktiven und hochtrabenden Namen Wochenend- und Ferienkurse angeboten, die die Ausbildung zum „Seminarleiter für autogenes Training" oder ähnliche Funktionen zum Ziel haben. Auch teilweise seriöse Institutionen bieten solche Kurse und Seminare an. Da die Ausbildung im autogenen Training nicht die psychotherapeutische Behandlung von Patienten zum Gegenstand hat, ist eine solche Ausbildung auch nicht Ausübung der Heilkunde, sondern allgemein statthaft. Da zum Teil hohe Kursgebühren verlangt und offenbar auch bezahlt werden, blüht das Geschäft mit solchen Ausbildungsangeboten.

Soweit mir bekannt, stellen sich die Verhältnisse in Österreich anders dar. Hier gibt es rechtlich keine ärztliche Vorbehaltsregelung.

§ 1 des österreichischen Ärztegesetzes hat eine Generalklausel, wonach Ärzten jegliche Tätigkeit vorbehalten ist, die nach wissenschaftlicher Erkenntnis Heilbehandlung ist.

Die Festlegung trifft die Rechtsprechung. Eine Entscheidung über das autogene Training ist in Österreich bisher nicht getroffen worden. Dort kann sich jeder Psychotherapeut nennen und entsprechend arbeiten. Nach Informationen aus der österreichischen Bundesärztekammer in Wien gibt es bei der Anwendung in Österreich nicht die Probleme wie in der Bundesrepublik. Ich habe diese aber hier aufgezeigt, da es möglicherweise nur eine Frage der Zeit ist, bis auch in Österreich das gleiche Unwesen sich verbreitet, zumal aus der Schweiz ähnliche Tendenzen bekannt sind. Je mehr Interesse am autogenen Training zu finden ist, umso eher werden auch Scharlatane versuchen, mit dieser so hervorragend bewährten Methode Geld zu verdienen. Sieht man sich die Seminargebühren solcher Scharlatane in der Schweiz oder in der Bundesrepublik an, so kann man nur staunen; aber der Markt blüht, und viele Menschen machen mit, denn die Versprechungen sind verlockend.

Zusammengefaßt kann man sagen, daß das autogene Training in seiner Unterstufe/Grundstufe festgefügt ist. Entsprechend der jahrzehntelangen guten Erfahrungen sind Entwicklungstendenzen nur in begrenztem Rahmen denkbar und sichtbar. Den Streit um Kleinigkeiten sollte man vergessen und das autogene Training so locker lehren, wie es unser Altmeister J.H. Schultz immer getan hat. Nach der Teilnahme an einem ersten Kurs sollte man mehr denn je Fortbildungskurse anbieten, wie es auch die Weiterbildungsordnung für die Zusatzbezeichnungen „Psychotherapie" und „Psychoanalyse" in der Bundesrepublik Deutschland vorschreibt. Die Anwendung der Oberstufe ist rückläufig, und man sollte beachten, daß andere psychotherapeutische Verfahren der Oberstufe des autogenen Trainings nicht mehr viel Raum lassen.

Die Ausweitung des autogenen Trainings ist grundsätzlich sehr zu begrüßen. Der Mißbrauch unter Abänderung der Methodik und unter Angaben falscher Indikationen nimmt zumindest in der Bundesrepublik Deutschland ein bedenkliches Maß an.

Autogenes Training und empirische Forschung

K. Mann

Autogenic training and empirical research

Summary

Autogenic training was developed on the basis of empirical findings. Years after its investigation (e.g., by measurements of heat radiation on the hand), autogenic training was introduced as a psychotherapeutic method in a monograph published by *J.H. Schultz.*

Many empirical studies are available on the most important physiologic changes associated with autogenic training. Investigations on the psychological effects of autogenic training in groups of healthy subjects with only mild afflictions showed a reduction in anxiety, agitation, and depression. There is, however, a paucity of hypothesisbased, controlled studies of clearly defined, manifestly ill patients in randomly allocated experimental or control groups.

Key Words: autogenic training – relaxation – empirical research in psychotherapy – coping with stress – arousal

„. . . so ist in der Psychotherapie trotz fast überzahlreicher geistvollster Spekulationen noch sehr viel unbearbeitet und von kritischer, methodologisch einwandfreier Arbeit noch mancher Aufschluß zu erwarten." Dieser Satz findet sich am Ende einer Arbeit von *J.H. Schultz* aus dem Jahre 1920 (21). Die Forderung, Einzelbefunde einer empirischen Prüfung zu unterziehen und Erfahrungen intersubjektiv verifizierbar zu machen, stand somit am Beginn der Entwicklung des autogenen Trainings. 1926 veröffentlichte *Schultz* Ergebnisse von Wärmestrahlmessungen der Hand beim AT (22). Sie wurden von *Binswanger* weitergeführt und um Messungen der Stirntemperatur, Aufzeichnungen von Muskelaktionspotentialen und Herzfrequenz ergänzt (2, 1929).

In den folgenden Jahrzehnten wurde die Untersuchung vor allem physiologischer Veränderungen beim AT intensiv fortgeführt. Es ist nicht möglich, an dieser Stelle alle Ergebnisse und Autoren zu nennen: Eine Übersicht findet sich bei *Luthe* (13). Stattdessen seien aufgrund dieser Studien die zwei folgenden Thesen zur Diskussion gestellt:

These 1: AT war von Anfang an eine empirisch geprüfte und überprüfbare Psychotherapiemethode.

Empirische Untersuchungen der Wirkungen des A.T. werden nach wie vor durchgeführt. Als Beispiele seien die Ergebnisse zweier eigener Studien skizziert, in denen Resultate von *Schultz* und *Binswanger* z.T. bestätigt und z.T. nicht bestätigt werden konnten.

Beispiel 1: Bei einer AT-Gruppe (n = 11) und einer Kontrollgruppe (n = 12) wurde die Veränderung der Hauttemperatur während der Übung bzw. eines vergleichbaren Zeitraumes an 4 verschiedenen Stellen der rechten Hand gemessen. Dies erfolgte um 8.00 Uhr, 12.00 Uhr und 14.00 Uhr. Es fand sich eine von proximal nach distal zunehmende Temperaturerhöhung unter AT. Die Effekte waren um 12.00 Uhr mittags am stärksten ausgeprägt. Die Erwärmung betrug in der AT-Gruppe durchschnittlich 2,97 Grad Celsius, gemessen am Mittelfinger. In der Kontrollgruppe lag die Temperaturerhöhung bei 0,99 Grad Celsius. Der Unterschied war auf dem Einprozentniveau signifikant (14). Die Ergebnisse stehen in Einklang mit Messungen von *Schultz* (22), *Binswanger* (2) und *Langen* (12). Die von *Polzien* (17) mitgeteilten Werte stimmen geradezu verblüffend mit den oben angegebenen Resultaten überein.

Beispiel 2: Gemeinsam mit *Piepenhagen* (15) wurde die Stirntemperatur während der Stirnkühle gemessen (n = 35). Die Versuchspersonen waren langzeittrainiert (mindestens 6 Monate) und in der Lage, die Stirnkühle „einzustellen". Bei 2 Versuchspersonen fand sich eine Erniedrigung der Stirntemperatur um jeweils 0,1 Grad Celsius. Dagegen reagierten 20 Probanden mit einer Temperaturerhöhung von durchschnittlich 0,24 Grad Celsius. Bei 13 Teilnehmern blieb die Temperatur gleich. 30 der 35 Probanden gaben nach den Messungen an, die Stirnkühle subjektiv empfunden zu haben, nur diese Ergebnisse wurden statistisch ausgewertet. Es fand sich eine signifikante Erwärmung der Stirn (p ≤ 0,01, df = 29, t = 4,12; zweiseitiger T-Test für abhängige Stichproben). Die ebenfalls gemessene Temperatur an den Wangen stieg wesentlich stärker an (t = 4,93, df = 29, p ≤ 0,01). Das subjektive Kältegefühl bei der Stirnübung könnte demnach nicht von einer tatsächlichen Abkühlung, sondern eher von einem relativ geringeren Temperaturanstieg der Stirn im Vergleich zur Wange herrühren. *Schultz* (zitiert nach *Luthe*, 13) fand bei 14 Probanden 10 mit subjektivem Kältegefühl an der Stirn. Bei 5 Teilnehmern konnte er eine Temperaturerniedrigung feststellen, die anderen 5 reagierten mit einer Temperaturerhöhung. Auch *Binswanger* konnte nach Angaben von *Luthe* (13) die Erniedrigung der Stirntemperatur nicht nachweisen, er verzichtete auf die Veröffentlichung seiner Ergebnisse. Somit mehren sich die Hinweise dafür, daß es bei der Stirnkühleübung nicht zu der vermuteten Vasokonstriktion mit entsprechendem Temperaturabfall kommt. Die Frage erscheint jedoch aus methodischen Gründen (z.B. fehlende Kontrollgruppe bei unserer Untersuchung) noch nicht endgültig geklärt.

Das Interesse von *Schultz* galt neben der Untersuchung physiologischer Vorgänge in besonderem Maße psychologischen Veränderungen, die bei Übenden des AT festgestellt werden konnten. *Schultz* publizierte eine Reihe von Übungsprotokollen und Einzelfalldarstellungen. Kontrollierte Gruppenuntersuchungen der psychologischen Wirkungen des AT blieben dagegen lange Zeit aus.

Dagegen wurden andere Psychotherapieverfahren methodisch immer überzeugenderen empirischen Prüfungen unterzogen. Nach der Entwicklung geeigneter statistischer und psychometrischer Verfahren darf die Wirksamkeit einer Therapiemethode nach dem heutigen Standard empirischer Untersuchungen dann angenommen werden, wenn ihre Effekte prospektiv in hypothesengeleiteten Untersuchungen gemessen wurden. Die genaue Definition von Ein- und Ausschlußkriterien bei der Auswahl der Versuchspersonen, die Zufallsverteilung in Experimental- und Kontrollgruppe sowie eine Beurteilung des Erfolges durch Unabhängige (sogenannte „blinde Rater") sollte gewährleistet sein (3). Weiter sind Replikationen der Ergebnisse durch andere Untersucher zu fordern. Auf diese Weise konnte inzwischen die Effektivität (nicht die Effizienz!) von psychoanalytischer Psychotherapie, Verhaltenstherapie, kognitiver Therapie bei Depressionen und Gesprächs-

Psychotherapie nach *Rogers* nachgewiesen werden (3). Ähnliches gilt auch für die Psychopharmaka-Therapie bei *Phobien* (25). Ensprechende Studien für das AT fehlen bisher, daher die nächste These:

These 2: Die psychologisch-therapeutische Valenz des AT wurde bisher nicht hinreichend untersucht. Im Vergleich zu anderen Psychotherapieverfahren besteht ein Nachholbedarf an methodisch gut kontrollierten Studien an Patientenstichproben.

In diesem Sinne hat sich auch *B. Kröner*, die Autorin einiger der aus meiner Sicht besten empirischen Untersuchungen des AT in den letzten Jahren, geäußert (11): „Die empirische Forschung im Bereich des AT liegt in einem desolaten Zustand . . . . Der therapeutische Anspruch steht in einem ziemlich krassen Widerspruch zu den Bemühungen um eine Verifikation dieses Anspruches."

Ansätze zu empirischen Funktionskontrollen der psychologischen Wirkungen des AT

Erste psychometrische Gruppenuntersuchungen des AT wiesen auf eine Abnahme der Depressivität der Übenden hin, waren aber wegen fehlender oder ungeeigneter Kontrollgruppen umstritten (18).

Methodisch überzeugender sind zwei Studien, die die Wirkung des AT auf Kinder untersuchten (8, 9). Die Autoren werteten die Ergebnisse bei 80 von 170 10jährigen Kindern eines Schuljahrganges aus. Sie wurden nach ihren Konzentrationsleistungen und Neurotizismuswerten (besonders hoch oder niedrig), bezogen auf die Gesamtstichprobe, ausgewählt und nach Zufallskriterien parallelisiert der Experimental- oder Kontrollgruppe zugewiesen (verwendete Tests bzw. Fragebögen: Hamburger Neurotizismus- und Extraversionsskala für Kinder und Jugendliche (*Hanes*), Aufmerksamkeits-Belastungstest „Durchstreichtest d2", Konzentrationstest aus dem Begabungstestsystem BTS von Horn, Angstfragebogen für Schüler, Fremdbeurteilungsbogen zur Einschätzung der Konzentration der Kinder durch die Eltern).

Ergebnisse: Es fand sich eine signifikante Verringerung der Neurotizismuswerte nach der Therapie ($p \leqslant 0,01$), wobei sich hochneurotische Kinder wesentlich deutlicher besserten als niedrigneurotische. In der Kontrollgruppe blieben die N-Werte im Prä-Post-Vergleich nahezu unverändert (Gruppenvergleich mittels Covarianzanalyse bei 1% signifikant). Die deutlichsten Verbesserungen zeigten die Items Einschlafstörungen, Insuffizienzgefühle und depressive Stimmung beim Alleinsein. Weiter fand sich eine hochsignifikante Erniedrigung der Angstwerte in der AT-Gruppe. Die Konzentrationsleistungen nahmen in beiden Gruppen zu, waren innerhalb der AT-Gruppe jedoch signifikant größer. Die Autoren schließen daraus auf eine spezifische Wirksamkeit des AT, die über einen reinen Wiederholungseffekt hinausgeht. Die Elternurteile bestätigten die übrigen Ergebnisse.

Die Auswirkungen des AT auf die Befindlichkeit erwachsener Probanden wurde in einer eigenen, prospektiven Studie untersucht (gemeinsam mit *Schrapper*, 20). Die Experimentalgruppe umfaßte 112 Versuchspersonen, von denen 70 den AT-Kurs beendeten und deren Ergebnisse und Befunde ausgewertet wurden. Als Kontrollgruppen dienten 40 Teilnehmer eines zeitlich vergleichbaren Schulungskurses. Am Anfang und Ende der Kurse wurde die Eigenschaftswörterliste (EWL-K von *Janke* und Debus 6) ausgefüllt. Aufgrund früherer Ergebnisse und klinischer Erfahrungen wurden vor den Untersuchungen 3 Erwartungen formuliert.

1. Innerhalb der AT-Gruppe kommt es zu signifikanten Verbesserungen im Befinden der Teilnehmer.

2. In der Kontrollgruppe wird keine Änderung der Befindlichkeit erwartet.

3. Der Intergruppenvergleich zwischen AT- und Kontrollgruppe zeigt eine signifikante Verbesserung der Befindlichkeit zugunsten der AT-Gruppe. Diese wird für einige Befindlichkeitsbereiche, besonders jedoch für Angst, Depressivität und innere Erregtheit erwartet.

Ergebnisse: 1) Experimental-, Kontroll- und Trainingsfernbleiber-Gruppe unterschieden sich zu Beginn der Untersuchung in ihrer Befindlichkeit nicht signifikant voneinander (s. Abb. 1). Die erste Erwartung konnte in einem Intra-Gruppenvergleich der AT-Gruppe bestätigt werden. Es fanden sich in 9 von 14 Befindlichkeitsbereichen signifikante Verbesserungen (zweiseitiger T-Test für abhängige Stichproben). 2) In der Kontrollgruppe blieb die Empfindlichkeit entgegen den Erwartungen nicht gleich, sondern verschlechterte sich geringfügig in 3 Bereichen. 3) Der Intergruppenvergleich ergab eine signifikante Änderung in 10 von 14 Befindlichkeitsbereichen (Kovarianzanalyse, $p \leqslant 0,01$). Besonders deutlich war dies in der Subskalen Ängstlichkeit, Deprimiertheit und Erregtheit (s. Abb. 2).

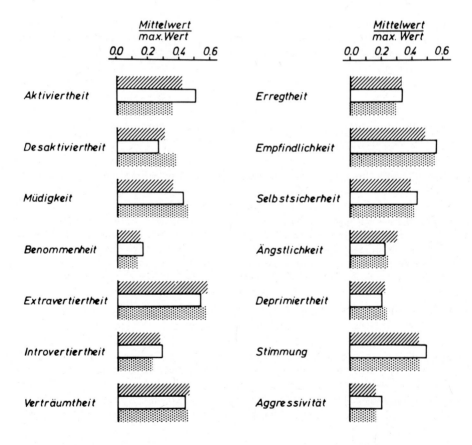

Abb. 1: Vergleich der Befindlichkeiten von ////// AT-Gruppe, ⬜ Kontrollgruppe und ░░░░ Trainings-Fernbleibern zu Beginn der Untersuchung.

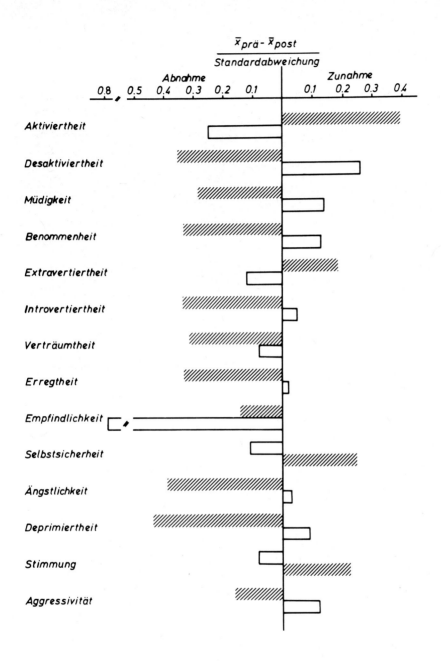

$$\frac{\overline{x}_{pr\ddot{a}} - \overline{x}_{post}}{Standardabweichung}$$

Abb. 2: Veränderung der Befindlichkeit (EWL) bei AT-Gruppe ▨ und Kontrollgruppe ▭.

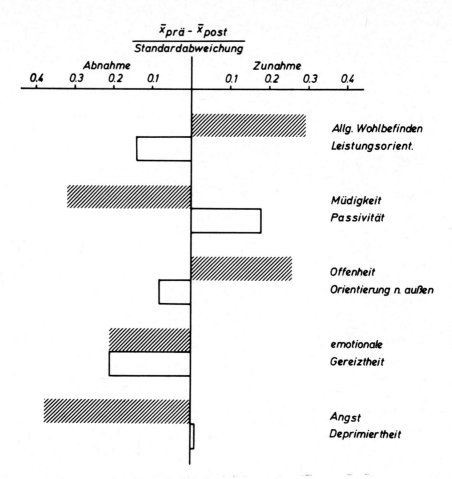

Abb. 3: Veränderung von fünf Befindlichkeitskategorien (EWL) bei ▨▨▨ AT-Gruppe und ▭ Kontrollgruppe.

Diese Resultate lassen an das Konzept der „Selbstruhigstellung" oder „Resonanzdämpfung der Affekte" bei *J.H. Schultz* (23) denken. „Selbstruhigstellung" ist nach *Schultz*: „Dämpfung, Abbau und vorbeugende Bewältigung von körperlich-seelischen Erregungs- und Angstzuständen". Wenn eine solche psychophysische Umstellung vom Indivuum als Befindlichkeitsänderung wahrgenommen wird, so ist sie einer psychometrischen Erfassung zugänglich. Bei der Anwendung der EWL sollte „Selbstruhigstellung" vor allem auf den Subskalen Erregtheit und Ängstlichkeit abgebildet werden, wie dies in unserer Studie der Fall war. Unsere Ergebnisse dürfen daher mit Vorsicht als empirischer Hinweis für die Gültigkeit des Schultzschen Konzeptes der „Selbstruhigstellung" gewertet werden. Sie stehen in Einklang mit Befunden von *Kröner* und *Beitel* (7), nach denen beim AT eine Reduzierung der vegetativmotorischen Aktivierungen erzielt wird.

Der Versuch, eine differentielle Indikation für das AT empirisch zu erarbeiten, war ein weiterer Schwerpunkt unserer Untersuchung (16). Welche Persönlichkeitsfaktoren lassen ein gutes Ansprechen auf AT erwarten, bei welchen Charakterzügen ist vom AT eher abzuraten? Diese Frage wurde mit dem Freiburger Persönlichkeitsinventar (FPI) nach *Fahrenberg* und anderen (4) und der EWL untersucht. Je nach den Werten im FPI wurden die Teilnehmer in eher „Nervöse, Aggressive, Depressive, Erregbare" eingeteilt. Der Verlauf wurde anhand der EWL gemessen (statistische Auswertung: Produkt-Momentkorrelation zwischen FPI-Standardwerten und Differenzen der EWL. Zur Ausschaltung möglicher Unterschiede der Ausgangswerte zusätzlich Berechnung einer multiplen Korrelation. Prüfung der Signifikanz von Korrelationsdifferenzen mittel Z-Test. Das Signifikanz-Niveau wurde auf $p \leqslant 0{,}05$ festgelegt).

Ergebnisse: Bei unserer Stichprobe schien das AT vor allem für 3 Gruppen indiziert: 1) „Nervöse" (Abnahme der Ängstlichkeit, Deprimiertheit, Aggressivität, Desaktiviertheit und Benommenheit), 2) „Erregbare" (Abnahme der Aktiviertheit, Extravertiertheit, Stimmung und Aggressivität), 3) „Depressive" (Abnahme der Deprimiertheit, Benommenheit und Ängstlichkeit). Auch die nach FPI-Werten gebildeten Gruppen mit erhöhter Aggressivität, Geselligkeit, Gelassenheit, Offenheit, Extraversion, Maskulinität und emotionaler Labilität profitierten vom AT im Vergleich zur Kontrollgruppe, der Effekt erschien jedoch weniger ausgeprägt. Bei der Gruppe der „Gehemmten" fand sich eine signifkante Abnahme der Aktiviertheit und eine Zunahme der Verträumtheit. Für diese Probanden unserer Stichprobe scheint AT zumindest im Gruppenrahmen eher kontraindiziert zu sein.

Beitel und *Kröner* (1) kamen bei einer Untersuchung der Auswirkungen des AT auf das Selbstkonzept zu ähnlichen Ergebnissen. Sie konnten diese über die Kursdauer hinaus in einer katamnestischen Überprüfung nach 6 Monaten sichern. Sie stellten 65 freiwilligen Probanden der Experimentalgruppe 35 Kontrollpersonen gegenüber. Das Selbstkonzept wurde vor, unmittelbar nach und 6 Monate nach der Behandlung mittels eines speziellen Fragebogens (Q-Sort) erhoben. Nach *Rogers* ist eine hohe Übereinstimmung zwischen realem und idealem Selbstkonzept ein Maß für psychosomatische Gesundheit. Der Wert einer Therapie wird dabei aus einer größtmöglichen, realistischen Selbstakzeptierung des Probanden abgeleitet und an einem möglichst hohen Zuwachs der Kongruenz zwischen realem und idealem Selbstbild gemessen. Die Autoren konnten zeigen, daß sich in der AT-Gruppe bei 57% der Probanden eine signifikante Erhöhung dieser Kongruenz nachweisen ließ. In der Wartegruppe war dies bei 20% der Fall. Diese Erfolgsbilanz entspricht nach ihren Angaben etwa den Ergebnissen einer Gesprächspsychotherapie, die mit etwa 50% angegeben werden. Weiterhin wurde die AT-Gruppe in täglich Übende und nicht täglich Übende aufgeteilt. Dabei zeigte sich der positive Effekt bei den täglich Übenden in Höhe von 62% Besserung gegenüber 48% Besserung der Kongruenz bei den weniger häufig Übenden. Gleichzeitig fanden sich signifikante Reduzierungen der Depressivität ($p \leqslant 0{,}01$) und der Angstneigung ($p \leqslant 0{,}05$) im Vergleich der AT-Gruppe mit der Kontrollgruppe. Diese Effekte waren in der katamnestischen Untersuchung nach einem halben Jahr reproduzierbar.

Zusammengefaßt deuten die zitierten Studien auf eine Wirksamkeit des AT bei Probanden mit leichteren Störungen hin. Der Anteil dieser Personen an der Gesamtbevölkerung beträgt nach neuesten epidemiologischen Studien zwischen 15 und 25% (*Schepank:* Mannheimer Kohortenprojekt, 19). Sie sind nicht behandlungsbedürftig und haben in der Regel nicht das Gefühl, manifest krank zu sein. Vom AT können sie eine Verbesserung der Befindlichkeit mit der Reduktion von Angst und ein positiv verändertes Selbstkonzept erwarten. Hieraus leitet sich die sozialmedizinische Bedeutung des AT als Vorbeugemaßnahme ab. Sein weiterer Weg als Psychotherapiemethode hängt vor allem von einem Wirksamkeitsnachweis an manifest Kranken ab. Ansätze dazu z.B. bei *Foerster* (5) und *Kröner*

(10) bedürfen einer Fortsetzung in empirischen Vergleichsstudien mit anderen Therapieverfahren.

Erst bei empirisch gesicherter Effektivität des AT kann auch der Aspekt seiner Effizienz (Wirksamkeit/Aufwand) an Bedeutung gewinnen. In diesem Sinne eine abschließende Formulierung von *Strotzka* (24): „Empirische Forschung ist notwendig zum Überleben der Psychotherapie als einer anerkannten Disziplin in der Medizin".

Danksagung: Für die kritische Durchsicht des Manuskripts danke ich Herrn Professor Dr. K. Foerster, Tübingen.

Literatur

1) *Beitel, E., B. Kröner:* Veränderungen des Selbstkonzepts durch autogenes Training. Z. Klin. Psychol 11 (1982)

2) *Binswanger, H.:* Beobachtungen an entspannten und versenkten Versuchspersonen. Nervenarzt 2 (1929) 193–207

3) *Ernst, K.:* Psychogene Entwicklung − Verlauf, Heilung, Chronifizierung. In: *Heimann H., K. Foerster* (Hrsg.): Psychogene Reaktion und Entwicklungen, Fischer Stuttgart 1984

4) *Fahrenberg, I., Selg, H., Hampel, R.:* Das Freiburger Persönlichkeitsinventar. Göttingen, Hofgrefe 1973

5) *Foerster, K.:* Psychotherapeutische Betreuung leukosekranker Patienten bei der Behandlung unter Isolationsbedingungen. Psychother. med. Psychol. 32 (1982) 35–38

6) *Janke, W., G. Debus:* Die Eigenschaftswörterliste (EWL) − Ein Verfahren zur Erfassung der Befindlichkeit. Göttingen 1977

7) *Kröner, B., Beitel, E.:* Längsschnittuntersuchung über die Auswirkungen des Autogenen Trainings auf verschiedene Formen der subjektiv wahrgenommenen Entspannung und des Wohlbefindens. Z. f. klin. Psych. Psychoth. 28 (1980) Heft 2

8) *Kröner, B., I. Steinacker:* Autogenes Training bei Kindern − Auswirkungen auf verschiedene Persönlichkeitsvariablen. Psychother. med. Psychol. 30 (1980) 180–184

9) *Kröner, B., B. Langenbruch:* Untersuchung zur Frage der Indikation von autogenem Training bei kindlichen Konzentrationsstörungen. Psychother. med. Psychol. 32 (1982) 157–161

10) *Kröner, B.:* Untersuchung über den Zusammenhang von Therapieerfolg bei nichtmedikamentösen Kopfschmerzbehandlungsverfahren und der Veränderung von Persönlichkeitsvariablen. Psychother. med. Psychol. 33 (1983) 42–47

11) *Kröner, B.:* Entspannungsverfahren − Psychologische und Physiologische Auswirkungen. Vortrag am 18.1.1984 in der Universitäts-Nervenklinik Tübingen

12) *Langen, D.:* Periphere Durchblutungsänderungen bei Autogenem Training und Hypnose. Proc. Sem. Psychosom. Internat., Rom, Sept. 1967, 43

13) *Luthe, W.* (Hrsg.): Autogenic Therapy IV, Research and Theory, S. 51, Grune & Stratton, New York 1970

14) *Mann, K., F. Stetter:* Thermographische Befunde beim autogenen Training in Abhängigkeit von der Tagesperiodik. Therapiewoche 32, (1982) 16, 2232–2238

15) *Mann, K., G. Piepenhagen:* Objektivierende Temperaturmessungen zur Stirnkühle beim Autogenen Training. (Publikation in Vorbereitung)

16) *Mann, K., M. Bartels, D.K. Schrapper:* Empirische Untersuchung zur differentiellen Indikationsstellung des Autogenen Trainings. (Publikation in Vorbereitung)

17) *Polzien, P.:* Über die Physiologie des hypnotischen Zustandes als exakte Grundlage für die Neurosenlehre. Bibliotheca Psychiatrica et Neurologica, 1959

18) *Sapir, M., I. Javal, R. Philibert:* Utilisation du teste MMPI a propos du Training Autogene. In: *Luthe, W.* (Hrsg.): Correlationes Psychosomaticae, Thieme 1965

19) *Schepank, H., H. Hilpert, H. Hönmann, H. Parekh, P. Riedel, N. Schiessl, H. Stork, W. Tress, M. Weinhold-Metzner:* Das Mannheimer Kohortenprojekt. Die Prävalenz psychogener Erkrankung in der Stadt. Z. f. Psychosom. Med. u. Psychoanal. 30 (1984) 43−61

20) *Schrapper, D.K., K.F. Mann:* Veränderung der Befindlichkeit durch autogenes Training. Psychother. med. Psychol. 35 (1985) 268−272

21) *Schultz, J.H.:* Über Schichtenbildung im hypnotischen Selbstbeobachten. Monatsschrift f. Psychiatrie 49 (1920), 137−143

22) *Schultz, J.H.:* Über selbsttätige Umstellung der Wärmestrahlung der menschlichen Haut im autosuggestiven Training. Deut. Med. Wschr. 14 (1926) 571−572

23) *Schultz, J.H.:* Das Autogene Training. 16. Aufl. Thieme, 1979

24) *Strotzka, H.:* The Psychotherapist's Fear of Empirical Research. Psychother., Psychosom. 40 (1983) 228−231

25) *Zitrin, C.M., D.F. Klein, M.G. Woerner, D.C. Ross:* Treatment of Phobias. 1. Comparison of Imipramine Hydrochloride and Placebo. Arch. Gen. Psychiatry 40 (1983) 125−138

Autogenes Training und Psychosomatik

R. Lohmann

Das **autogene Training** (A.T.) als die wohl bekannteste seelische Selbsthilfe hat schon früh Eingang in die psychosomatische Krankheitslehre und Krankenbehandlung gefunden. Dies ist gut verständlich, wenn wir uns seine Wirkungsweise als ein autosuggestives und übendes psychotherapeutisches Verfahren vergegenwärtigen, das „durch bestimmte physiologisch rationale Übungen eine allgemeine Umschaltung des Kranken herbeiführt, die in Analogie zu den älteren fremdhypnotischen Feststellungen alle Leistungen erlaubt, die den echten suggestiven Zuständen eigentümlich sind." Dabei handelt es sich bei dem A.T. sowohl um eine „übungsmäßig erworbene Umschaltung von Körpersystemen, deren Funktionsänderung wieder den Gesamtzustand in erwünschter Weise beeinflußt, als auch um eine Umkehrung des Ausdrucksgesetzes, indem Funktionen, die sonst unter dem Einfluß affektiver Erregungen sich verändern, nunmehr durch selbstgesetzte Veränderungen gewissermaßen einen rückwirkenden Einfluß ausüben" (5, 6). In dieser Sichtweise ist das A.T. ein ausgesprochen psychosomatisches Therapeutikum, welches zugleich auf die Seele und den Körper heilsamen Einfluß ausübt, wobei oft schwer zu entscheiden ist, was hier primär psychisch wirksam ist und sekundär organisch rückwirkt, etwa die Ruhigstellung, die Entspannung, die affektive Resonanzdämpfung, die Erholung und Ermutigung mit all ihren Folgen, oder die autogene Organbeeinflussung bzw. das Prinzip der „Somatisierung" überhaupt mit den konsekutiven psychischen Veränderungen. Diese Unklarheit erinnert uns an die Kritik, welche der Begriff der Psychosomatik mit Recht bei *Schultz* (7) gefunden hat, wenn er die Trennung der Begriffe Psyche und Soma und deren nachträgliche „Wortunion" aus seiner organismischen, ganzheitlichen Sicht ablehnte, „als dem ärztlichen Denken zuwiderlaufend, das gerade in den letzten 50 Jahren die völlige Einheit des beseelten Organismus Mensch als notwendige Voraussetzung ärztlicher Arbeit erkannt hat." Auf das Wirkprinzip der **Suggestion** als „Beeinflussung des Denkens, Fühlens, Wollens und Handelns eines anderen Menschen – oder von sich selbst –, unter Umgehung seiner rationalen Persönlichkeitsanteile auf der Grundlage eines zwischenmenschlichen Grundvollzuges, der zur affektiven Resonanz führt" (*Stokvis* und *Pflanz* 9) soll hier nicht weiter eingegangen werden, wie auch auf jenes der **Übung** als „Steigerung der Leichtigkeit, Schnelligkeit und Gleichmäßigkeit einer Leistung durch deren Wiederholung" (*Jaspers* 2). *Schultz* wies in diesem Zusammenhang auch immer auf den „erworbenen Vollzugszwang" hin, der jeder Übung innewohnt. Besonders hervorgehoben muß aber hier das für die Wirkungsweise des A.T. bei psychosomatischen Störungen und Erkrankungen besonders wichtige Prinzip der „**Somatisierung**" werden, das von den sogenannten „neuen Körpertherapien" für ihre psychosomatische Effizienz in Anspruch genommen wird und das von allem Anfang an schon beim A.T. vorhanden gewesen ist. *Schultz* (5) sagte dazu: „Sehr wesentlich ist ferner das Erlebnis einer inneren Einengung und Sammlung, die begünstigt wird durch innere Hinwendung auf körperhaftes Geschehen, möge es sich, wie im erwähnten Falle der Monotonie, um Außenreize handeln (gemeint ist hier die Hypnose, Ref.), oder mehr darum, daß die Versuchsperson passiv fühlend in ihr Körpererlebnis gleitet (gemeint ist hier das A.T., Ref.), sich sozusagen somatisiert. Durch diese gewissermaßen primitive Einstellung, die den allgemeinen Erlebnissen im warmen Bade nahesteht, werden psychische Vollzüge weniger besetzt, die uns mit der realen und geistigen Außenwelt verbinden; auf körperliches Erleben konzentriert, sinkt die Versuchsperson in eine sinnenhafte, gefühlsmäßige Schicht des Erlebens und wird so ohne Zwang konzentrativer Versenkung zugeführt." Diesen Standpunkt hat auch *E. Kretschmer* (3) nachhaltig vertreten, wenn er schrieb: „Vielmehr läßt sich günstigen Falles teils durch Sanierung der aktuellen Lebensverhältnisse, teils durch induktive Trainingsmethoden der affektive Pegelstand so einregulieren, daß die Störungen durch Affekt- und Spannungsentzug unterschwellig und bedeutungslos werden."

Als **psychosomatische Störungen und Krankheiten** verstehen wir mit *B. Stokvis* (8) jene, „die sich in der Körperlichkeit äußern und bei deren Auftreten emotionelle Einflüsse aus dem Heute oder aus der Vergangenheit als mitbedingende Faktoren von Bedeutung sind." Der Emotion folgt nach *J. Delay* (1) keine umweltbezogene adäquate Äußerung, sondern es bildet sich ein chronischer Störfaktor aus, welcher über vegetative Dysregulationen schließlich zu psychosomatischen Störungen und Erkrankungen führt, „von der Emotion also zur Läsion".

Dem besseren Verständnis mag das folgenden klassischen Schema *V. v. Weizsäckers* (11) dienen, welches er in seinem bekanntgewordenen Buch „Fälle und Probleme" im 21. Kapitel unter der Überschrift „Vom Anfang bis zum Ende (Colitis ulcerosa)" veröffentlicht hat. Siehe **Abb. 1**. Dieses Schema, das hier nur vom Seelischen zum Organischen zielt, bedarf aber noch der Ergänzung in umgekehrter Richtung, zumindest von der vorletzten Station aus. Wir erfassen dann auch die große Gruppe der **somatopsychischen Patienten**, wie wir die chronisch körperlich Kranken nennen, mit ihren aus dem Erleben und Er-

A PSYCHISCHE ERREGUNG

   NERVÖSER FUNKTIONSWANDEL

   MOTORISCHE UND SEKRETORISCHE FEHLSTEUERUNG

   ENTZÜNDUNG

   GESCHWÜR

   GEWEBSNEKROSE ODER CARCINOM ODER SKLEROSE

E TOD

Abb. 1: Schematische Darstellung psychosomatischen Krankheitsgeschehens (nach V.v. Weizsäcker)

leiden der Krankheit und ihres Behandlungsregimes resultierenden psychischen Erregungen und Veränderungen, allem voran der Angst, der Depression, der Auflehnung, der Resignation. Ich denke hier unter anderem an die terminal Niereninsuffizienten in Dauerdialyse und nach Nierentransplantation mit ihrer Abhängigkeit von der künstlichen Niere und mit ihren Abstoßungskrisen sowie ihrer medikamentös bedingten Schwächung des Immunsystems, weiter an die Diabetiker unter dem Diktat der Diät und der Angst vor den Spätkomplikationen, an die Rheumatiker mit ihren Schmerzen, welche in jüngster Zeit medikamentös besonders verunsichert sind, zuletzt aber auch an die Tumorkranken mit ihrer Angst vor den Metastasen, ihrer Trauer um den Organverlust und ihrer Erschöpfungsdepression unter der zytostatischen Behandlung. In allen diesen Krankheitsbereichen stellt das A.T. eine wertvolle psychotherapeutische Hilfe dar, welche bei leichteren Fällen oft allein ausreicht, bei schwereren Fällen in den Rahmen eines ganzheitlichen Konzeptes eingeordnet sein muß, das vom psychotherapeutischen Gespräch bis hin zur Pharmako- und Physiotherapie gespannt ist. Auf ein Erschwernis bei stärker betroffenen psychosomatischen und somatopsychischen Patienten beim Erlernen des A.T. muß aber noch hingewiesen werden, welches den anfänglichen Einstieg in dieses Basispsychotherapeutikum nicht selten unmöglich macht, sondern einen Umweg über die Hypnose erfordert. Es ist dies die mangelnde „ausreichende Selbstverfügung" dieser Kranken sowie ihre fehlende „sorgfältige und ausdauernde Mitarbeit" (5).

Ein kurzer Vortrag vermag nicht die ganze Anwendungsbreite des A.T. hinsichtlich der Psychosomatik und Somatopsychik darzustellen. *Schultz* (5) hat in seiner Monografie u.a. auf die vielfältigen psychovegetativen Regulationsstörungen im Rahmen des funktionellen Syndroms (*v. Uexküll* 10) hingewiesen, weiter auf die Adipositas, die echte Angina pectoris, das Asthma bronchiale, die Colitis mucosa et ulcerosa, psychosomatische Erkrankungen in der Dermatologie, postenzephalitische Blickkrämpfe, epileptische Anfälle, psychosomatische Erkrankungen in der Gynäkologie sowie Entbindungserleichterungen in der Geburtshilfe, Hyperthyreose, Hyper- und Hypotonie, Lebensmüdenbetreuung, Lungentuberkulose, Magen- und Zwölffingerdarmgeschwüre, Otosklerose, Paralysis agitans, paroxysmale Tachykardie, Phantomschmerz, Rheuma, Pruritus, Warzenbeseitigung, nächtliches Zähneknirschen. Bei der kurzen Aufzählung dieses bunten Krankheitsregisters anhand des alphabetischen Sachverzeichnisses kommt selbstverständlich nur einiges summarisch zur Erwähnung. Heute ist die Literatur dazu unübersehbar, und es gibt nur wenige Krankheiten unseres Fachgebietes, bei denen das A.T. nicht angewendet worden ist, wenn wir uns z.B. an dem von *W. Luthe* (4) herausgegebenen Handbuch orientieren, nicht selten mit gutem Erfolg. So können wir hinsichtlich der **Anzeige zum A.T.** mit *Schultz* (5) feststellen, daß es empfehlenswert scheint, „die Indikation ziemlich breit zu stellen, also auch versuchsweise Menschen- und Krankheitsbilder anzugehen, bei denen a priori die Aussicht auf Erfolg nicht allzu groß erscheint."

Die folgende **Bildserie** eines 42jährigen Patienten mit Colitis ulcerosa, der sich im vierten Schub seiner Krankheit mehrere Monate lang in unserer stationären Behandlung befand, soll unsere Ausführungen anschaulich machen und soll den Stellenwert von Hypnose und von Autogenem Training im Rahmen eines ganzheitlichen psychosomatischen Behandlungskonzeptes hervorheben. Sie wurde am Abend vor der Entlassung gemalt und stellt in der heiteren Enthemmung nach geglückter Remission aber auch eine nicht zu übersehende Kritik an der Arzt-Pfleger-Patient-Beziehung im Krankenhaus dar, dem häufig ein „Dehumanisierungsprozeß" angelastet wird. Dabei kommt der psychotherapeutisch tätige Arzt noch relativ gut weg aufgrund seiner anderen psychologischen Einstellung zu „Menschen in Not". Siehe **Abb. 2 – 9.**

Abb. 2: Bildserie eines 42jährigen Patienten am Tage vor seiner Entlassung nach geglückter Remission vom 4. Schub seiner Colitis ulcerosa. Transport als Notfall in die Klinik.

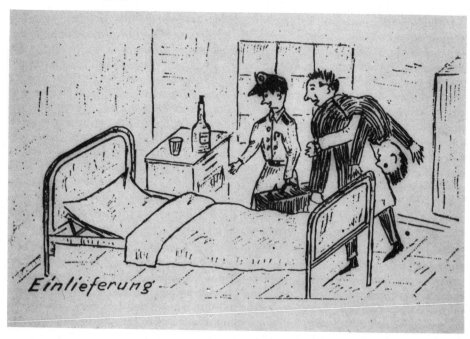

Abb. 3: Aufnahme.

Abb. 4: Visite.

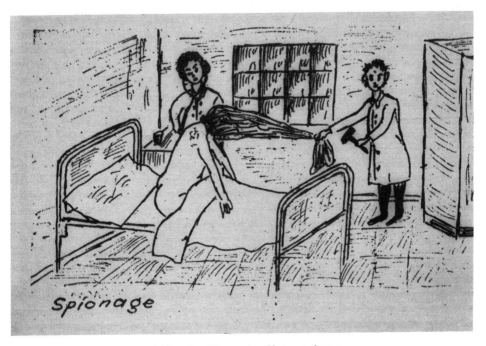

Abb. 5: Allgemeine Untersuchung.

Abb. 6: Endoskopische Untersuchung.

Abb. 7: Be-Handlung.

Abb. 8: Ruhe- und Entspannungshypnose.

Abb. 9: Entlassung aus dem Krankenhaus.

Abb. 10: Autogenes Training in der ambulanten Nachbehandlung mit Darstellung von Schwere, Wärme und Stirnkühle im Zustand der Levitation.

Literatur

1) *Delay, J.:* Introduction á la médecine psychosomatique. Masson: Paris 1961.

2) *Jaspers, K.:* Allgemeine Psychopathologie; 4. Aufl. Springer: Berlin-Heidelberg 1946.

3) *Kretschmer, E.:* Psychotherapeutische Studien. Thieme: Stuttgart 1949.

4) *Luthe, W.* (ed.): Autogenic therapy, vol. I–VI. Grune & Stratton: New York-London 1969–1973.

5) *Schultz, J.H.:* Das Autogene Training, 1. – 16. Aufl. Thieme: Leipzig-Stuttgart 1932–1979.

6) *Schultz, J.H.:* Übungsheft für das autogene Training, 1.–18. Aufl. Thieme: Leipzig-Stuttgart 1935–1977.

7) *Schultz, J.H.:* Psychosomatik in der Inneren Medizin; in R. Cobet, K. Gutzeit, H.E. Bock, F. Hartmann „Klinik der Gegenwart", vol. I, pp. 193 ff. Urban & Schwarzenberg: München-Berlin 1955.

8) *Stokvis, B.:* Psychosomatik; in V.E. Frankl, V.E. v. Gebsattel, J.H. Schultz „Hb. d. Neurosenlehre und Psychotherapie", vol. III, pp. 436 ff. Urban & Schwarzenberg: München-Berlin 1959.

9) *Stokvis, B. und M. Pflanz:* Die Psychologie der Suggestion. Karger: Basel-New York 1961.

10) *Uexküll, Th. v.:* Funktionelle Syndrome in psychosomatischer Sicht; in R. Cobet, K. Gutzeit, H.E. Bock, F. Hartmann „Klinik der Gegenwart", vol. IX, pp. 229 ff. Urban & Schwarzenberg: München-Berlin 1955.

11) *Weizsäcker, V.v.:* Fälle und Probleme. Enke: Stuttgart 1947.

Autogenes Training für Kinder und Jugendliche

Gisela Gerber

Als *J.H. Schultz* das Autogene Training (AT) entwickelte, arbeitete er hauptsächlich mit Erwachsenen.

Die Ausgabe seines Buches „Das Autogene Training" von 1976 weist auf die zunehmend „vielseitige Verwendung des Verfahrens in der Kinderheilkunde" hin.

H. Altmann, M. Alberts, G. Biermann und *W. Kruse* haben, um einige Namen zu nennen, das AT zu einer Methode für Kinder modifiziert, gewandelt und weiterentwickelt.

Seit vielen Jahren arbeite ich mit Kindern, Jugendlichen und Erwachsenen mit dem AT.

Bei diesem Vortrag setze ich voraus, daß die Grundeinheiten des AT mit den sieben Formeln bekannt sind, daher möchte ich neben Prinzipiellem vornehmlich auf die Unterschiede, die es beim AT für Erwachsene und beim AT für Kinder und Jugendliche gibt, eingehen.

Prinzipielle Ausführungen

Wir gehen davon aus, daß wir in einer Welt leben, in der hell – dunkel, weich – hart etc. (*Krapf*, 1973) in ihrer ganzen polaren Bandbreite nur definiert werden können, wenn wir beide Extreme kennen und erfahren haben.

„In einer Welt, in der alles blau ist, könnte der Begriff der ‚Bläue' mangels anderer Farben nicht definiert werden", sagt *Watzlawick*. Gemeint ist dabei, daß eben nur etwas relativiert und benannt werden kann anhand von Unterschiedlichem.

Beim AT bewegen wir uns in einem ebensolchen Spannungsfeld. Ruhe läßt sich nur definieren, wenn Un-ruhe erfahrbar wurde, Wärme nur durch Kälte, Entspannung schließlich nur durch Spannung und umgekehrt. Innerhalb des Bogens von Entspannung und Spannung sollte der Mensch sich mühelos bewegen können, gemäß seinen Anforderungen und seinen Möglichkeiten. Nur so kann er die für ihn notwendige Dynamik erreichen und ein ausgewogener Mensch" sein (*Krapf*, 1973).

Je gestörter er aber ist, umso mehr ist er zementiert auf irgendwelchen Punkten in diesem polaren System. Er hat dann nicht die Möglichkeit, sich frei darin bewegen zu können.

Und so treffen wir immer wieder auf Kinder und Erwachsene, die fixiert sind auf dem Pol der ständigen Anspannung, was letztlich zu einer immer größer werdenden Verspannung

Vortrag, gehalten im Rahmen des Internationalen Seminars für Autogenes Training und Allgemeine Psychotherapie, Badgastein, 15. – 21.9.1984.

führt, oder aber auf dem Pol der Entspannung, was zu einer Erschlaffung führt. Manche befinden sich in einer „Grauzone", in dem Bereich, der weder Entspannung noch Spannung möglich sein läßt.

Ihnen ist es unmöglich, einen Spielraum zu nutzen, da sie keinen haben. Entweder konnten sie ihn nicht entwickeln, oder aber er ging ihnen im Laufe der Zeit verloren.

Bei all diesen Fixierungen ist ein gestörtes rhythmisches Leben und Erleben vorhanden. Die Rhythmik wird gedrosselt, abgeschnürt, nicht mehr leb- und erlebbar, das Fließgleichgewicht ist gestaut und damit entstehen u.a. Ängste, Nervosität und das Gefühl, irgend etwas „ist mit mir nicht in Ordnung". Letztlich gibt es keine Basis für das Gefühl des „Urvertrauens" (*Erikson*).

Es gilt nun, rhythmisches Er-leben leb-bar werden zu lassen; daß Spannung nur aus Entspannung erwachsen und Entspannung nur aus Spannung entstehen kann. „Das eine um des anderen Willen", wie *Marianne Fuchs* sagt. Es geht darum, die Grenzen und das Erleben der Spannungs- und Entspannungsmöglichkeiten zu erweitern. Erst jetzt kann eine vorwärtsstrebende, weiterbringende, „gesunde" Dynamik entstehen.

Entspannung und Spannung sind somit Lehrziel, welches nun als „Forderung" im Raum steht. Wie ist diese Forderung inhaltlich, speziell bei Kindern und Jugendlichen, zu erfüllen?

Praxisbezogenes Vorgehen

Ich möchte Ihnen anhand der Formel für „Wärme" ein Beispiel geben. Wärme lern-bar, leb-bar, rhythmisch erfahrbar im „polaren System" des Innen – Außen, Fremd – Eigen, Außengrenze (Haut)-Zentrum, bildhaft – spürbar . . ., wobei immer mehr vom Fremd- zum Eigenerleben geführt werden soll.

Ich lasse die Kinder bei geschlossenen Augen überlegen, darüber nach**sinnen** (!), wo sie angenehme Wärme gespürt haben.

Es kommen Antworten wie: In der Badewanne, in der Sonne, unter der Dusche, beim Kachelofen . . . . Bilder – „Standbilder" – treten somit in ihr Bewußtsein.

Ich empfinde es als wichtig und notwendig, über Bilder vorzugehen, da die meisten Kinder sich fast nur durch Außenreize erleben können, da in dieser Zeit die Überflutung durch die Außenwelt besonders groß ist. Vor allem psychosomatisch erkrankte Kinder und Jugendliche können sich selbst kaum spüren. Sie werden beim AT oft erstmals mit „dem eigenen Selbst" (*Schultz*, 1976, 175) konfrontiert, mit ihren eigenen Möglichkeiten, aber auch Unmöglichkeiten.

Wir entwickeln nun gemeinsam die Formel: „Ich bin strömend warm".

Die Kinder üben meist sternförmig auf dem Boden liegend, indem ich ihnen heterosuggestiv die Formel vorspreche. Sie haben dabei geschlossene Augen (Abb. 1). Wärme wird spürbar durch die Vorstellung des jeweiligen, **kind-eigenen** Bildes von Wärme, durch die Atmosphäre und durch mich als Therapeutin (Übertragungsphänomene!). Unruhige Kinder fasse ich anfangs gelegentlich mit der Hand an, wobei ich die Extremitäten, die Füße oder Hände berühre (warme Hand wichtig!) Anschließend erzählen die Kinder, wie sie Wärme erlebt haben. Nur manche erzählen noch von ihren Bildern, die sie gewärmt haben, viele spüren aber bereits schon durch ein Kribbeln in den Händen ihre eigene, strömende Wärme durch das Blut in den Adern.

Wärme von außen wird so nun langsam zum Introjekt, zum Eigen-Erleben. Sukzessive baue ich während des Kurses das heterosuggestive Vorsprechen ab und lasse somit eigene Möglichkeiten autosuggestiv er-spüren und erleben, was schließlich mit größer werdender Selb-ständigkeit bei geschlossenen Augen, angstfrei, immer mehr als Eigen-Erleben erfahrbar wird. **Äußere** Bilder, Vorstellungen, Möglichkeiten werden immer mehr zu **inneren, eigenen** Möglichkeiten. Wurde Wärme erst betrachtend gefühlt – „die Sonne etc ist Wärme" – in einer Objekt-Stufe, so wird sie schließlich als Eigenerleben auf der Subjektstufe – „Ich bin Wärme" – gespürt.

Wir sind aber immer noch nicht „mittenhaft" (*Fuchs*), da wir von den Extremitäten her den ganzen Körper zu erfassen suchen.

Wir wandern von außen nach innen. Das Zentrum selbst wird hierbei aber nicht gezielt mit erfaßt.

Die Mitte, der Kern, die Mitten und Kerne dieses Selbst, des Leibes und Körpers, werden bei der „Sonnengeflechtsformel" dezidiert angesprochen.

Mit den vorher erwähnten Voraussetzungen wird die Formel:

„Mein Sonnengeflecht oder Bauch ist strömend warm"

entwickelt. Wärme wird nun im Zentrum gespürt, und von der Mitte her ausstrahlend, als kernhaft, explosiv erlebt, im Gegensatz zum implosiven Erleben der vorausgegangenen Formel. Außen – innen, fremd – eigen, Dynamik – Statik, aktiv – passiv, Regression – Progression, Symbiose – Individuation, fließend – ruhig . . . von außen nach innen und von innen nach außen, alles wird zum pulsierenden und doch ruhigen, gelassenen Wechselspiel, zum rhythmisch-wechselseitigen Erleben, gemeinsam mit den Formeln der Schwere, der Atmung und des Herzens.

Das **Zurücknehmen** als Spannungsübung bildet den Schluß eines jeden „Autogenen Trainings".

Dabei werden die Fäuste geballt, Pumpbewegungen mit den Armen gemacht – Muskelspiel und Anspannung, schließlich ein lustvolles Räkeln, wie eine Katze in der Sonne – dann wird tief eingeatmet und die Augen werden geöffnet (Abb. 2).

Eine wichtige Übung, die genauso wichtig ist wie die Entspannungsübungen, wenn wir wieder an das angesprochene polare System denken. Viele Kinder müssen besonders diese Übung lernen, müssen einen gesunden Spannungszustand übend erfahren, wodurch lustvolle Passivität in der Entspannung und lustvolle Aktivität in der Spannung lebbar wird.

Habe ich nun in den vorausgegangenen Ausführungen hauptsächlich über Prinzipielles gesprochen, so möchte ich weiterführen mit einigen **Unterschieden**, die es zwischen dem AT mit Kindern und dem mit Erwachsenen gibt.

Über das heterosuggestive Vorsprechen durch den Therapeuten, das zu immer autonomerem Erleben führen soll, habe ich bereits gesprochen. Zu Hause üben die Kinder selbständig (Erwachsene sollten das AT **ausschließlich** autogen lernen und auch üben).

In chronologischer Reihenfolge möchte ich weitere Unterschiede skizzieren, wie sie sich in den sieben Stunden des Kurses ergeben.

Vor der ersten Stunde findet ein gemeinsames Gruppengespräch mit Eltern und Kindern statt.

Hierbei frage ich die Kinder, welche Gründe sie haben, zum AT zu kommen, was sie sich davon erwarten und was sie überhaupt vom AT schon gehört haben.

Die Kinder klagen über Nervosität, Konzentrationsbeschwerden, Migräne, Bauchweh,

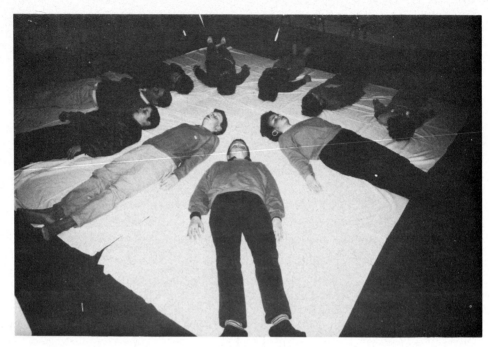

Abbildung 1

Abbildung 2

126

Ängste, Schlafschwierigkeiten . . . und eben, daß sie erwarten, alles werde nun besser. Hauptproblem ist für viele die Schule. Sie lernen viel, können zu Hause alles, nur in der Schule ist dieses Wissen nicht mehr verfügbar.

Dies gleicht einer gefüllten Schublade, die beim Herausziehen, um sich etwas hervorzuholen, klemmt.

Ich erzähle ihnen, was AT ist, vor allem aber, daß es darauf ankommt, daß sie **selbst** es lernen wollen, und nicht der Papa, die Mama, oder ich. Ich kann ihnen nur helfen, es zu lernen.

Ferner erzähle ich, daß unsere Spitzensportler und Schifahrer trainiert werden (unter anderem von *Barolin*), und daß die Raumfahrer und viele Erwachsene und Kinder AT machen.

Diese Motivation, das Hören, daß andere Kinder Probleme haben, und das „Wissen-Wollen um", sind Voraussetzung dafür, daß bei der Abstimmung, wer nun wirklich interessiert ist, fast alle zustimmen und mitmachen wollen. Gelegentlich zögert ein Kind. Hier lasse ich die Möglichkeit offen, sich „das Ganze" einmal zwei Stunden lang „anzuschauen", um sich dann endgültig zu entscheiden.

Motivation somit als entscheidende Voraussetzung, daß mitgemacht wird, Neugier entsteht, zu Hause geübt wird und vieles mehr. Motivation ist aber kein einmaliger, abgeschlossener Vorgang, sondern ein Prozeß, der sich in jeder Stunde neu entfalten muß.

Kinder, die in einzelnen Stunden störend sind, wissen, daß sie jederzeit aussteigen dürfen, um außerhalb der Gruppe den Rest der Stunde zu spielen, zu lesen, oder andere Dinge zu machen – schuldfrei.

Dies verhindert ein „in etwas Hineinzwingen" und fördert das „selbst entscheiden Dürfen". Dieses sich Entscheiden führt an die Grenzen: „Will ich – ja, oder nein?", und damit zu Selbständigkeit, Ich-Stärke, aber auch dazu, daß die Gruppen weiterkommen und wirklich „arbeiten".

Motivation ist aber auch notwendig, damit zu Hause geübt wird. Schon minutenlanges Üben der Formeln dreimal täglich – nach dem Aufwachen, mittags und abends vor dem Einschlafen – im Sitzen, in „Droschkenkutscherhaltung" oder liegend auf dem Bett bzw. Sofa, bringt den Kindern schließlich mehr Ausgeglichenheit, die sie befähigt, ihre Aufgaben in Schule, mit Freunden oder zu Hause besser zu meistern. Diese Erfolge steigern dann wiederum die Motivation, regelmäßig zu üben.

Im **Eltern-Kind-Gespräch** mache ich die Eltern darauf aufmerksam, daß AT eine sehr intime Sache sei, vor dem die Eltern Respekt haben und die Kinder alleine üben lassen sollten. Optimal sei ein Üben dreimal pro Tag, aber das dürfe nicht als Hausaufgabe, als Leistung aufgefaßt werden. Somit sollte es keine Abfragen, ob geübt wurde, kein Hineinzwingen, sondern ein gelegentliches Er-innern geben.

Ideal ist es, wenn **auch die Eltern AT machen**, um eine Aufarbeitung der Problematik, welche ja immer als Symptom im sozialen Feld gesehen werden muß, von mehreren Seiten her zu ermöglichen.

Die scharfe Trennung beim Lernen und Üben zwischen Eltern und Kindern und das individuelle Eigenerleben, wiederum als Respekt voreinander, ist wichtiges Kriterium bei bi- oder mehrpolarigem Setting. Eltern- und Kindergruppen sind immer getrennt abzuhalten. Ganz selten nehme ich unter gewissen Voraussetzungen ein Kind oder einen Jugendlichen in eine Erwachsenengruppe, was aber hier zu erörtern zu weit führen würde.

In der **ersten Stunde** des Zusammenseins mit den Kindern entwerfen wir neben der Erarbeitung der ersten Formeln von Ruhe und Schwere gewisse Spielregeln. Spielregeln geben Kindern anfangs Struktur und Richtlinien für ihr Verhalten, besonders in den ersten Stunden, wenn die Kinder noch nicht genau wissen, was auf sie zukommt, und gewisse Ängste haben.

Spätere Gruppenstunden bedürfen kaum noch Richtlinien. Struktur entsteht dann meist aus sich selbst heraus.

Auch hier: Was außen erfahren wurde, kann dann innen eher erlebt werden, gemäß dem Prinzip des Außen — Innen.

Wichtigste **Spielregel** ist anfangs: Einer redet, jeder darf aber auch zu Wort kommen. Dem anderen sollten alle zuhören, auf ihn in direkter Art eingehen und somit immer weniger den Therapeuten als Kommunikationsvermittler benötigen.

Habe ich die **Kommunikationsformen** angesprochen, so möchte ich gleich noch auf das Inhaltliche der Sprache hinweisen. Die Vermittlung des AT geschieht mit anderen Sprachinhalten als bei Erwachsenen. Die „biologische Sprache", die als Einheit von Körper, Seele und Geist verstanden werden muß, hat in diesem Alter viele Verben, weniger Hauptwörter, niedriges Abstraktionsniveau. Sie ist spontan, plastisch, anschaulich, erlebbar und dadurch nachvollziehbar.

In der **zweiten Kursstunde** malen wir — nachdem die „Wärmeformel" erarbeitet wurde — Schilder aus Karton mit der Aufschrift: „Bitte, nicht stören, Autogenes Training". Wir sprechen über Intimität beim AT, über Abgrenzung. Wie kann ich mir jemanden vom „Leibe halten", den ich im Moment nicht gebrauchen kann?

Es entstehen Gemälde mit zum Teil recht aggressiven Inhalten. Z.B. werden Bilder mit Beilen, Totenköpfen, Messern, Pistolen, Gewehren, aber auch bissigen Hunden und Löwen gemalt. Aber nicht nur Drohinhalte, auch Bilder mit Blumen, mit Bitten, nicht zu stören, entstehen (siehe Abbildungen 3, 4, 5).

Abbildung 3

Abbildung 4

Abbildung 5

Die Bilder und Karten stellen Abgrenzungen dar. Sie werden beim Üben vor die Tür gehängt. Abgrenzung – Verselbständigung – Ich-Stärke . . .!

Abgrenzung kann so konkret körperlich be-griffen (*Bartl*) und dadurch verstanden werden.

Ich grenze mich ab, hab' Respekt vor mir! Du grenzt Dich ab, ich habe Respekt vor Dir!

Die Schilder dienen aber auch dazu, an das AT zu Hause zu erinnern, damit das Üben nicht vergessen wird.

In **einer der letzten Stunden** malen wir wieder. Diesmal versuchen wir, vor und nach der Stunde „Gefühle zu malen".

Auf dem Tisch liegen alle Arten von Farbstiften, Wasserfarben, Fingerfarben, Filzstiften. Die Kinder bekommen große Blätter. Die Anweisung lautet:

„Schließt die Augen, nachdem ihr euch alles, was auf dem Tisch liegt, angeschaut habt, und stellt euch irgendeine **Farbe** vor – irgendein **Material** (Fingerfarben, Wasserfarben . . .), und nun stellt euch eine **Form** vor. Wenn ihr eine Vorstellung habt, dann malt das auf euer Papier."

Die Unterschiede zwischen den Gemälden vor und nach dem AT sind deutlich erkennbar. Bei den zweiten Gemälden sind die Kinder meist entspannter, risikofreudiger, angstfreier, ausgedehnter, einheitlicher, farbiger, runder (siehe Abbildungen 6–7, a = vor dem AT, b = nach dem AT). Gelegentlich treten umgekehrte Erscheinungen auf, woraus ich diagnostisch Kriterien entwickelt habe, die aber erst im Ansatz vorhanden sind. Manches Bild hat mir schon gezeigt, daß ich mit dem betreffenden Kind alleine weiterarbeiten und es aus der Gruppe herausnehmen muß (Ängste).

In einzelnen Stunden machen wir zwischen den Übungen **Kissenschlachten**. Wieder gibt es dabei gewisse Spielregeln wie: nur Werfen – nicht Schlagen – zwei Minuten Spielzeit – Ruhepause für die, die zwischendurch nicht mehr mitmachen wollen, etc..

Spannung, Konzentration, die durch anschließendes erneutes Üben mit AT wieder aufgelöst werden soll und in Entspannung übergeht. Dies ist immer ein spannendes Unternehmen für die Kinder.

Gespräche mit den Kindern finden darüber statt, was **Konzentration** ist. Ein „sich auf sich oder eine Sache besinnen Wollen und Können" zu einer Zeit, und ein „sich auf andere und anderes besinnen Können" zur anderen Zeit. Ich kann mich konzentrieren, heißt weit offen sein, aufgehen in etwas. Von Außenreizen lasse ich mich nicht ablenken, wenn **ich** nicht möchte!

Con-centra-tion mit dem Zentrum, mit meiner Mitte bin ich bei der Sache. Ich bin konzentriert heißt somit – ich bin ganz dabei:

Die **Konzentration** wird immer wieder als größter Mangel angesprochen. In unserer Zeit, wo Werte oft mit Quantifizierbarkeit, Meßbarkeit, hohen Zahlen in Verbindung gebracht werden, gemäß unserem mechanistischen, oft linearen Weltbild, haben wir deshalb den Versuch unternommen, auf irgendeine Weise die Effizienz des AT zu messen. Vor dem ersten AT machen die Kinder einen Konzentrationstest (d2, Hift-Hasentest), ebenso nach der letzten Kurs-Stunde. Das Ergebnis – noch nicht repräsentativ – ist eine anscheinend eindeutig quantifizierbare Erhöhung der Konzentrationsfähigkeit (weitere Versuche sind in Ausarbeitung).

Abbildung 6 a

Abbildung 6 b

Abbildung 7 a

Abbildung 7 b

Ein schönes Beispiel für den Versuch der Quantifizierung des Erfolgs des AT brachte in einer Erwachsenengruppe ein Teilnehmer. Er selbst, von Beruf Chemiker und Naturwissenschaftler, erzählte voll Begeisterung, daß er mit dem gleichen Tankinhalt seines Wagens seit Beginn des AT-Kurses nun schon dreimal 70 km weiter als sonst gekommen sei.

– Quantifizierte Entspannung! –

In einer der letzten Gruppenstunden, wenn die Schiene für das AT schon recht ausgebaut ist, übe ich mit den Kindern das Kurz-AT. Dieses abgekürzte Verfahren können sie in der Schule und in Streßsituationen nutzen und letztlich leben lernen. Hierbei sind keine äußeren optimalen Bedingungen wie Liegen im Bett, absolute Ruhe etc. notwendig. Begeistert berichten die Kinder oft von Schulerfolgen, die wirklich bei vielen eintreten. Nur, – Ziel des AT ist dies nicht, sondern ein Nebeneffekt. Die verklemmte Schublade läßt sich nun leichter öffnen, nur leer darf sie nicht sein, sie muß Inhalt haben.

Die Kinder und Jugendlichen lernen, die eigenen Möglichkeiten zu nutzen und jenseits dieser Möglichkeiten vertrauen zu lernen (Angstfreiheit).

In der **letzten Stunde** sind wieder die Eltern zum Abschlußgespräch mit dabei.

In **weiteren Kursen** gebe ich den Kindern die Möglichkeit, in sogenannten „Stützkursen" ihr AT zu vertiefen.

Wir üben am Anfang jeder Stunde AT, fahren dann aber fort, jeweils ein Semester lang mit Funktioneller Entspannung (*Marianne Fuchs*), später mit Katathymen Bilderleben (*Leuner*) oder Rollenspielen gemäß dem „genetisch-therapeutischen Entwicklungsmodell: Spüren – Fühlen – Denken" (*Reinelt/Gerber*, 1984; *Gerber/Reinelt*, 1985).

Autogenes Training wird so langsam immer mehr zur Haltung, zum Leben gehörig und zur Selbst-Verständlichkeit.

Zusammenfassung

1. Kinder scheinen heutzutage in zunehmendem Maße einer Überflutung von Außenreizen ausgesetzt zu sein, wodurch Eigenerleben nicht entstehen kann oder verloren geht. Besonders Kinder und Jugendliche mit Grundstörungen, die sich oft in psychosomatischen Reaktionen zeigen, haben Defizite ihres „Selbst".

2. Im Kinder-AT wird über die Vorstellung von kindeigenen Bildern als Außenreize in zunehmendem Maße auf Eigenerleben und eigene Möglichkeiten hingeführt. Sich selbst spüren, sich fühlen zu können, und schließlich um sich selbst zu wissen, leitet einen Verselbständigungsprozeß ein, der schließlich zu mehr Selbst-bewußtsein im eigentlichen Sinne, und damit zu mehr Ich-Stärke führt.

3. Es entsteht ein „sich-annehmen-Können" mit „guten" und „schlechten" Anteilen, ein Differenzierungs- und beginnender Individuationsprozeß (*Mahler*).

4. Dieser Ver-selb-ständigungsprozeß wird weitergeführt durch ein Herausführen aus einem primär narzißtischen Verschmelzungserleben (heterosuggestives Vorsprechen), in der Symbiose mit dem Therapeuten und der Welt in eine reifere Form der regressiven Verschmelzung durch eigene Möglichkeiten (autosuggestives Denken).

5. Therapeutische Wirksamkeit entsteht unter anderem durch die Hinwendung zu sich als Ganzheit, wodurch das Detail seine tendenziöse Bedeutung verliert (Magenweh, Schulprobleme, Ängste, etc.).

6. Autogenes Training ist kein Allheilmittel. Es hat aber seinen besonderen Stellenwert

als tiefenpsychologisch orientiertes Verfahren. Es kann als Basistherapie, gemäß einem „genetisch-therapeutischen Entwicklungsmodell: Spüren – Fühlen – Denken" (*Reinelt/Gerber*, 1984; *Gerber/Reinelt*, 1985) verstanden und erfahren werden. Es kann ein wesentlicher Schritt auf dem Weg einer Vereinheitlichung von Leib, Gefühlen und Denken sein.

7. Autonomie-, Verselb-ständigungs-, Individuations- und Reifungsprozesse sind weiterführend möglich durch Verfahren wie „Funktionelle Entspannung" (*Fuchs*), „Katathymes Bilderleben" (*Leuner*), Gesprächstherapie etc., die in sogenannten „Stützkursen", gemäß dem in Punkt 7 erwähnten therapeutischen Modell des „Spürens, Fühlens, Denkens" erfolgen.

8. Sozial reifere Formen entstehen durch die Hinwendung zu sich selbst, die Erfahrung mit sich selbst und dem beginnenden Respekt vor sich selbst, der wiederum Voraussetzung ist für den Respekt vor der Individualität des Du und der einzelnen Gruppenmitglieder.

9. Organisatorisches:

Gruppengröße: zwei bis maximal zwölf Kinder oder Jugendliche (optimal sechs bis acht);

Alter: zwischen acht und 13 bzw. 14 und 18 Jahren, eventuell auch jüngere Kinder;

Zeitdauer: sieben bis neun Stunden, ein- bis zweimal wöchentlich.

Unter gewissen Voraussetzungen (z.B. Grundstörungen) wiederholtes gemeinsames Üben über einen längeren Zeitraum (mehrere Semester) vor den erwähnten weiteren therapeutischen Verfahren, zu Beginn einer jeden Gruppenstunde. Üben zu Hause: Dreimal täglich einige Minuten morgens nach dem Aufwachen, zu Mittag und abends vor dem Einschlafen.

Literatur:

Bartl, G.: Der Umgang mit der Grundstörung im Katathymen Bilderleben. In: *Roth, J.W.* (Hrsg.): Konkrete Phantasie. Neue Erfahrungen mit dem Katathymen Bilderleben. Huber Verlag, Bern 1984.

Biermann, G.: Autogenes Training mit Kindern und Jugendlichen. Reinhardt Verlag, München 1975.

Fuchs, M.: Funktionelle Entspannung. Hippokrates Verlag, Stuttgart [2] 1974.

Gerber, G., T. Reinelt: Einige Gedanken zu philosophisch-anthropologischen Grundlagen in der Sonder- und Heilpädagogik. Österreichischer Bundesverlag, Wien [4] 1984.

Hift, E.: Hasentest. In Ausarbeitung (Univ. Klinik für Neuropsychiatrie des Kindes- und Jugendalters Wien).

Krapf, G.: Autogenes Training aus der Praxis. Springer Verlag, Berlin/Heidelberg/New York 1980.

Kruse, W.: Einführung in das Autogene Training mit Kindern. Deutscher Ärzte-Verlag, Köln 1980.

Lindemann, H.: Autogenes Training, Überleben im Streß. Bertelsmann Verlag, Gütersloh.

Mahler, M.: Die psychische Geburt des Menschen. Fischer Taschenbuch 1980.

Reinelt, T., G. Gerber: Spüren – Fühlen – Denken. Zur Einordnung psychotherapeutischer Methoden in ein genetisches Entwicklungsmodell des Menschen. Ärztliche Praxis und Psychotherapie, Heft 4, Jg. 6, 1984, Literas Verlag Wien, 26–31.

Reinelt, T., G. Gerber: Die Bedeutung von Spüren, Fühlen und Denken für die Theorie, Lehre und Praxis in der Sonder- und Heilpädagogik. Bundesverlag, Wien 1985.

Rosa, K.: Das ist Autogenes Training. Fischer Verlag, Frankfurt 1983.

Schultz, J.H.: Das Autogene Training. Georg Thieme Verlag, Stuttgart [15] 1976.

Autogenes Training – Respiratorisches Feedback
Differenzierte Indikation, Abgrenzung, Einordnung

G.S. Barolin

Einleitung

Erster Anlaß für die Verfassung vorliegender Zeilen war ein Ersuchen des Fachverbandes deutscher Allgemeinärzte, ein Gutachten über Indikationen des Autogenen Trainings (AT) als Basis für Verhandlungen mit den kassenärztlichen Vereinigungen vorzulegen. Bei Literaturdurchsicht, Durchdenken und Durcharbeiten der betreffenden Aufgabe kam es dem Verfasser dieses Beitrages erst zum Bewußtsein, daß – trotz einer großen Literaturflut – zur betreffenden Fragestellung die Meinungen

a) divergent

b) diffus

c) relativ wenig begründet und fundiert vorliegen.

Daraus ergab sich die Motivation, den Komplex, über eine einmalige gutachtliche Stellungnahme hinausgehend, auch für den Allgemeingebrauch in der Psychotherapie zu behandeln. Die reine Indikationsfragestellung wurde dafür im Sinne einer globaleren Betrachtung erweitert.

Gerade da der Begriff des AT heute bereits Allgemeingut geworden ist, scheint es nicht überflüssig, ihn wieder einmal auch etwas genauer zu analysieren und unter differenzierteren Aspekten zu betrachten. – Das Biofeedback hinwiederum ist eine neuere im Aufwind befindliche Methodik, welche häufig in Zusammenhang mit dem AT gebracht wird, und es lohnt sich daher, es, an sich und in seiner Beziehung zum AT, etwas näher zu beleuchten,

Es war mir dabei vor allem an folgendem gelegen:

1. Wollte ich wieder einmal darauf hinweisen, daß das AT zwar einerseits ein wichtiges Instrument in der Psychotherapie darstellt, jedoch andererseits in Wirksamkeit und Sinnhaftigkeit erst optimal eingesetzt ist, wenn es **im Rahmen einer komplexen Psychotherapie** zur Anwendung kommt. Ich wiederhole dazu meine bereits mehrfach gemachte Aussage (1975), daß erst unter einem solchen Aspekt überhaupt vom AT an sich geredet werden sollte, während alles andere nur eine relativ banale „Psycho-Vegetativ-Gymnastik" darstellt.

Neuerlich wird damit auch meine Ablehnung der einfachen 7-Abend-Kurse für AT, ohne individuelles Eingehen auf den einzelnen, begründet. Das AT wird meines Erachtens dadurch desavouiert, weil weit unter seinem Wert und seiner möglichen Wirksamkeit für den bedürftigen Patienten, verpulvert. Dies schließt nicht aus, daß es einzelne Krankheits- und Leidensbilder gibt, wo ein einfaches Erlernen des AT ohne vorausgehende, umgebende und weiterführende Psychotherapie bereits einen therapeutischen Effekt bringen kann. Aber auch die Entscheidung dazu sollte meines Erachtens in einer primär psychotherapeutisch orientierten Arzt-Patient-Relation geklärt werden. Dies fehlt bei den einfachen „Kursen für AT", welche ich also ablehne, selbst wenn sie fallweise gewisse Positivwirkungen für die Patienten bringen. Negativ-Auswirkungen sehen wir häufiger, nämlich bei Patienten, denen wir Psychotherapie unter Einbeziehung des AT empfehlen. Wir bekommen dann zu hören: „AT habe ich schon in dem und dem Kurs gemacht, es hat nichts gebracht." Manchmal gelingt es anschließend klarzustellen, daß ein derartig simplifizierender Kurs nicht gleichzusetzen ist mit einer gezielten komplexen Psychotherapie. Manchmal ist aber der Patient bereits aufgrund der betreffenden Negativerfahrung völlig demotiviert, weitere Psychotherapie zu machen.

2. War es mir ein Anliegen, über die übliche Aufzählung von Indikationslisten hinausgehend zu zeigen, wie **verschiedene Komponenten des AT gezielt** in bestimmten Indikationsgruppen einzusetzen sind **mit Bezug auf die definierten neurophysiologischen Grundlagen** des AT.

3. Das Biofeedback läuft meines Erachtens ebenfalls Gefahr, aus einer sehr nutzbringend anwendbaren Methodik, zur Unterstützung und Ökonomisierung einer psychotherapeutischen Arzt-Patient-Relation, zu einer mechanistischen Ausflucht daraus zu werden respektive **zu einem Gesprächsersatz.** Auch das sollte zum Wohle der Patienten tunlichst hintangehalten werden.

Dementsprechend ist folgende Gliederung vorgesehen:

− Persönliche Voraussetzungen.

− Zum derzeitigen Stand des Wissens über das AT in Forschung und Praxis, einschließlich Benennungsfragen.

− Die daraus resultierenden Indikationsgruppen und Zuordnungsfragen.

− Gleichartigkeiten und Abgrenzungen gegenüber verwandten Methoden, insbesondere gegenüber dem respiratorischen Feedback mit näherem Eingehen auf dessen Möglichkeiten.

Persönliche Voraussetzungen

Seit den ersten Kontakten mit *J.H. Schultz* 1957 und in weiterer laufender Verbindung mit seinem Arbeitskreis wird meinerseits der psychotherapeutische Aspekt, im Rahmen einer allgemeinen klinischen Tätigkeit in Neurologie und Psychiatrie, mitverfolgt; dies in Praxis, Lehre und Forschung.

Folgende wissenschaftliche Schwerpunkte mit Direktbezug zum AT seien erwähnt:

a) In einer Reihe von Einzelbearbeitungen erfolgten Studien zur „Neurophysiologie des Hypnoids". Die zusammenfassende Darstellung darüber ist bis dato meines Wissens die umfassendste in der Literatur (*Barolin* 1982).

b) Der psychohygienische Aspekt des AT, insbesondere im Rahmen des Spitzensportes wurde ausführlich bearbeitet (*Barolin* 1975, 1985/3).

c) Im letzten Jahrzehnt erfolgte besondere Befassung mit der Psychotherapie bei Senioren mit integriertem AT (*Barolin* und *Wöllersdorfer*).

d) Schließlich Psychotherapie im Rahmen körperlicher Erkrankungs- und Defektzustände, mit gleichzeitigem Eintreten für verstärkte soziale Integration der Psychotherapie (*Barolin* 1985/1).

138

Ich habe deshalb hier eine kurze Basisanalyse des eigenen Erfahrungsstandes gegeben, da im folgenden keineswegs jeweils auf die betreffenden eigenen Einzelarbeiten verwiesen, sondern versucht wird, summarisch aus dem Erfahrungsgut ein praktisch verwertbares und anwendbares Resümee zu bieten. — Einige respräsentative Zitate mit weiterführender Literatur werden angeführt werden.

Die neuro-physiologische Basis

Aus der Zusammenschau der Eigenergebnisse mit der betreffenden Literatur können folgende Punkte im Sinne einer „Neurophysiologie des Hypnoids" festgestellt werden (ausführlicher in *Barolin* 1978, 1982).

1. Das Hypnoid ist ein **dritter menschlicher Grundzustand** neben Wachen und Schlafen. Es kann sowohl auf heterohypnotischem als auch auf selbsthypnotischem Weg erreicht werden, weiters auch im Rahmen verschiedener Meditationstechniken. Einer der therapeutisch am meisten begangenen Wege dazu ist das AT.

2. Es bestehen eine Reihe von Kriterien, welche das Hypnoid sowohl vom Wachzustand als auch vom Schlafzustand unterscheiden. Genannt seien: Kreislaufverhalten, Atemverhalten, Temperaturverteilung im Körper, Cortisolproduktion etc. Hirnelektrisch unterscheidet sich das Hypnoid vom Schlafzustand durch erhaltenen Alpha-Rhythmus und vom Wachzustand durch verstärkte Synchronisationstendenz. — Nach der alten physiologischen Nomenklatur kann man das Hypnoid unter die **trophotropen Zustände** rechnen.

3. Im Rahmen dieses Hypnoids besteht eine wesentlich stärkere **Suszeptibilität für Suggestivinhalte**. Diese konnte auch neurophysiologisch durch verminderte respektive aufgehobene Alpha-Blockade im EEG bei sensorischen Stimuli nachgewiesen werden.

4. Dadurch können sensorische Stimuli anders wahrgenommen werden als im Wachzustand, obwohl sie (mittels evozierter Potentiale nachweisbar) im Kortex eintreffen. Man kann daher einen „**diencephalen Modulationsvorgang**" annehmen, der durch das Hypnoid bedingt ist und die Unterschiedlichkeit der Wahrnehmung verursacht.

AT in praktischer Anwendung und Nomenklatur

AT ist ex definitione die Erlernung eines selbsthypnotischen Umschaltvorganges durch eine systematische Folge von Konzentrationsübungen. Die alte (klassische) Art der Einteilung des AT spricht von „der Unterstufe" und „der Oberstufe". Ich sehe die folgende Einteilung des AT als günstiger an, gleichermaßen aus Sicht der neurophysiologischen Grundlagen wie von der praktischen Anwendung und Auswirkung her.

1. Erlernen der Grundübungen des AT im Rahmen der folgenden wesentlichen Teilkomponenten:

— Eigeninitiative und Konzentration

— Muskelentspannung

— Veränderung vegetativer Funktionen mit Eintritt in einen hypnoiden Grundzustand

— Zurücknahme dieser „Umschaltung" mit „Dynamisierung".

2. Einbau und Verwendung des erlernten AT im Rahmen einer komplexen Psychotherapie. — Hierzu gehört rein technisch der Einsatz der formelhaften Vorsatzbildungen, die sich aus der Methodik des AT direkt ergeben (siehe noch folgend). Darüber hinaus ist damit aber eine **ständige psychotherapeutische Begleitung** gemeint, welche von der Indikations-

stellung über die Begleitung bei den Grundübungen bis zur weiterführenden Psychotherapie reicht.

Daraus ergibt sich bereits auch, daß ich, im Gegensatz zu den Einteilungsprinzipien von „Unterstufe" und „Oberstufe", in den unter 1 und 2 genannten Hauptkomponenten des AT (Grundübungen und Einbau in komplexe Psychotherapie) weder etwas zeitlich hintereinander Abfolgendes noch etwas hierarchisch einander Über- oder Untergeordnetes sehe. Es geht also hier nicht um eine Nomenklaturfrage, sondern um eine wesentliche Auffassungssache. – Diese komplexere Auffassung vom AT im Rahmen einer gesamthaften Psychotherapie ist jedoch anderseits keineswegs etwa meine Erfindung, wird vielmehr von den meisten kompetenten Psychotherapeuten in eben dieser Weise gesehen und gehandhabt. Nur wurde dies bis dato weniger klar ausgesprochen als durchgeführt, da man überwiegend bei den alteingefahrenen Nomenklaturen blieb.

Ich glaube also, daß hier eigentlich nur ein nomenklatorischer Nachvollzug stattfindet zu dem, was psychotherapeutisch in größerem Rahmen längst weitgehend vollzogen ist, zumindest dort, wo gewissenhafte, gut ausgebildete und verantwortungsbewußte Therapeuten am Werk sind.

Aus vorstehender Aufstellung geht darüber hinaus hervor, daß ich mich gegen die verbreitete Meinung stelle, die Grundübungen des AT bestünden nur oder vor allem in „Entspannung". Dies muß deshalb besonders betont werden, da man ja vielfach das AT global unter „Entspannungstherapien" einordnet. Es scheinen vielmehr die anderen genannten Komponenten zumindest ebenso wichtig. In der folgenden differenzierten Indikationsliste wird aufgezeigt, daß sie durchaus gezielt und differenziert zur Anwendung kommen können und sollen.

Der unter 1) letztgenannte **Begriff der Dynamisierung** bedarf noch näherer Erläuterung, da er neben seinen wesentlichen Bezügen zu einer gezielten Indikationsstellung (welche vielfach bisher übersehen wurde) in der Wissenschaftsliteratur keineswegs so geläufig ist wie der Begriff der Entspannung. Zwar ist er im System des AT seit eh und je mit dem „Zurücknehmen" enthalten, allerdings mehr oder minder „nebenbei".

Ich verstehe unter Dynamisierung die bewußte Rückführung des, durch die Entspannung bis hin zum Hypnoid, eingetretenen trophotropen vegetativen Zustandes in einen ergotropen. Es wird dabei der Weg der Entspannung rückläufig wiederum beschritten. Das heißt:

a) Dort, wo eine muskuläre Entspannungsübung erfolgt ist, erfolgt nun eine systemisierte energische Muskelspannungsübung.

b) Das Ruhigfließenlassen des Atems wird durch mehrere heftig durchzuführende willkürliche Atemexkursionen „zurückgenommen".

c) Man kann auch verbal den Dynamisierungsinhalt des Zurücknehmens zusätzlich betonen, etwa: „Nach dem Zurücknehmen wird ganz frisch und dynamisch!" als Formel.

Das Wort Zurücknehmen entspricht dem klassischen Inventar der AT-Methodik und beinhaltet die von mir sogenannte Dynamisierung. Mir liegt daran, diesen Dynamisierungseffekt als einen **wesentlichen eigenen therapeutischen Effekt** im AT darzustellen im Gegensatz zu der Auffassung, daß man damit nur die Entspannung wieder aufhebt. Die Dynamisierung besteht in einer Reihe von Komponenten: Man kann eine Aktivierung respektive Anregung auf psychischem Gebiet, auf muskulärem und vor allem auch im Rahmen von Blutdruck und Kreislauf erreichen.

Man kann also den unter 1) angeführten einen Hauptanteil des AT, die Erlernung der Grundübungen, folgendermaßen zusammenfassen:

Durch Erlernen der Übungen des AT ergibt sich die Möglichkeit des gezielten Eintauchens in einen veränderten menschlichen Grundzustand, das Hypnoid. Dieses Hypnoid ist neben den Kriterien der muskulären Entspannung durch eine komplexe vegetative Umschaltung gekennzeichnet. (Diese konnte auch hirnelektrisch bestätigt werden.) Das gezielte Auftauchen aus diesem Zustand führt zur willkürlichen Rückführung jenes hypnoiden Zustandes, zum normalen wachen Grundzustand des Individuums unter zusätzlicher Lieferung eines spezifisch dynamisierenden Effekts.

Zum zweiten angeführten Hauptanteil des AT, dem Einbau in ein komplexes psychotherapeutisches System, noch einige Hinweise:

Eine Möglichkeit ist **der als Oberstufe bezeichnete Weg** des AT zu einer individuellen Meditation und zum Gespräch darüber mit dem Psychotherapeuten.

Wenn wir vordem gesagt haben, daß die Einteilung in „Unterstufe" und „Oberstufe" des AT uns erneuerungsbedürftig erscheint, so soll damit keineswegs etwas gegen die Methodik an sich ausgesagt werden, welche bisher, als Oberstufe bezeichnet, angewandt wurde und wird. Sie erscheint nach wie vor praktikabel. – Gemeint war damit nur, daß keineswegs nur in der sogenannten Oberstufe eine psychotherapeutische Begleitung des AT stattfinden sollte, sondern von Anbeginn an; weiters daß die Oberstufe nicht hierarchisch den Basisübungen des AT als einziger weiterer Weg übergeordnet gegenübergestellt werden solle. Als neuen Ersatz-Terminus für Oberstufe könnte ich mir etwa vorstellen: „Autogene Meditationsübungen".

Es gibt eine Reihe zusätzlicher Wege, wie man Patienten, welche ins AT, primär im Rahmen der Grundübungen, eingeführt wurden, in eine weiterführende Psychotherapie miteinbeziehen kann. So etwa die in unserem Psychotherapiemodell speziell angewandte gruppenweise **Suche nach formelhaften Vorsatzbildungen** aufgrund des vorangegangenen analytischen Gesprächs.

Der Begriff der „formelhaften Vorsatzbildung" entstammt dem klassischen Inventar des AT. Es handelt sich um plakative, besonders persönlichkeitskonform gewählte Leitsätze, welche in das Hypnoid „eingepflanzt" werden. Man benutzt damit die erhöhte suggestive Suszeptibilität im Hypnoid (wie im neurophysiologischen Vorabschnitt besprochen). Dadurch können jene formelhaften Vorsätze eine wesentlich stärkere und länger anhaltende Wirkung entfalten als einfache Gesprächsinhalte. Bei gutem Ansprechen wirken dann derartige Formeln autonom aus dem Unbewußten auf die Verhaltensweisen des Patienten, dort, wo er der Stütze bedarf.

Beim Eigenmodell der Suche nach formelhafter Vorsatzbildung und ausführlicher Besprechung dieser im Gruppengespräch gewinnt die Formel durch dieses und durch den Gruppenkonsens unseres Erachtens noch mehr Gewicht als in der Einzelbehandlung. Aber im Prinzip ist die Formelgebung sowohl in Einzelbehandlung als auch in der Gruppentherapie mit AT möglich (*Barolin* 1978 sowie *Barolin* und Mitarbeiter 1986/1).

Hier werden somit zwei wesentliche Möglichkeiten des Einbaus von AT in ein komplexes psychotherapeutisches Konzept besprochen, nämlich die autogenen Meditationsübungen („Oberstufe des AT") und unser gruppentherapeutisches Modell. Es gibt noch eine Reihe anderer solcher Möglichkeiten, so: Kombination mit Einzelhypnose, mit gestalterischen Verfahren, mit verschiedenen Arten der Gesprächstherapie, mit Verhaltenstherapie etc. Im einzelnen wird darauf hier nicht näher eingegangen. Es sollte nur klargestellt werden, daß wir das AT in seiner wesentlichen Wirksamkeit nicht isoliert, sondern in ein komplexes psychotherapeutisches System eingebaut sehen wollen. Dies wird auch in den folgenden Indikationsstellungen noch Berücksichtigung finden.

Indikationsstellung

Aus dem Verständnis der oben angeführten neurophysiologisch fundierten Teilaspekte des AT leiten sich die verschiedenen Indikationen ab. Sie werden folgend unter Bezug auf die Dimensionen: Entspannung, Hypnoid, Dynamisierung besprochen, weiters betreffend Einbau in ein komplexes psychotherapeutisches Konzept.

1. Verschiedene **vegetative Störsyndrome** sind teilweise bereits durch den ersten Teil des AT, nämlich das Erlernen der Grundübungen plus zusätzlichem längerem Anwenden und Üben dieser, günstig zu beeinflussen. Genannt seien:

a) Allgemein-vegetative Störsyndrome. – Neigung zu abnormen Blutdruckschwankungen (besonders bei der **labilen Hypotonie**). Es führt das häufig zu Zuständen mit abnorm auftretender Müdigkeit und Abgeschlagenheit. Die Kombination mit **(sub) depressiven Komponenten** ist nicht selten. – Dazu gehören insbesondere auch Leute mit morgendlichen Startschwierigkeiten („Morgenmuffel"). Bereits in der (noch) physiologischen Bandbreite kann dies schon sozial störend und behandlungswürdig sein, in den klar pathologischen Fällen umso mehr. Dabei kommt speziell **die dynamisierende Komponente des AT** zum Tragen (meist plus gezielter Medikation und/oder Physiotherapie).

b) Vegetative Störsyndrome des Gastrointestinaltrakts, wie Darmträgheit, Hypermobilität mit Neigung zu Krampfmanifestationen, Dysmenorrhoe, aber auch paroxysmale Tachykardien, Neigung zu Magenulkus, gastrische Überempfindlichkeitsreaktionen etc. Da derlei Beschwerden fallweise in Zusammenhang mit chronischer Überforderung auftreten (zusammen mit Unruhe, Schlafstörung, Zittrigkeit), spricht man auch schlagwortartig von „**Managerkrankheit**". Therapeutisch steht dabei die **Entspannungskomponente des AT** im Vordergrund.

c) Daneben sind auch gravierendere eigentliche **psychosomatische Krankheitsbilder** zu nennen, wie Colitis ulcerosa, Angina pectoris, Asthma, Schilddrüsenüber- und -unterfunktion etc.

Besonders bei diesen letzteren Indikationen kommt neben der Allgemeinentspannung auch der sogenannte **organismische (organotrope) Effekt** des AT zur Wirkung, also die direkte Einwirkung auf Einzelorgane im Sinne gezielter Suggestionen im Hypnoid. Dies steht noch mehr im Vordergrund bei den folgend unter Punkt 2 genannten Störungen, welche besonders im eigenen Arbeitskreis ebenfalls mit AT behandelt wurden, eine Indikationsgruppe, welche in der allgemeinen psychotherapeutischen Literatur wenig genannt wird, nämlich:

2. Beeinflussung **körperlicher Defektzustände** und organischer Krankheits- und Leidensbilder. Genannt seien

– kindlicher Hirnschaden (mit und ohne Epilepsie),

– hirnorganisch oder spinal bedingter Spasmus,

– extrapyramidale Störungen (ausführlich in *Barolin* und Mitarbeiter 1986/2).

3. Neben den genannten direkt organischen Wirkungen des AT ist zusätzlich die Möglichkeit des psychotherapeutischen Angriffspunktes (oder besser des „**psychotropen An-**

griffspunktes") zu nennen. Gemeint ist damit, in Analogie zu obgenannter „organotroper Wirkung", daß in gemeinsamer Arbeit zwischen Therapeut und Patient (bei unserer Methodik darüber hinaus in gemeinsamer Erarbeitung im Rahmen der Gruppe) spezielle „formelhafte Vorsatzbildungen" gefunden werden.

Beim hier sogenannten psychotropen Angriffspunkt beziehen sich die Formeln typischerweise weniger auf Organsensationen und/oder Organschwächen (wie die vorbesprochenen organotropen). Sie sprechen vielmehr allgemeine Haltungs- und Verhaltenskomponenten beim Patienten an, so im Sinne von Stützung, Entängstigung, Motivationsverstärkung etc.

Hier bestehen besonders breite Überschneidungen mit der Wirkung der Psychotherapie allgemein, mit anderen Schulen und anderer Methodik; und es ist Sache der persönlichen Auswahl von Therapeut und Patient, ob man mehr zu der einen oder anderen Psychotherapie-Form tendiert. Es geht dabei um

— Fragen des gestörten Selbstwertgefühls („Minderwertigkeitskomplexe")

— Prüfungsängste

— Kontaktstörungen

— Störungen der sozialen Einordnung einschließlich Ehekrisen

— Sexualstörungen etc.

In diesen Indikationen ist der Einbau des AT in eine komplexe Psychotherapie — wie leicht einsehbar — besonders wichtig. Die isolierten AT-Übungen können dabei die notwendigen Hilfestellungen kaum geben.

4. Ein besonderes Indikationsgebiet ist die Schmerztherapie; dort wo es nicht um die akute Schmerzbehandlung geht, sondern um die von uns sogenannte „**Schmerzrehabilitation**", also dort, wo die Kausa der Schmerzen nicht beseitigbar ist, und man dem Patienten ermöglichen muß, mit seinen Schmerzen zu leben (Karzinom, Polyneuropathie, Phantomschmerzen etc.). Hier spielt die **ins Hypnoid eingepflanzte Suggestion** (vor allem Gleichgültigkeitssuggestionen, Abgleiten des Schmerzes u.ä.) eine Hauptrolle, **zusammen mit der muskulären Entspannung** (vergleiche *Barolin* und Mitarbeiter 1986/1).

Ein besonderes Gebiet der Schmerztherapie ist auch die Frage der **Therapie chronifizierter Kopfschmerzen**. Darin sind meist mitenthalten die Faktoren: Depressivität, muskuläre Verspannung (hervorgehoben unter dem Terminus der sogenannten „Spannungskopfschmerzen"), Medikamentenabusus. Sinngemäß ist dabei in der Formelbildung nicht nur auf die Schmerzhaftigkeit an sich anzulegen, sondern mehr auf die anderen Faktoren, also Dynamisierung, Entspannung, Abstinenzvorsatz. Der chronifizierte Kopfschmerz mit Abususneigung ist ein sozial-medizinisch sehr weitreichendes Problem, welches geschätztermaßen etwa ein halbes Prozent der Allgemeinpopulation, also eine sehr große Anzahl von Patienten betrifft (vergleiche *Barolin* 1985/2).

5. Schließlich seien noch beispielhaft einige weitere Indikationen genannt, bei denen sowohl der Relaxations- also auch der psychotrope Mechanismus des AT etwa gleichermaßen zur Wirkung zu kommen haben:

— Schmerzarme Geburt

— Schlafstörungen.

6. Damit ergibt sich ein Übergang zur Indikationsstellung auf **psychohygienischem Sektor**, d.h. zur Optimierung physiologischer Abläufe wie der Geburt, aber auch zur Verbesserung

der körperlichen Belastbarkeit in Extremsituationen, sei es intellektueller, künstlerischer oder körperlicher Art (etwa Spitzensport – *Barolin* 1975). Die vorgenannte Anwendung bei körperlichen Defekten im Rahmen der Rehabilitation gehört ebenfalls hier dazu.

KOMPONENTEN DES AT ⟶ ┌── HAUPTINDIKATIONEN ↓	MUSKELENT-SPANNUNG	VEGETAT. UMSCHALTG.	DYNAMI-SIERUNG	ORGAN-FORMEL	EINBAU IN SYSTEMAT. PSYCHO-THER.
VEGETAT. ÜBERERREGBARKEIT, "DYS-STRESS", MAGERKRANKHEIT	+	+			(+)
SUBDEPR., ANLAUFSCHWIERIGK., HYPOTONIE, "MORGENMUFFEL"			+		
PSYCHOSOM. KRANKHEITSBILDER, HERZ, SCHILDDRÜSE, ETC.		+		(+)	(+)
HOHLORGANE	+	+		(+)	
KÖRPERLICHE DEFEKT-ZUSTÄNDE (REHABILITATION)	+			(+)	+
KONTAKT, EINORDNUNG, SELBST-WERT (PRÜFUNGSÄNGSTE), ETC. SEXUAL					+
SCHMERZ	+			(+)	(+)
SCHLAFSTÖRUNGEN		+	+		
GEBURT	+			+	
SPORTLER, SÄNGER, ETC.	+		+	+	+

Nachdem nun hier einige wichtige Indikationen des AT in ihrer Beziehung zu den einzelnen neurophysiologisch und psychologisch faßbaren Komponenten der Methodik dargestellt wurden, muß ausdrücklich klargestellt werden, daß dies nicht als vollständige Aufzählung aller Indikationen zu verstehen ist, sondern als Aufzählung mit prägnantem Beispielcharakter. Gleichzeitig wird festgestellt, daß die Einteilung in

a) Vermittlung und Erlernung der Grundübungen versus Einbau in eine komplexe Psychotherapie,

b) Relaxation versus vegetative Umschaltung versus dynamisierender Effekt nur ein didaktisches Gerüst darstellt mit vielfachen Übergängen der einzelnen Wirkungsspektren ineinander. Doch glauben wir, daß mit Hilfe jenes didaktischen Schematismus auch klargestellt wurde, warum das AT in so verschiedenen Indikationen zur Wirkung kommen kann. Gleichzeitig mag im Sinne der Analogie aus den wiedergegebenen Beispielen klargeworden sein, wo bei hier nicht genannten Krankheits- oder Leidensbildern das AT einzusetzen ist.

Zuordnungsfragen

Anschließend an Indikationsstellung und Methodik sei noch kurz auf die Frage eingegangen: Handelt es sich bei Verwendung des AT um **große Psychotherapie oder um kleine Psychotherapie?**

Wir lehnen diese Einteilung in unterschiedliche Psychotherapie-Klassen prinzipiell überhaupt ab! Es muß dies besonders betont werden, da sie noch immer in der psychotherapeutischen Literatur vielfach aufscheint. Unseres Erachtens ist die Psychotherapie dann „groß'', wenn sie für den Patienten gut gewirkt hat.

Wir erachten es als überholt, heute der analytischen Einzelpsychotherapie das Attribut

---

Tabelle 1:

Die komplexe Methodik des AT kann in einzelne Komponenten zerlegt werden. Jede dieser Komponenten kann bei bestimmten Indikationen spezifisch zur Wirkung kommen. Dies sollte zur gezielten Einsetzung führen. In Klammern ( ) sind in der Tabelle die nur fallweisen respektive teilweisen Indikationen angeführt.

In der Spalte „systematische Psychotherapie'' sind hier die Haupt- und Langzeitindikationen für Psychotherapie gemeint. Hingegen wurde schon im Text angeführt, daß das AT für alle Patienten in einen gesamthaften psychotherapeutischen Kontext in gewissen Basisdimensionen eingebaut sein soll. Diese Aussage wird also durch die teilweise fehlenden Positiv-Anzeigen in der letzten (Psychotherapie-) Spalte nicht kontrarisiert. Man beachte hingegen, daß den speziellen Organformeln unsererseits nur eine relativ geringe Bedeutung zugemessen wird.

Daß die einzelnen Komponenten des AT, ebenso wie die hier angeführten Diagnosengruppen, einen fließenden Übergang untereinander haben, sei angemerkt. Die hier dargebotene Tabelle stellt nur einen didaktischen Schematismus ohne Anspruch a) auf Vollständigkeit und b) auf Absolut-Gültigkeit in jedem Falle dar. So stellt besonders etwa die „Organstörung'' häufig nur ein Präsentiersymptom komplexer Bezugs- und/oder Haltungsstörungen dar und bedarf daher auch häufig einer „gesamthaften'' Psychotherapie.

der „Größe" gegenüber einer postulierten hierarchisch darunterstehenden „Kleinheit" anderer psychotherapeutischer Verfahren zuzuerkennen, weil diese

a) weniger Zeit brauchen und

b) (angeblich) weniger in die Tiefe der menschlichen Psychodynamik eindringen.

Für uns gibt es also keine „große" und keine „kleine" Psychotherapie, sondern nur eine besser und eine schlechter wirksame. Das hinwiederum ist von vielerlei Faktoren außerhalb der Methodik abhängig, so von der Ausbildung und Einstellung des Therapeuten, von der Indikationsstellung, von der Patienten-Motivation etc.

Somit erscheint uns die Frage „große" oder „kleine" Psychotherapie heute kein Diskussionsthema mehr zu sein. Hinweisen möchten wir demgegenüber jedoch, daß der hier in mehreren Varianten dargestellte psychotherapeutische Schematismus unter Einbeziehung des AT (insbesondere − finden wir zumindest − unser Modell der Kombination von AT mit analytisch orientierter Gruppenpsychotherapie) eine relativ gute Erfolgsquote aufweist. Darüber hinaus ist die Methodik in Relation aufgewandter Arztzeit zum Erfolg allgemein praktikabel und in einem vernünftig-rationellen kassenärztlichen Rahmen einsetzbar. Dementsprechend glauben wir, daß man speziell unter rationeller Anwendung des AT im Rahmen einer komplexen Psychotherapie dem Postulat einer **sozial integrierten Psychotherapie** besonders gut nahekommt.

Es wird also hier unserseits bei den Zuordnungsfragen, ebenso wie vorgesagt bei den Einteilungsfragen des AT, in einigem von althergebrachten Schemata abgewichen, teilweise auch von Aussagen, welche der Begründer des AT, *J.H. Schultz*, selbst dazu gemacht hat. Wir glauben jedoch, daß dies im Rahmen einer lebendigen Fortentwicklung einer Methodik nicht nur legitim, sondern sogar notwendig ist. Der Respekt vor der großen Leistung der Begründung des AT darf nicht in eine Versteinerung ausmünden und die lebendige Weiterentwicklung hemmen. Aus langjähriger persönlicher Kenntnis des Altmeisters glaubt der Schreiber dieser Zeilen letztlich auch in seinem Sinne vorzugehen, wenn hier neue Denkmodelle, mit positiver praktischer Relevanz, auf Basis neuer Erfahrungen, eingeführt werden.

Abgrenzungen

Das AT ist somit einerseits gegen psychotherapeutische Verfahren abzugrenzen, in welchen der organismische (man kann auch sagen organotrope) Faktor des AT fehlt (**analytische Schulen** etc.), andererseits jedoch gegen **reine Entspannungsmaßnahmen** (*Jakobson'* sche Entspannungsmaßnahmen, diverse Zugänge über Atemtherapie etc.), in denen der klare psychotherapeutische Weiterbau fehlt. Gewisse Gemeinsamkeiten mit jenen Methoden ergeben sich aus dem Vorbesprochenen.

Ebenfalls ergeben sich gewisse Gemeinsamkeiten zu diversen **Yoga- und Meditationstechniken**, auch zu transzendentalen Meditationen und verschiedenen Sekten (im Sinne des suggestiven Erlernens von Muskelspannung, -entspannung und vegetativer Umschaltung). Es wird jedoch in diesen Techniken sehr viel anderes zusätzlich miteingebaut, welches nicht nur mit Psychotherapie nichts zu tun hat (gewisse religiöse, weltanschauliche und andere Inhalte), sondern teilweise ausgesprochen gegen die Regel ist, welche allgemein ärztlich für Psychotherapie und Psychohygiene als akzeptiert gelten. − Über verderbliche Auswirkungen diverser Sektenaktivitäten ist Hinlängliches bekannt; und es sei in diesem Zusammenhang nur erwähnt, ohne näher darauf einzugehen.

Von all den mit Entspannung und Hypnoid arbeitenden Verfahren darf das AT beanspruchen, wissenschaftlich bei weitem am besten bearbeitet und am klarsten dokumentiert zu sein. Es hat darüber hinaus durch profunde Bearbeitung eine klare medizinische Indikations-Erfahrungsbasis.

Biofeedback

Da das Biofeedback in letzter Zeit verstärkt an Gewicht gewonnen hat, soll im Rahmen der Abgrenzung etwas näher darauf eingegangen werden.

Es wird dabei das Wort des Therapeuten und die Eigenübung des Patienten ergänzt und verstärkt durch apparativ gesteuerte, sensorische Rückmeldungen aus der Körpersphäre über Veränderung der vegetativen Funktionen. Es sei hier ausdrücklich betont, daß wir von „Ergänzung und Verstärkung" der persönlichen Therapeut-Patient-Beziehung durch die Biofeedback-Methoden sprechen.

So entspricht es zumindest unserer Auffassung von sinnvoller Biofeedback-Therapie. Wir glauben nämlich, daß Biofeedback nur dann mit optimalem Effekt für den Patienten angewandt werden kann, wenn es nicht als rein mechanistisches Hilfsmittel zu einer Entspannung verwendet wird, sondern eingebaut ist in eine gesamthafte Betrachtung des Patienten und daraus resultierend einen komplexen Therapieplan. Dieser sollte die einfachen psychotherapeutischen Dimensionen der Gesprächstherapie mitenthalten, welche wir als „Basisexploration" und „Basisstrategien in der Psychotherapie" gesondert dargestellt haben (1985/1). Es sind dies Maßnahmen des verstehenden Gesprächs und der gemeinsamen Strategie-Findung für Problemlösungen, welche in die Sphäre jedes therapeutischen Gesprächs zwischen Arzt und Patient gehören, ohne daß damit schon eine psychotherapeutische Spezialisierung verbunden sein muß.

Zusätzlich glauben wir aber aufgrund unserer Erfahrungen, daß auch im Rahmen gezielter längerdauernder psychotherapeutischer Behandlungen das Biofeedback einen praktikablen Zusatzfaktor darstellen kann, welcher die Behandlung unter Umständen intensivieren, verkürzen, schlechtweg also „optimieren", helfen kann.

Wir haben im eigenen Arbeitskreis unterschiedliche Biofeedback-Anordnungen erprobt, auch gewisse Differential-Indikationen feststellen können (*Barolin* und Mitarbeiter 1986/2). Allerdings sind wir in letzter Zeit immer stärker auf das respiratorische Feedback nach *Leuner* übergegangen, vor allem weil es eine besondere gute Akzeptanz durch den Patienten bietet, die in unserer Erfahrung letztlich die etwas gezieltere Indikationsstellung für andere Verfahren überwiegt. Dabei haben wir auch Erfahrungen gesammelt mit dem direkten Übergang vom respiratorischen Feedback in hypnotische Suggestivbehandlung und konnten im Sinne von **Einpflanzung formelhafter Vorsatzbildungen** in das Ende der hypnoiden Entspannungsphase relativ gute Erfolge sehen. Daß dies einen entsprechenden psychotherapeutisch orientierten Gesprächskontakt voraussetzt, der über ein rein mechanistisches Überlassen hinausgeht, wurde schon vorangehend betont.

An sich weist das Biofeedback (wir beziehen uns hier auf das bei uns derzeit vorrangig verwendete respiratorische Feedback) die **drei Hauptkomponenten** der muskulären Entspannung, vegetativen Umschaltung und Dynamisierung analog dem AT auf. Diese letztere Komponente der Dynamisierung muß vom Übungsleiter besonders induziert und überwacht werden, da sonst fallweise vegetative Zwischenfälle auftreten können. Es sind somit also im respiratorischen Feedback eine Reihe der aus den Grundübungen des AT bekannten Mechanismen gegeben. Sie können durch die apparative Hilfe fallweise verstärkt und rascher zur Anwendung gebracht werden. Hingegen steht der eigentliche psychotherapeutische Zugang zum Patienten, durch persönliche Interaktion mit dem Therapeuten, mehr im Hintergrund.

Bei uns hat sich ein **Kombinationsverfahren** folgender Art bewährt:

1. Basisexploration und Problemanalyse mit dem Patienten.
2. Respiratorisches Feedback bei entsprechender Indikationsstellung.
3. Einpflanzung plakativer Suggestivformeln mit hypnoider Verstärkung in die Endphase der Biofeedbackübungen vor dem dynamisierenden Zurücknehmen.

Hier ist also keineswegs mehr das reine Biofeedback im Spiel, sondern bereits eine (zeitökonomische) Kombination von Biofeedback und psychotherapeutischer Methodik. Keineswegs empfehlen wir diese Vorgangsweise für alle Patienten. Es wird vielmehr in unserem Bereich primär individuell abgestimmt, welchen Patienten wir eher in diese Methodik nehmen, welchen eher in eine längerdauernde Gruppenpsychotherapie mit analytischer Aussprache (entsprechend unserem hier entwickelten Modell [*Barolin* und Mitarbeiter 1986/1] respektive eventuell auch Einzelpsychotherapie).

Zur Nomenklatur und Einteilung haben wir vorgeschlagen, daß **Biofeedback in das Grenzgebiet zwischen Psychotherapie und Physiotherapie** einzuordnen. Die Anklänge an die Psychotherapie sind stärker anzunehmen als die Anklänge an die klassische Physiotherapie. – Biofeedback und Psychotherapie sind jedoch keineswegs gleichzusetzen, da ja nicht nur ein psychotherapeutischer Zugang (mit definitionsgemäß rein psychischen Mitteln), sondern ein apparativer (zumindest Mit-) Zugang besteht.

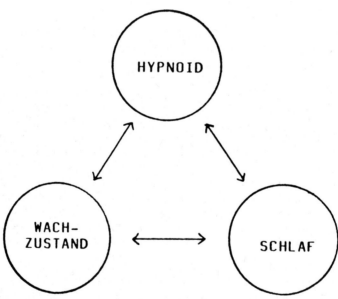

Abbildung 1:

Wachzustand, Schlafzustand und Hypnoid stellen drei menschliche Grundzustände dar. Dies konnte im Rahmen (elektro-) physiologischer Untersuchungen nachgewiesen werden. Die Übergänge zwischen jenen drei Grundzuständen sind durch Pfeile angezeigt. Ausführlicher dazu in *Barolin* 1982.

Zusammenfassung

Bei klarer Durchleuchtung des AT (unter Einschluß der neurophysiologischen Fundierung) ergeben sich folgende Hauptprinzipien:

1. Erlernen der Grundübungen des AT mit folgenden Unterkomponenten:

— Eigeninitiative und Konzentration

— Muskelentspannung

— Veränderung vegetativer Funktionen, Eintritt ins Hypnoid

— Zurücknahme dieser Umschaltung mit Dynamisierung.

2. Systematische Verwendung dieser neu erlernten Fähigkeiten im Rahmen einer komplexen Psychotherapie.

Die genannten Komponenten sind weder in einer zeitlichen noch in einer hierarchischen Rangordnung zu sehen. Wir plädieren vielmehr für gezielten gleichzeitigen Einsatz. Darin kann und soll („gezielt") eine besondere Gewichtung der Einzelkomponenten statthaben, die sich an Zielsymptomen und Differentialindikationen orientiert. Es lassen sich nämlich einzelne Indikationsgruppen als speziell gut angehbar, hinsichtlich bestimmter Einzelkomponenten des AT, ausweisen (s. Tabelle). Daneben besteht jedoch eine deutliche ständige Überlappung der Wirkungsspektren.

Eine Reihe anderer Methoden der Psychotherapie (jedoch auch solche außerhalb dieser) verwenden ebenfalls die neurophysiologisch definierten menschlichen Grundphänomene: Entspannung, vegetative Umschaltung zum Hypnoid, Rückschaltung dieses trophotropen Zustandes zum ergotropen; einschließlich die damit verbundene erhöhte Suggestibilität. Es bestehen jedoch andere Wege, Ziele, Inhalte und damit auch Wirkungen als im AT. — Dementsprechend können Analogien aufgezeigt werden. Gleichsetzungen sind jedoch unzulässig. Für das Biofeedback ist das gleiche zu sagen.

Das respiratorische Feedback nach *Leuner* ist bei uns von verschiedenen erprobten Biofeedbackmethoden am besten bewährt. Es bietet eine apparative Unterstützung auf dem Weg in die obengenannten neuro-physiologischen Zustandsveränderungen. Zur optimalen Anwendung sollte es jedoch nicht rein mechanistisch, sondern im Rahmen einer entsprechenden psychotherapeutischen Basisversorgung stehen. Wir situieren daher das Biofeedback in ein neues Grenz- respektive Übergangsgebiet zwischen den beiden Sparten Psysiotherapie und Psychotherapie.

Es scheint angezeigt, gewisse eingefahrene Einteilungsprinzipien für psychotherapeutische Methodik zu revidieren. So könnte die unserseits eingangs angeführte Einteilung des AT die bisher vielfach übliche simplifizierende und teilweise auch irreführende in Oberstufe und Unterstufe ersetzen. — Auch der Terminus einer „großen" und einer „kleinen" Psychotherapie sollte, da falsche hierarchische Assoziationen erweckend, ebenfalls verlassen werden.

Vermehrt ist hingegen auf die soziale Integrierbarkeit und soziale Integration der Psychotherapie ein Augenmerk zu richten, nur so hält die Psychotherapie mit den modernen medizinischen Entwicklungen Schritt.

Die vorgelegten klaren Einteilungsprinzipien wollen auch dazu dienen, eine bessere Überblickbarkeit (wo erforderlich: Kontrollierbarkeit) als Schritt auf jenem Wege anzubieten.

Zur Literatur

Es darf darauf hingewiesen werden, daß heute etwa 5000 Publikationen über das AT bestehen. Die folgende Auslese sei vor allem im Sinne weiterführender Literaturangaben und Diskussion dieser aufgefaßt.

Barolin G.S.: Autogenic Training with Athletes. Therapy in Psychosomatic Medicine. Atti del 3⁰ Congresso Mondiale dell' ICPM, Edizioni Luigi Pozzi S.p.A.-Roma, 1975.

Barolin G.S.: Experimental Basis for a Neurophysiological Understanding of Hypnoid States. European Neurology 21 : 59–64, 1982.

Barolin G.S.: Die Stellung der Psychotherapie in einer sozialen Medizin. Der Prakt. Arzt 39, 32–42, 1985/1.

Barolin G.S.: Autogenes Training heute. Münch. Med. Wschr. 120, 1289–1294, 1978.

Barolin G.S.: Der stille Abusus. In: Rehabilitation 1985 (Barolin, Koppi edit), Verlag der Ärtzlichen Direktoren und Primarärzte Österreichs, über Urban & Schwarzenberg, Wien 1985/2.

Barolin G.S.: Ärztliche Psychohygiene im Sport. In: Sportmedizin in der Praxis (Aigner edit.), Verlag Hollinek, Wien 1985/3.

Barolin G.S., Wöllersdorfer E.: Gruppenpsychotherapie mit integriertem Autogenen Training bei Senioren. In: Rehabilitation 1986 (Barolin, Oder edit.), Enke-Verlag Stuttgart 1986/1, sowie nebenstehend.

Barolin G.S., Hodkewitsch E., Schmid H.: Schmerzrehabilitation. In: Rehabilitation 1986 (Barolin, Oder edit.), Enke-Verlag Stuttgart 1986/2.

Leuner H.: Zur Indikation und wissenschaftlichen Fundierung des Respiratorischen Feedback (rfb). Der Allgemeinarzt 6, 344–354, 1984.

Luthe W.: Autogenic Therapy. Grune & Stratton, New York-London 1969, 6 Bände.

Das Autogene Training und der Begriff der Achtsamkeit in der buddhistischen Tradition

E. Frühmann

J.H. Schultz bemerkt in seinem Standardwerk über das Autogene Training (10), daß es hypnotisch gut trainierte Personen gab, denen es möglich war, in autohypnotischer Selbstbeobachtung schnell in der Lage zu sein, den „wirklichen Zusammenhang" zu durchschauen.

Es ist für den umfassenden Geist von *J.H. Schultz* kennzeichnend, wenn er die hier zitierten Ausführungen beschließt: „Im heutigen medizinisch psychologischen Sprachgebrauch würde man einen derartigen Verlauf als eine ‚selbstvollzogene Komplexanalyse' bezeichnen" (10, S. 1). Er wußte, daß die anscheinend so einfache Methode der Entspannung sehr tiefgreifende Ergebnisse haben würde. Darüber hinaus war es ihm auch klar, daß jeder Automatismus, also der weitaus größte Teil unserer Handlungsbewegungen, in einer „minimalhypnoiden Verrichtungslage" abläuft. Diese Problematik des alltäglichen Hypnoids wollen wir nun kurz in ihrer Bedeutung streifen. – Wir kennen alle die Diskussion darüber, ob es Trance als einen besonderen Zustand gibt oder nicht, und ob sie notwendig ist für das Hervorrufen von hypnotischem Verhalten (2a, S. 17). Die Wahrscheinlichkeit, daß jede gutgläubige Reaktion auf bewußt oder unbewußt gegebene Suggestionen assoziiert ist mit einem Hypnoid oder einem Trancezustand, ist sehr hoch. So gesehen, gibt es keinen qualitativen Unterschied zwischen Wachzustand und hypnotischen Suggestionen, sondern lediglich zwischen extra- und intrahypnotischen Suggestionen. Da es bei jedem von uns einen Bruch gibt zwischen dem Verhalten und Erleben in Trance und außerhalb derselben, wird von der Ebene eines wachbewußten Ichs ein jeweils unbewußter Teil unser selbst zu postulieren sein. Dabei ist die Meinung, daß unser waches, bewußtes Ich kein Trancezustand sei, sehr verbreitet, sodaß dieser, kollektiv angenommen, nicht in Frage gestellt wird: vor allem deshalb, weil mit dieser Frage die gesamte gesellschaftlich relevante Realität bedroht wäre. Unser alltägliches Wirklichkeitsverständnis beruht weitgehend auf allgemein geübten und generell kollektiv vorhandenen „Formen der Trance". Jede Gesellschaft, will sie überleben, gibt den Menschen, die in ihr existieren, Verhaltensmuster vor, die die Sprache, die Geräte, die Häuser, die Straßen und die Fülle der Regeln erstellen, die das gegenwärtige und künftige Verhalten der Menschen kanalisieren.

„Die Menschheit" ist nichts anderes als ein hochkomplexer Handlungsprozeß, in welchem das Einzelwesen ein bestimmtes konsistentes Verhalten an den Tag legen muß, damit die Vereinbarungen (die ihm suggeriert wurden) den Gang der Gesellschaft aufrechterhalten können. Den Vereinbarungscharakter der Regeln, nach denen wir funktionieren (für die wir „zurechthypnotisiert" worden sind), zu durchschauen, ist sehr schwierig. Damit wird die Bedeutung und Wirksamkeit der erfundenen Regeln unterstrichen, die unsere alltägliche Wirklichkeit konstituieren. Die Frage nach der relevanten Wirklichkeit ist eine pragmatische und epistemologische – sie führt schlußendlich zur Paradigmenfrage, die heute erneut heftig diskutiert wird (2, 13).

Alle außersubjektive, inter- und intrasubjektive Wirklichkeit bildet einen geschlossenen Kontext, und wenn wir über die Ordnungen und die Struktur der Welt sprechen, stellen wir schlußendlich nur die Ordnungen unserer sensomotorischen Netze dar.

Ich möchte daran erinnern, was Jakob und Thure von Uexküll uns bezüglich der Bedeutung von Funktions- und Situationskreisen in bezug auf die Erstellung der „Realität" gesagt haben. Gibt es im Funktionskreis noch die ungebrochene Einheit von Subjekt und Objekt, so ist im Situationskreis diese Einheit durch intrasubjektive Prozesse – Bedeutungsunterstellung, Bedeutungserteilung, also Phantasie und Denken – unterbrochen. Th. v. Uexküll geht sehr differenziert auf diese Prozesse ein und begründet hierauf seine Thesen zur allgemeinen Psychosomatik. Der Mantel der „subjektiven Wirklichkeit" ist eng verbunden mit Mustern des Verhaltens, mit Ein-Bildungen, die unsere Haltung zur Umwelt wesentlich mitbedingen (15, Kap. 1 u. 2).

Auch zu diesem Problem hat *J.H. Schultz* Wesentliches zu sagen: „Die Haltungsänderung durch Formelvergegenwärtigung bedeutet nun in exquisitem Maße Lebensgestaltung durch Phantasievollzug, „Einbildung" im wahrsten Sinne des Wortes. In der Tat bilden wir ein, wie die Alltagserziehung ausgebildet, ja in manchen Teilen der Arbeit ist das Ein-Bilden sogar noch getreuer dem Buchstaben Einführen in die Welt der Bilder. Diese Erkenntnis wird unsere Bemühungen zu grundlegenden Lebensvorgängen in Beziehung setzen, ist doch solches Einbilden wesentlicher Bestandteil aller Lern- und Entwicklungsabläufe, ja vielleicht der wesentlichste überhaupt" (10, S. 252).

Die Art und Weise des Vorgehens im Autogenen Training, aber auch im katathymen Bilderleben ist im Bereich der medialen oder meditativen Vorgänge gelegen, die wiederum in die Nähe von Prozessen zu stehen kommen, die wir als Entwicklung (und Entfaltung) bezeichnen. Je tiefer die Regression, desto näher kommt der in sich selbst verdeckte Mensch an die Vorgänge der „organismischen" Entwicklung heran – immer weniger beeinflußt von dem ständig kontrollierenden kollektiven Hypnoid gesellschaftlicher Einflüsse (1 und Ken Wilber in 14, S. 117ff). Die von den Epigonen vorangetriebene Medizinalisierung des Autogenen Trainings läßt dieses zu einer streng naturwissenschaftlich orientierten Technik zur Beherrschung körperlicher Funktionen werden. Wie die meisten naturwissenschaftlich orientierten Techniken scheint sie keine Werthaltungen und überindividuellen Orientierungen zu enthalten. Es kommt aber vor, daß solche Werthaltungen in Einzelpersonen, die diese Techniken beherrschen, aufbrechen.

Schultz setzt (s.o.) Lern- und Entwicklungsabläufe miteinander in Beziehung und zeigt auf, welche Bedeutung die Konzentration auf ein begrenztes Körpergebiet hat.

Die Hinwendung auf ein begrenztes Körpergebiet (10, S. 252) führt wie bei anderen Zuwendungsübungen zu komplizierten, wie er es nennt „psychopädagogischen Einwirkungen". Die konzentrative Zuwendung zu einem Glied des eigenen Körpers bedingt also ganz bestimmte Modifikationen des Gesamterlebens. Wir werden in der Besprechung der buddhistischen Meditation sehen, daß auch diese am Beginn der Arbeit der Erkenntnisfindung sich auf ein körperliches Partialgebiet konzentriert. Die „Gesamtumschaltung", wie *J.H. Schultz* den von diesem Punkt ausgehenden Prozeß nennt, wird auch von der buddhistischen Meditation zunächst auf dem Weg über die Konzentration der Aufmerksamkeit (Achtsamkeit) auf einen Körperbereich (Atmung) erreicht. Die dadurch erzielte Modifikation des persönlichen Bewußtseins kann bedeutsame individuelle, aber auch gesellschaftliche Folgen haben – die auch von *J.H. Schultz* immer wieder angesprochen werden (10, Kap. V, VIII, XIX). Schultz erkannte sehr gut, welch umfassende Bedeutung die so einfach aussehende Übung „Konzentrieren Sie sich auf ihre rechte Hand" haben kann. Er sagt (10, S. 253): „So geschieht eine Erweiterung des Leib-Ichs, geschieht eine Körperbeseelung, tritt eine Ichdämmerung ein, das Icherleben wandelt sich um, mehr und mehr bilden sich Vollzugsweisen der Versuchspersonen heraus, die man in einem bequemen Bilde so kennzeichnen kann, daß unter- und unbewußte seelische Anteile agieren. Hier beginnt der Weg zum tiefsten, zum kollektiven Unbewußten."

Die Umwandlung des Icherlebens (das ja sehr wesentlich gesellschaftlich kollektiv-suggestiv vermittelt ist), führt zu einer zunehmenden Autonomie der Individuen, sie gelangen zu ihrer eigenen Realität – vom Ich zum Selbst.

So wird auf dem Weg, den er weist, eine Ichzuständlichkeit, eine Gesamteinstellung herbeigeführt, und *J.H. Schultz* betont immer wieder, daß ähnliche Arten von Versenkung und Meditationsübung auf religiösen Heilswegen von alters her anempfohlen worden sind.

Wie es schon die Adepten fernöstlicher Meditation erfahren haben, gelangt auch der autogen entspannte Mensch in einen ähnlichen Zustand (10, S. 255): „Der verdrängte Zustand vermittelt Ruhe, Distanz, Euphorie und Entspannung. Das Reich der Bilder erschließt sich; das Es erbaut sich eine neue Welt. Erlebnisse gleichermaßen mit den letzten Fragen der Ekstase und der Urbilder. Die Sammlung in der Entspannung macht sonst subliminale oder unbeachtete Erlebnisse zugänglich."

Des weiteren: „Wie die Funktion im Organismus zur Organisation von Substraten, wie Bewegung zur Form wird, gestaltet Haltungsentwicklung psychische Strukturen. Erarbeitete Haltungslösung wird Persönlichkeitsform, die tonische Haltemuskulatur schwingt ohne wesentlichen Energieverbrauch situationsgerecht mit. Hier mündet unsere Arbeit in der höchsten psychotherapeutisch zugänglichen Schicht der Existentialwerte, in der Selbstverwirklichung" (10, S. 257). Ich meine, es wird von seinen Epigonen zu wenig betont, daß *Schultz* in seiner bionomen Psychotherapie eine Einheitswirklichkeit erkennt, die sich psychotherapiekritisch **und** gesellschaftskritisch hätte auswirken können. Das vorhergehende Zitat (10, S. 257) bedenkend, muß man heute zumindest die Ergebnisse der Kinetischen Morphologie (1) und der Pränatalen Psychologie einbeziehen, wenn man die höheren Stufen des Autogenen Trainings als In-Gang-Setzen von Wachstumsprozessen betrachten will.

Im neunten und elften Kapitel (10, S. 258–270, S. 281–294) seines Werkes bezieht er verwandte Verfahren in seine Überlegungen ein. Er vergleicht seine Technik mit schamanistischen Praktiken, geht später über Beziehungen zum Yoga auf die Religionspsychologien fernöstlicher Religionen ein. Er stellt den Aufbau mystischer Versenkungsstufen folgendermaßen dar (S. 263):

1. Einleitende Besinnung (Konzentration)
2. Versenkende Hingabe
3. Lösungserlebnisse mystischer und ekstatischer Art.

Diese Einteilung läßt sich auch folgendermaßen variieren:

1. Willkürliche Konzentration (allmähliche Loslösung von der Welt über das Versenkungsobjekt)
2. Fortschreitende Reduktion und Vereinheitlichung des Psychischen
3. Ekstase, Nirwanaerlebnisse, mystischer Tod, Frieden und Klarheit. (Dazu siehe auch 12, Kap. II).

Diese Formen des Erlebens sind eine Herstellung oder Wiederherstellung bzw. Erneuerung einer inneren Beziehung zwischen Seele und Gott (Ich und Gegenstand) und stellen ein

Grundprinzip der religiösen Ichfunktion dar. *Schultz* führt zu dieser Frage u.a. aus: „Neben diesem Grundphänomen der Umschaltung begegnen uns nun auf religionspsychologischem Gebiete eine Reihe wohlorganisierter Einzelerlebnisse, die als Vergleichsobjekte für unsere Arbeit bedeutsam sind. – An erster Stelle nennen wir den Vorgang der Vereinheitlichung, der religionspsychologisch als Weg zum inneren Frieden betrachtet wird" (10, S. 267). Religion, aber auch areligiöse Befreiungswege sind Wege, auf denen die Menschen zu Einheit gelangen können. Es geht immer um die Beseitigung der Subjekt-Objekt-Trennung, der inneren Zerrissenheit, des inneren Zwiespalts, der sich auf verschiedene Weise im Psychischen vollziehen kann und nicht immer religiöse Formen annehmen muß (14). *Schultz* versucht auch eine deutliche Grenzziehung zwischen autogenen Versenkungszuständen und mystischen Erfahrungen zu finden. Er meint, das Autogene Training diene letzten Endes der Selbstverwirklichung (10, S 257), indem es durch vertiefte, erweiterte, selbstbestimmte Innenschau die persönlichkeitsgerechte Arbeit an sich selbst fördern, ergänzen oder vorsatzhaft vermitteln kann. Es wird deutlich, daß *Schultz* hier bewußt eine wissenschaftliche Selbstbegrenzung vornimmt und davon absieht, was andere Systeme, insbesondere religiöser Art, tun, nämlich die Inhalte dessen bestimmen, was in der Versenkung erreicht werden kann bzw. soll.

Es mag eine Eigenart des übenden Vorgehens sein, daß hier kein anthropologisches (bzw. weltanschauliches) Modell zur Anwendung kommt, wie es etwa in der Gesprächstherapie, der Psychoanalyse, der Gestalttherapie und anderen Formen der humanistischen Psychologien geschieht. Das autogene Training, richtig gehandhabt, ist aber durchaus ein Weg der Befreiung, der den pathogenen Faktoren gesellschaftlicher Überformungen der Selbstentwicklung entgegenwirkt. *Schultz* betont auch: „Daß unsere wissenschaftlich methodische Arbeit praktisch ihre reine psychotherapeutische Eigenart bewahrt und theoretisch geeignet ist, zu vielen Fragen des hier berührten Gebietes (er meint Beziehungen zu anderen Methoden und Religionen) aufklärende Beiträge zu liefern" (10, S. 270).

Schultz widmet ein ganzes Kapitel (XI) dem Vergleich mit **Yoga** und zeigt, daß auch das Yoga im wesentlichen eine Anstrengung, die Anspannung, das Bestreben ist, durch körperliche und geistige Methoden der Konzentration zu höheren Bewußtseinszuständen zu gelangen.

In der gesamten indischen Tradition geht es darum, daß Nichtwissen zum Leiden führt. Der indische Befreiungsweg wird in Stufen vollzogen, wobei die Vorbereitung nicht auf den Körper, sondern auf die moralisch-ethische Situation des Menschen zentriert ist. Die ersten höheren Stufen zentrieren sich um Körpervorgänge, in erster Linie die Atmung. (10, S. 288). Im Vergleich mit östlicher Versenkungspraxis bemerkt *J.H. Schultz*: „Auch im Autogenen Training kommt es zur Somatisierung, zur passiven Hinwendung auf affektfreie Körpererlebnisse . . . Die in allen Inhalten psychisierte Organempfindung erscheint von der physischen Leibverbundenheit gelöst, sie bleibt Objekt unter den Objekten, und damit rückt der Leib vom Ich ab. Im Autogenen Training kommt es zu ungewöhnlichen Erfahrungen bei den Übungen, die dazu führen, daß die zeiträumlichen und kausalen Zusammenhänge der normalen Erfahrungsordnung durchbrochen werden. Es kann zu Erlebnissen kommen, bei denen alles in vollem Sinn lebendig beseelt und damit auch nicht absehbar wandlungsfähig ist. Es kommt dazu, daß die Eigengesetzlichkeit des subjektiv Seelischen sich durchsetzt gegenüber den mechanischen Gesetzen, die wir im Alltag erleben" (10, S. 288). Dazu kommt es, da schon auf der Grundstufe die Organsysteme in ihrem symbolischen Aspekt zugänglich werden. Wenn konsequent geübt wird, kommt man zu ganz ähnlichen Zuständen wie die fernöstlichen Versenkungstechniken, wo die Leibempfindungen zurücktreten zugunsten eines vereinheitlichenden Zustandes von

Zentrierung und tiefer Geborgenheit, die über das Individuelle hinausgeht und auf Alleinheitserlebnisse hinführt. Schultz meint ferner in seinen Ausführungen über das Yoga nüchtern naturwissenschaftlich (S. 228): „Wenn man das phantastische Beiwerk abzieht, muß der Tiefsinn und die Feinheit des Yoga überraschen . . ."

Ich möchte hier darauf hinweisen, was dem Werk *J.H. Schultzes* implizit ist und viel zu wenig herausgestellt wird: eine Kritik der euro-amerikanischen Formung des Menschen zu einem mehr und mehr gespaltenen Wesen. Ist doch die Methode des A.T. wie keine andere geeignet, die Einheitswirklichkeit menschlicher Existenz und ihre tiefe Verbundenheit mit allem Lebendigen und allen seinen existentiellen Stufen wiederherzustellen. Die Verbundenheit alles Lebendigen (und nicht nur die Ehrfurcht davor) wird vor allem vom Jainismus und Buddhismus hervorgehoben (die Weltbilder der Indianer kommen vermutlich aus der gleichen Wurzel); ohne auf die globale Bedeutung solcher allesumfassender Haltungen einzugehen, erwähnt *J.H. Schultz* auch die buddhistische Form der Meditation: „In der buddhistischen Versenkung spielt die physio-psychologische Technik eine kleinere Rolle wie im Yoga, die Vorschriften sind allgemeiner und verlangen zur Vorbereitung kaum mehr als Ruhe, Einsamkeit, bequeme, die Geistestätigkeit nicht störende Körperhaltung und mittlere Atemregulierung, nicht soviel Turn- und Jongleurkunst wie im Yoga" (10, S. 292).

Schultz betont immer wieder die Abgrenzung des Autogenen Trainings von östlichen Versenkungs- und Meditationstechniken, vor allem dadurch, daß er seine Methode als eine physiopsychologische, rationale Methode vorstellt, die allerdings ähnliche Stufenbildungen erkennen läßt wie die alten Yogatraditionen.

Es ist sicher nicht möglich, mit Hilfe dieser wenigen Zitate das Gesamtwerk von *J.H. Schultz* entsprechend zu würdigen, worum es mir aber hier geht, ist darzustellen, wie sehr Schultz erkannt hat, daß seine Methode auch eine Wiederentdeckung uralter Praktiken ist, die zu einer Vereinheitlichung und tieferen Humanität unserer Welt führen können.

Das Autogene Training ist, so gesehen, ein Weg zur Selbstverwirklichung und zur Vereinheitlichung von Mensch und Welt. Ich möchte nochmals betonen, daß die internalisierten sozialen Einrichtungen, zu denen auch das „persönliche Ich" mit seinen Funktionen gehört, immer wieder in Konflikt kommen mit den grundlegenden „biogenen" Mustern, den Funktions- und Situationskreisen, die die Einheit des menschlichen Organismus mit seiner Welt deutlich machen. Die sozialen Einrichtungen sind sehr oft nicht nur gegen die Liebe in ihrer genital-sexuellen Ausprägung gerichtet, sondern auch gegen die primäre Liebe zwischen Organismus und Umwelt. Das A.T. ist einer der Wege, diese Kluft zu überbrücken.

In Zuständen nicht alltäglichen, veränderten Bewußtseins kommt es zur Umkehrung jener Welt- und Selbstauffassung, die durch die Sprachsysteme, die Welt und Mensch trennen, erzeugt werden. Ein vereinheitlichtes, befreites Bewußtsein sieht nicht eine jenseitige, transzendente Welt, sondern ist die Wahrnehmung der Welt, wie sie ist, ein Feld stringenter gegenseitiger Bedingtheit, in der nicht isolierte Subjekte und Objekte in Konkurrenz und Konflikt existieren, sondern als Polaritäten, die einander bedingen. Es ist also möglich, mit Hilfe von vereinheitlichenden Methoden der Bewußtseinsschulung, wie es das A.T. ist, die Wettstreit- und Ausbeutungsideologie der hochindustriellen Computergesellschaft, die sich auf die Beziehung zwischen den Menschen sowie Mensch und Natur ausdehnt, zu durchbrechen und diese Trennung, die zur Verfremdung (von Selbst und Welt) führt, rückgängig zu machen. Vieles menschliche Leid entsteht durch Mangel an Achtung, durch Nichtbeachtung und schwach ausgebildete Achtsamkeit. Vor allem dadurch, daß wir unsere alltägliche Routine unachtsam, nicht voll wach, in einem alle Tage gleich wirksamen mittleren Trancezustand verbringen (wozu u.a. auch die Massenmedien wesentlich beitragen), bleiben wir in einem steten Zustand der Unbewußtheit, in dem unsere Bedürfnisse unstillbar werden und Leid vergrößert wird.

Die Psychotherapie insgesamt ist nur einer der vielen „Befreiungswege", die im europäischen und außereuropäischen Raum entstanden sind, ob es sich nun um religiöse oder wissenschaftliche Systeme handelt. Ich habe von den vielen östlichen Systemen, die uns in neuerer Zeit von verschiedenen Seiten wieder nahegebracht werden (9), das **buddhistische** deshalb gewählt, weil es nach den Worten des Buddha den „mittleren Pfad" darstellt; d.h. weder ausschließliche „Weltzugewandtheit" noch völlige asketische Abwendung von der Welt lehrt, sondern dieser Welt ebenso Beachtung schenkt wie der zu erreichenden leidbefreiten Welt (8). Im Zentrum seiner Lehre steht, innerhalb der „vier heiligen Wahrheiten" (Vom Leiden, der Entstehung des Leidens, der Aufhebung des Leidens und dem achtfachen Pfad, der zur Aufhebung des Leidens führt), der Begriff der Achtsamkeit.

Dieser Begriff, *sattipatthana*, setzt sich zusammen aus *satti* = Gedächtnis, klare Bewußtheit und Besonnenheit, und dem Wortteil *patthana*, der übersetzt wird als Grundlage oder Gegenwärtighalten (6), also: Bewußtheit, Besonnenheit, Gegenwärtighalten. Hier gibt es auch viele Beziehungen zum Begriff der *awareness* in der Gestalttherapie und der „gleichschwebenden Aufmerksamkeit" der Psychoanalytiker. Im buddhistischen Lehrgebäude (4, 8, 6) bildet die „rechte Achtsamkeit" das siebente Glied des achtfachen Pfades zur Erlösung vom Leiden. Ihre volle Ausbildung ist notwendig, um Einsicht (*vipassana*) in die wahre Beschaffenheit der Realität zu bekommen. Hier ist nur eine grobe Skizze dieses ungeheuer komplexen Lehrgebäudes, das sowohl Psychologie wie Philosophie und nichttheistische Religion ist, möglich.

Die Wiege des Buddhismus liegt im Gangesland, das die meisten und bedeutendsten Zentren der arischen Eroberer, die vom Nordwesten her eingedrungen waren, in sich schloß. Die hier entstehende brahmanische Kultur entwickelt sich auf dem Hintergrund schamanistisch geprägter Naturreligion, aus deren Tradition die enge Naturverbundenheit des indischen Denkens stammt. Hier entstanden die Hymnen und Sprüche der Veden. Die Kenner der Veden bezeichneten sich als Brahmanen. Die Brahmanenkaste hat die geistige Vorarbeit für die spätere religiöse Praxis und die Entwicklung philosophisch-psychologischer Systeme geleistet. Im Rahmen dieser Entwicklung entsteht der Glaube an das selige unwandelbare All-Eine, das jenseits der Welt des Leidens und der Vergänglichkeit ruht, zu welchem man auf dem Weg kontemplativer Praxis, vom Leiden befreit, zurückkehren kann. Aus einer Opferpraxis, in der Beherrschung der Welt und der in ihr wirkenden Mächte mit Hilfe magischer Sprüche erreicht werden soll, entwickelt sich die Idee des Atman-Brahman, des All-Einen, als neuer Mittelpunkt des Denkens. Der Gott, der größer ist als die alten Götter, ist zugleich des Menschen eigentliches Ich (– ein Gedanke, der auch der christlichen Mystik nicht fremd ist). *Tat twam asi* – das bist du, du bist das ganze All. Der Sucher, der sich selbst und damit Gott sucht, ist bestrebt, den Tod zu beherrschen und in einer unio mystica mit dem All eins zu werden. Erlösung, Befreuung vom Leid dieser Welt ist die erreichte Einheit der Seele mit ihrer wahren Wesenheit, dem Brahman. Höchstes Ziel wird nicht Gestalten der Welt, sondern ein Sich-Loslösen von ihr. In dieser Zeit kommen jene Versenkungspraktiken (Yoga) auf, durch welche die Subjekt-Objekttrennung aufgehoben werden soll. Die Wurzel allen Leidens, das Nichtwissen, das Nicht-Erkennen soll durch Versenkungstechniken abgeschnitten werden.

Das buddhistische System ist in gewisser Weise die Summe und die Überwindung des Denkens der Veden und der Upanischaden. Man kann es als Glauben ohne Gott bezeichnen, denn von der Vielzahl der Götter und dem Brahman-Atman ist als einziger wirksamer Faktor im Werk der Leidbefreiung nur noch der Mensch übriggeblieben, der allein imstande ist, das Leid dieser Welt zu überwinden.

Im System des Buddhismus tritt ein naturwissenschaftlicher Zug des Denkens und Handelns hervor: Es geht ihm zentral um die Analyse des Mechanismus, der das Geschehen der Erscheinungswelt beherrscht. Der Weltprozeß, das Erleben des eigenen Ich miteingeschlossen, wird in einem unendlichen Dynamismus einander bedingender (verursachender) Faktoren aufgelöst, in welchem keine beharrende, ewige Substanz mehr zu finden ist. Die auffallenden Parallelen zum Weltbild der modernen Physik haben F. Capra, David Bohm u.a. aufgezeigt. Damit sind die Erkenntnisse des buddhistischen Denkens erneut auch für den europäischen Menschen bedeutsam geworden. Das Auftreten des Buddha fällt in eine Epoche, in der sich Verlangen nach Erlösung mit Symptomen eines sittlichen und kulturellen Verfalls berühren. Als Quelle der Wahrheit und des Heiligen Lebens wird nicht eine Offenbarung Gottes, sondern die Person und das Wort des Meisters, hier also des erwachten Menschen, des Buddha, anerkannt. Nach seiner Erleuchtung verkündete er, der Legende zufolge, erstmalig in der Predigt zu Benares seine Lehre vom Leiden, von der Entstehung des Leidens, von der Aufhebung des Leidens und von dem Weg, den er den „mittleren Weg" nannte, zur Aufhebung des Leidens, den achtfachen heiligen Pfad, der da lautet: rechte Einsicht, rechtes Entschließen, rechtes Wort, rechte Tat, rechter Lebenserwerb, rechte Anstrengung, rechte Achtsamkeit und rechtes Sichversenken.

In seiner Lehre ist nicht mehr die Rede von einem fernen Gott, sondern lediglich vom menschlichen Geist. Am Beginn des *Dhammapada* steht: „Vom Geiste gehen die Dinge aus, sind geistgeboren, geistgeführt. Ist der Geist erkannt, sind alle Dinge erkannt." Die helfende Botschaft des Buddha besteht eben in einer Hilfe für den Geist; die europäische Tiefenpsychologie kann von der Geistlehre des Buddha in theoretischen und praktischen Einzelheiten ergänzt werden — andererseits aber diese in eine moderne Begriffssprache übersetzen. Die entscheidenden Grundprinzipien der buddhistischen Lehre bleiben jedoch unberührt vom Wechsel der Zeiten und dem Wandel der Theorien. Die Grundsituationen des menschlichen Lebens kehren immer wieder, wenn auch in immer neuer Gewandung. Die Grundtatsachen des menschlichen psychophysischen Organismus, mit dem jede Geistführung rechnen muß, bleiben im wesentlichen unverändert. Die Leib-Seele-Einheit wohl erkennend, will die Botschaft Buddhas drei Dinge lehren: den Geist in seinem Wirken zu erkennen, den Geist zu formen und den Geist zu befreien. Man kann den Buddhismus auch als eine atheistische Religion bezeichnen oder einfach als einen Befreiungsweg, der zur Aufhebung des Leidens führen will. Das Kernstück der Lehre Buddhas liegt, so meint Nyanaponika (6), in dem so einfach klingenden Mahnwort: „Sei achtsam!" Die Achtsamkeit ist der Schlüssel zur Erkenntnis des Geistes, zur optimalen Pflege des Leibes und somit der Mittelpunkt wie auch das Wahrzeichen der gewonnenen Befreiung des Geistes, damit der Höhe- und Endpunkt. Buddha selbst hat die Entfaltung der Achtsamkeit, das siebte Glied des von ihm genannten achtfachen Pfades zur Erlösung, als Zentrum und den einzigen Weg zur Erlösung bezeichnet. Es geht um die Entwicklung einer zunächst analytischen Bewußtheit, die, allmählich alle Begrifflichkeit und Formen überwindend, zu unmittelbarer Erfahrung der Wirklichkeit führt.

Über den Begriff der Achtsamkeit

Der Begriff der Achtsamkeit umreißt im wesentlichen den Weg des progressiven Bewußtwerdens. Es geht um eine zunehmend höhere Bewußtseinsklarheit und Bewußtseinsidentität, die der Wirklichkeitserkenntnis dient. Am Beginn steht die Entfaltung der Achtsamkeit im Rahmen des Alltagslebens, wobei die bedeutsame Grundannahme jene ist, daß nur durch innere Wandlung sich das Außen wandeln könne. Das heißt es wird an die Verantwortlichkeit des einzelnen appelliert, zuerst seine eigene Lebensführung zu ändern, bevor er sich um eine Veränderung gesellschaftlicher Probleme bemüht.

Das buddhistische Denken und Leben ist um drei Grundpfeiler gruppiert: 1. Sittlichkeit, 2. Weisheit und Einsicht, 3. Versenkung (*sila, panna, samadhi*).

Die ersten Schritte auf diesem Weg sind: das Einhalten von Lebensregeln, die Kenntnis der Lehre und die Versenkungspraxis, wobei die Übung der Achtsamkeit den Anfang bildet. Die Achtsamkeit wird vierfach angesehen. Sie richtet sich

1. auf den Körper,
2. auf das Gefühl,
3. auf den Bewußtseinszustand (Geist) und
4. auf die Bewußtseinsinhalte im einzelnen (Geistobjekte).

Die Achtsamkeit beginnt mit der Übung des reinen Beobachtens, welches so definiert werden kann, daß es sich um die klare, unabgelenkte Beobachtung handelt, was im Augenblick der jeweils gegenwärtigen Erfahrung (innen oder außen) geschieht. Reines Beobachten ist schwierig, da sich immer Werturteile und Gefühle sowie andere Störungen der Erfassung des beobachteten Objektes entgegenstellen.

Das reine Beobachten erfüllt eine wichtige vorbereitende Funktion, denn nur durch reines Beobachten kommen wir zum reinen Objekt, und nur mit dem reinen Objekt ist eine klare Ordnung der Dinge möglich.

Der Wert des reinen Beobachtens liegt vor allem darin, daß der Untersuchungsgegenstand von den mit ihm assoziierten und ihn entstellenden Vorurteilen des Gefühls und des Denkens gereinigt wird. So kommt es, daß die Dinge immer wieder neu werden, daß die Dinge immer häufiger etwas Neues auszusagen haben. Mit dem reinen Beobachten verbunden ist die Wissensklarheit und auch das ruhige Innehalten, welche beide zusammen mühelose und tiefe Einblicke sowie verborgene Beziehungen zu erschließen imstande sind. Wenn man sich den Übungen unterzieht, so erkennt man bald, daß das vorschnelle Bewerten oder Behandeln der Dinge oft wichtige Erkenntnisquellen versperrt. Die buddhistische Psychologie meint, daß ein großer Teil des Leidens in der Welt nicht so sehr durch bewußte Schlechtigkeit entsteht, als vielmehr durch Unachtsamkeit, Unüberlegtheit, Vorschnelligkeit, Unbeherrschtheit.

Das Innehalten, an das man sich durch die Haltung des reinen Beobachtens gewöhnt, ermöglicht es, den entscheidenden Moment zu erfassen und festzuhalten, wo Formung noch möglich ist, wo Festlegungen noch nicht stattgefunden haben. Im reinen Beobachten richtet sich das Bewußtsein auf die Gegenwart und lehrt uns, bewußt in der Gegenwart zu bleiben. So kommen wir zu einer neuen Freiheit, die, wie Nyanaponika (6) meint, immer nur in der Gegenwart zu finden ist.

Die reine Beobachtung schafft allmählich Ordnung in unserem Inneren. Das reine Beobachten, das nach innen wie nach außen gerichtet ist, ist eine einfache und gewaltlose Methode bloßen Registrierens und Konstatierens. Es bewahrt uns vor einer verfrühten Versuchung durch Eingreifen und führt allmählich zum Klarblick (*Vipassana*). Es schult uns in Gelassenheit und hindert uns daran, immer rasch eingreifen zu wollen. Im Buddhismus ist der Klarblick die direkte und tiefdringende Einsicht in die drei Merkmale allen Daseins: in seine Vergänglichkeit, seine Leidhaftigkeit, seine Ich- und Substanzlosigkeit (*anicca, dukkha, anatta*). Den Klarblick kann man nur durch Selbsterfahrung erwerben, durch wiederholte klarbeobachtende Konfrontation mit den eigenen körperlichen und geistigen Vorgängen. Gelangt man allmählich dahin, die Dinge der Innen- und Außenwelt als reine Vorgänge, als unpersönliche Prozesse zu erkennen und in solcher Erkenntnis frei zu werden von triebhafter Unfreiheit im Denken, Fühlen und Handeln. Nimmt auch das reine Beobachten allmählich einen großen Raum ein, so sind wir dennoch alltäglich gezwungen, Aktivitäten durchzuführen. Hier benützt der Buddhismus den Begriff der Wissensklarheit, der zur Wachheit und Klarheit des reinen Beobachtens das richtunggebende Wissen hinzufügt. Reines Beobachten und Wissensklarheit sind imstande, die zerstreuten Kräfte des Menschen zu sammeln und sie in den Dienst einer bewußten Lebensgestaltung zu bringen (gute Anleitung findet man in 1a). Es geht also der buddhistischen Meditation nicht um das Versinken in einem rauschhaften Trancezustand, sondern um die Erweiterung des Bewußtseins, um die Klarheit über die Ziele, um das Sich-nicht-Gestatten, sich gehenzulassen, und um die Sammlung, die die Führerrolle des Geistes betont, sowie um die Auswahl und Wertung der Bewußtseins- und Lebensinhalte im Hinblick auf das Wachstum in der Lehre.

Die Weltzugewandtheit wird vor allem dadurch deutlich, daß es im Buddhismus sehr wesentlich um die Verbindung von Meditation und Alltagsleben geht und um die Bedeutung des praxisorientierten Gegenwärtighaltens der Achtsamkeit. So kann es schließlich dazu kommen, daß das ganze alltägliche Leben zu einer meditativen Übung wird. Die Achtsamkeit dehnt sich allmählich auf alle körperlichen, sprachlichen und geistigen Tätigkeiten aus. Die Achtsamkeit fördert zunächst als reines Beobachten die Aufnahmefähigkeit und die Sensitivität des menschlichen Geistes, die Wissensklarheit hingegen lenkt und stärkt seine aktiv formenden Kräfte. Das reine Beobachten dient der Weckung, Erhaltung und Verfeinerung der Intuition; die Wissensklarheit hingegen formt und verwandelt durch ihren Zugriff den gesamten Menschen in ein immer vollkommener werdendes Werkzeug der Selbstbefreiung. Durch sie wird der Mensch gleichsam ausgebildet für den Dienst an der leidenden Menschheit, die Wissensklarheit gibt ihm das klare Auge und die sichere Hand, ebenso die Herzenswärme, die dafür erforderlich ist. Beide Aspekte, der der reinen Beobachtung und der der Wissensklarheit, bewirken eine vollendete Harmonie von Rezeptivität und Aktivität.

In der meditativen Praxis unterscheidet die buddhistische Meditation vier Objekte der Achtsamkeit: zunächst einmal den Leib, dann das Gefühlsleben, die alltäglichen Wahrnehmungen, die Denktätigkeit und die Denkinhalte. So kommt es, daß in dieser Form der Übung Konflikte zwischen Körper und Geist, zwischen Gefühl und Verstand allmählich abgeschwächt und schließlich aufgehoben werden, wenn beiden Seiten gleichmäßige Aufmerksamkeit geschenkt wird (mittlerer Pfad!). In einer modernen Sprache ausgedrückt könnte man also sagen: Bei der buddhistischen Methode der Meditation handelt es sich um eine a priori psychosomatische. Hier finden wir eine Reihe von Parallelen zum Autogenen Training, die der Leser dieses Aufsatzes selbst ziehen mag; zur Unterstützung diene eine vergleichende Tabelle (S. 164).

Da die Übungen sowohl den Leib als auch den Geist betreffen, geht es um eine Veränderung der Gesamtpersönlichkeit. Jede Betrachtung oder Übung ist auf sich selber, auf andere und schlußendlich auf andere und auf sich selbst anzuwenden. So werden auch hier die Einseitigkeiten und Unvollkommenheiten und Gefahren einer ausschließenden Einwärtswendung oder Auswärtswendung des Geistes vermieden. Der Weg der Erkenntnis ist weder durch eine ausschließliche Betrachtung der eigenen noch der fremden Daseinsgebilde erreichbar, beide Arten der Betrachtung sind notwendig. So wird es deutlich, daß die buddhistische Meditation nicht nur eine psychosomatische ist, sondern auch den anderen miteinbezieht und damit auch Gruppen- und gesellschaftliche Aspekte eröffnet.

Ohne hier weiter auf die systembezogenen Ausrichtungen einzugehen, nun einige Sätze über die Vorgangsweise der Achtsamkeitsübung.

1. Die Körperbetrachtung (6, 11)

a) Die Atmungsachtsamkeit: Es geht hier nicht um Atemübungen wie in bestimmten Formen des Yoga. Im Rahmen der buddhistischen Meditation wird der Atem als Konzentrationszentrum verwendet und nur ruhig beobachtet mit gleichsam schwingender Achtsamkeit ohne Anstrengung oder Verkrampfung (6, 11). Dies alleine führt schon zu einer geistigen Beruhigung, zu einer anfänglichen Konzentration. In der Überlieferung steht die Atmungsachtsamkeit unter den verschiedenen Meditationsobjekten an erster Stelle. Auf diese Art und Weise gelingt es allmählich, zu einer immer besser bewußten Körperkontrolle zu kommen. (Die Atmung gilt in der buddhistischen Überlieferung als der Hauptrepräsentant der Körperfunktionen.)

b) Die Aufmerksamkeit auf die Körperhaltungen: Diese Achtsamkeitsübung dient dem erhöhten Gewahrsein des augenblicklichen körperlichen Zustandes, dem Gehen, Sitzen und Liegen.

c) Die Wissensklarheit: Die Wissensklarheit erstreckt sich auf alle Verrichtungen des Körpers und dient dem zweckmäßigen und besonnenen Handeln für praktische Zwecke, für die Zwecke des Fortschrittes in der Lehre, weiters dem Einordnen des gesamten Lebens in die geistige Schulung.

d) Die Körperteile: In dieser Form der Übung geht es um die Visualisierung der Körperteile, um durch wachsende Einsicht in die wirkliche Beschaffenheit des Körpers von diesem Abstand zu bekommen.

e) Die vier Elemente: Diese Übung setzt die Zerlegung des Körpers in immer unpersönlichere Bestandteile fort, der alten Natureinsicht gemäß in die Elemente des Festen, des Flüssigen, des Feurigen und des Gasförmigen.

f) Die Leichenfeldbetrachtung: Sie soll den Adepten dazu führen, die rechte Einsicht in die Vergänglichkeit des Leiblichen zu bekommen.

2. Die Gefühlsbetrachtung

Hier geht es darum, die Entstehungsbedingungen für das Begehren und das Anhängen und Greifen nach der Welt zu erkennen. Es geht darum, die ersten, einfachen Gefühlsreaktionen zu registrieren, innezuhalten und sie so dem reinen Beobachten zu unterziehen. Auf diese Art und Weise kann die Weiterentwicklung eines Gefühls zum Begehren oder zu anderen Leidenschaften unterbunden werden. So kommt man allmählich dazu, die Erfahrung zu machen, daß den Gefühlen keinerlei Notwendigkeit beizumessen ist, Begehren oder Haß zu entwickeln, und daß es daher immer möglich ist, sie von diesen gewohnheitsmäßigen, automatischen Assoziationen zu befreien. Die unscheinbare Gefühlsbetrachtung kann so zu einer Geburtsstätte innerer Freiheit werden.

Der ruhige Blick der Achtsamkeit nimmt dem Gefühl sein Ungestüm, beeinträchtigt aber nicht seine menschliche Wärme.

3. Die Geistbetrachtung

Die Achtsamkeit, den Geist betreffend, beschreibt verschiedene Geisteszustände und unterscheidet heilsame, unheilsame, entwickelte, unentwickelte, lustbehaftete, lustbefreite, gesammelte, ungesammelte und andere Geisteszustände voneinander. (Dem Interessierten sei das Visudhi-Magga (7), das große Kompendium der buddhistischen Lehre und der darin enthaltenen Übungen empfohlen.)

4. Die Geistobjektbetrachtung

Damit ist die Betrachtung der Denkinhalte und Denkformen gemeint. Auf der beigefügten Tabelle (S. 164) wird der Versuch einer Gegenüberstellung von Autogenem Training und Sattipatthana-Vipassana-Methodik gemacht.

Selbstverständlich ist eine kurzgefaßte Tabelle eklektisch und sehr persönlich und erhebt keinen Anspruch auf Vollständigkeit. Der wesentliche Unterschied der beiden Methoden scheint mir darin zu liegen, daß das Autogene Training eine medizinalisierte und auf die organismische Grundlage zurückgreifende Technik darstellt, die explizit keiner Erkenntnistheorie und keiner generalisierenden allgemeinen Weltveränderungsidee anhängt.

Die Sattipatthana-Vipassana-Methode ist eingebettet in das Welt- und Menschenbild des Buddhismus und die Leidenslehre des Buddha. Diese wiederum steht auf den bereits genannten Grundpfeilern von Sittlichkeit, Erkenntnis und Versenkung, welche das gesamte menschliche und gesellschaftliche Leben zu formen trachten. Sattipatthana-Vipassana ist in einem weiten Sinne als Weg zur Selbsthilfe zu sehen, Selbsthilfe, die im Grunde die einzig wirkliche Hilfe ist. Man kann sich Nyanaponika (6) anschließen, wenn er sagt, daß die einfachste und umfassendste Weise, in der Buddha über diese dem Menschen verfügbaren Hilfsmittel sprach, in der Lehre von den Grundlagen der Achtsamkeit aufgezeichnet ist.

Ihr Sinn kann in zwei Worten zusammengefaßt werden: Sei achtsam! Damit ist gemeint: Sei achtsam auf deinen eigenen Geist, er birgt alles, die ganze Welt des Leidens und ihren Ursprung, aber auch das Ende des Leidens mit dem Weg, der dazu führt. Der Sattipatthana-Vipassana-Weg ist eine Lehre des Selbstvertrauens, und in dem Augenblick, wo wir uns nicht mehr auf andere verlassen, wird unser Werkzeug, der Geist, der durch Vernachlässigung unzuverlässig geworden ist, wiederum zu einer Basis für Selbstvertrauen. Sattipatthana beginnt mit etwas anscheinend sehr Geringem, mit der reinen Beobachtung, nämlich der Achtsamkeit bzw. dem ersten Aufmerken auf Eindrücke. Die ersten Objekte der Achtsamkeit sind die kleinen Betätigungen des Alltagslebens.

Wir kommen so zu dem, was der Zen den „Geist des Anfängers" nennt. Wir kommen aus den ausgefahrenen, routinierten Geleisen dahin, Gewohntes sorgfältig zu betrachten, es so zu prüfen und immer wieder zu verbessern. Die wachsame Achtsamkeit im reinen Beobachten macht den Menschen empfänglich für die Belehrung, die aus den Dingen selbst kommt. Die Achtsamkeitsschule gibt dem Menschen erhöhte Anpassungsfähigkeit, Geistesgegenwart und größere Geschicklichkeit in der Wahl der rechten Mittel. Wir kommen so zu einer Verringerung der Komplikationen unseres Lebens und zu einer zunehmenden Vereinfachung der Bedürfnisse. Wir kommen durch sie zu dem Wunsch, daß die Einfachheit der Lebensweise wieder gepflegt wird, um der Schönheit und um der Freiheit willen, die ihr eignet.

Sattipatthana ist als Ausdruck des mittleren Pfades ein Weg, sich über Extreme und Gegensätze zu erheben. Es bewirkt einen Ausgleich einseitiger Entwicklungen, es füllt aus, wo ein Mangel ist, und beschränkt das Übermaß. Erstrebt und erreicht werden kann eine

Niveauerhöhung des alltäglichen Lebens und Denkens. In Achtsamkeit kommen wir zu einer wachsenden Vertrautheit mit Körper und Geist und damit auch mit dem sogenannten Unbewußten. Der freundlichere und immer bessere Kontakt mit dem Unbewußten wird begünstigt durch die Haltung vorsichtigen Wartens und Lauschens, welche für das Innehalten beim reinen Beobachten bezeichnend ist.

Der Weg der Achtsamkeit bedarf keiner äußeren Hilfsmittel. Das tägliche Leben ist sein Arbeitsmaterial, die Achtsamkeit benutzt die Lebensbedingungen, die sie gerade vorfindet. Sie ist daher nicht abhängig von einem asketischen Leben in Einsamkeit, wenn auch gelegentliche Zurückgezogenheit für Zeiten strengerer Übung sehr hilfreich sein können. Achtsamkeit vermindert die Unachtsamkeit und den unachtsamen Umgang mit sich selbst. In der Samyutta-Nikaya 47/19 sagt der Buddha: „Mich selbst werde ich schützen: So sind die Grundlagen der Achtsamkeit zu üben. Sich selbst schützend, schützt man den anderen. Den anderen schützend, schützt man sich selber. Und wie, o Mönche, schützt man, indem man sich selber schützt, den anderen? Durch regelmäßige Übung, durch Geistesentfaltung, durch ihre häufige Betätigung. Und wie, o Mönche, schützt man sich selber? Indem man den anderen schützt: durch Geduld, Gewaltlosigkeit, Güte und Mitleid.“

Ich meine, daß J.H. Schultz nicht in dieser Weise explizit, aber implizit auch den Wunsch gehabt hat, das Autogene Training als einen der möglichen Befreiungswege anzusehen. Er formuliert dies vielleicht etwas nüchterner, in einer anderen Sprache und in seiner Stellung in der Welt als Wissenschafter entsprechenden Form (10, S. 318): „Hier ist der Punkt, wo nach meiner Meinung die Arbeit des Autogenen Trainings ihren ganz bestimmt berechtigten und klar umgrenzten Platz in einer universell eingestellten Pädagogik beanspruchen darf.“

Und S. 319: „So kann zweifellos das Autogene Training als wertvolles Erziehungsmaterial angesehen werden. Der Umstand, daß die ihm zugrundeliegenden Reaktionen normal menschlich und daher die Leistungen der Arbeit für jeden Durchschnittlichen erreichbar sind, erlaubt eine völlig allgemeine Verwendung der Unterstufe für alle Gesunden, erlaubt psychische Hygiene in einem neuen, in vieler Beziehung bisher nicht erkanntem Sinne.“

J.H. Schultz ist der Meinung, daß die Hauptleistung des Autogenen Trainings die „Ruhigstellung“ wäre. Dies ist bedeutsam — für die äußere Lebensordnung und seiner Meinung nach auch für die störungsfreie Selbstentwicklung, die hinüberleitet zu einer ruhigen Haltung, die, organisch wachsend, in tiefstem Sinne echt werden kann.

Zusammenfassung und Ausblick:

Vorliegendes Referat versucht, eine bestimmte Facette des Lebenswerkes von J.H. Schultz aufzuweisen. Soweit mir bekannt ist, bemühen sich die meisten Arbeiten, die in der Nachfolge von J.H. Schultz erschienen sind, vorwiegend mit dem medizinisch-naturwissenschaftlichen Aspekt der Technik zur Beherrschung körperlicher Funktionen. Wie alle wissenschaftlich fundierten Techniken scheint sie keine Werthaltungen und überindividuellen Orientierungen zu geben, selbst dann nicht, wenn einzelne, die diese Technik beherrschen, sie zutagetreten lassen. Ich hoffe, es ist mir gelungen, dem Leser, der sich mehr dem medizinischen Aspekt des Autogenen Trainings zuwendet, erneut in Erinnerung zu bringen, wie umfassend das Gedankengut von J.H. Schultz ist.

Er hat sehr wohl die Beziehungen zu religiös geübten Meditations- und Versenkungsformen des Ostens gesehen und hat deren Ergebnisse zwar sehr nüchtern, aber doch eindeutig gewürdigt. Es war ihm klar, daß das Autogene Training, entsprechend geübt, ein Weg zur Selbstverwirklichung ist, ein Begriff, der besonders durch Maslow u.a. in letzter Zeit wieder modern geworden ist. Jeder, der sich längere Zeit mit dem Autogenen Training beschäftigt hat, weiß, daß *peak experiences* (Gipfelerlebnisse, Satori) bei kürzer und länger Übenden auftreten können. Menschen, die solcher Erlebnisse fähig sind, sind von sich aus oder aufgrund bestimmter Übungen „Selbstverwirklicher".

Darüber hinaus war J.H. Schultz klar, daß, wenn das Autogene Training in großer Breite geübt wird, auch bedeutende, allgemeinerzieherische (andragogische) Einflüsse damit verbunden sind, was ohne Zweifel auch in bescheidenem Maß gesellschaftliche Folgen haben muß.

Es ist für mich faszinierend zu sehen, wie J.H. Schultz sich immer wieder vor allem auf die naturwissenschaftlich faßbaren Phänomene, die im Autogenen Training auftreten, beruft und um eine gute neurophysiologische Basis für seine Ergebnisse bemüht ist, ohne dabei den Blick auf den Beziehungsreichtum der von ihm gefundenen Methode zu verlieren. Jemand, der Autogenes Training übt, erfährt eine Rückbindung (religio) zu seiner organismischen Basis und damit eine neue Verbundenheit mit Natur, Umwelt und Wachstumsprozessen. So kann die Übung, konsequent angewendet, dazu führen, das „kollektive Hypnoid", in dem wir alle existieren, zu durchschauen und sich davon zumindest teilweise zu befreien. In diesem Sinne sehe ich im Autogenen Training die Möglichkeit eines „Befreiungsweges".

Ein Vergleich mit der Sattipatthana-Vipassana-Meditationstechnik des Buddhismus schien mit deshalb von Bedeutung, weil auch J.H. Schultz einen mittleren Weg zwischen Körperlichem und Geistigem, zwischen Leib und Seele, einhält und beide in ihrer unlösbaren Einheit verbunden sieht. Die Sattipatthana-Vipassana-Methode, wie sie in einem Abschnitt des Referates beschrieben wird, ist auch eine apriorisch „psychosomatische Methodik", die vom Leib ausgehend den Geist, die Seele des Menschen, zu einer neuen Ordnung und zu neuem Wachstum anzuregen trachtet. Allerdings darf nicht übersehen werden, daß diese Methodik in das Welt- und Menschenbild, in die Philosophie und Psychologie des Buddhismus eingebettet ist und daher einen viel weiteren Rahmen und andere Ziele hat als das Autogene Training. Hier geht es tatsächlich um die Befreiung vom Leiden schlechthin, wobei Leiden nicht apriorisch im medizinischen Bereich als Krankheit gesehen wird, sondern als existentielle Befindlichkeit des Menschen. Die Meditationspraktiken des Buddhismus gehen also alle Menschen an und nicht nur jene, die an Krankheitssymptomen leiden. Die Basis der Achtsamkeitstheorie ist „die größere Lehrrede von den Grundlagen der Achtsamkeit" des Buddha, die Maha-Sattipatthana-Sutta, die in einer Übersetzung von Nyanaponika Mahathera vorliegt (6).

Ich habe versucht, umrißhaft die Lehre des Buddha und die Stellung der Achtsamkeit in dieser Lehre darzulegen, vor allem deshalb, weil der Weg der Achtsamkeit jener Befreiungsweg ist, der, um Nyanaponika zu zitieren, „weder eine stellvertretende Erlösung durch göttliche Gnade oder Mittlerschaft von Priestern kennt, die frei ist von Dogmen, vom Glauben an eine Offenbarung oder an eine andere noch so große Autorität." Sattipatthana ist also einer der Wege der Selbstbefreiung (= Befreiung vom „kollektiven Hypnoid"), und der Buddha zeigt lediglich auf, wie wir mit Hilfe seiner Erkenntnis unseren eigenen Weg finden können.

J.H. Schultz hat nüchtern wissenschaftlich, sehr bescheiden, sich darauf beschränkt aufzuweisen, daß das Autogene Training wertvolle pädagogische und psychohygienische Leistungen erbringen kann.

Und ich meine abschließend, daß J.H. Schultz dem Satz zustimmen würde, daß gesündere, gelassene, wachstumsbereite Individuen die beste Grundlage für eine gesündere und weniger vom Destruktionspotential getragene Gesellschaft wären.

Tabelle 1

Autogenes Training	Sattipatthana-Vipassana
Ziele: Symptomminimalisierung Heilung von Krankheiten Selbstverwirklichung	Kultivieren und Entfalten des Geistes, endgültige Befreiung vom Leiden
Voraussetzungen: (relative) geistige Gesundheit	totales Engagement, Durchaltervermögen, völlige Gesundheit
Lehrer/Leiter: optimal ein Arzt mit viel Selbsterfahrung im A.T.	Meditationsmeister/-lehrer und Kenner des Dhamma

Vorgangsweisen/Methoden

1. Zentrieren der Aufmerksamkeit auf einen Teil des Körpers

2. Einnehmen und Akzeptieren einer bestimmten (Körper-)Haltung

3. Auf- und Annehmen (Assimilieren) der Formeln

4. Übungsdisziplin!

5. Erleben und Annehmen der Gesamtumschaltung

6. Das Stufen-Programm (mit Unter- und Oberstufen-Inhalten)

7. Kontakt und Umgang mit der Tiefenperson

8. Ausarbeiten der Persönlichkeitsformel und Änderung der Lebenshaltung

9. Nutzung der erreichten größeren Autonomie in der Lebenspraxis: Selbstverwirklichung

---

1. Zentrieren der Aufmerksamkeit auf den Körper, zunächst auf die Atmung

2. Körperhaltung empfohlen, nicht strikt vorgeschrieben (innere Haltung wichtiger)

3. Verwendung von Meditationshilfen z.B. Atemzählen)

4. Übungsdisziplin!

5. Spezifikation der Achtsamkeit:

   a) Körper — Atmung
      —— Körperhaltung/Bewegung
      — Stofflichkeit des Leibes

   b) Gefühle
   c) Geist (Bewußtseinszustand)
   d) Geist-Objekte (Bewußtseinsinhalte)

6. Die prinzipiell geforderte Grundhaltung: eifrig, wissensklar, achtsam und wachsam, die Begehrlichkeit und den Trübsinn hinsichtlich der Welt überwindend

7. Die Beobachtung aller Prozesse innen (eigener Körper, Gefühl, Geist) und außen (bei anderen)

8. Alle Prozesse werden beobachtet in ihrem Entstehen, Vergehen, Entstehen-und-Vergehen

9. Die Übung vermittelt Einsicht in die Vergänglichkeit, Nichtwesenhaftigkeit und Leidhaftigkeit aller Daseinsgebilde und führt letztlich zur Erlösung vom Leiden.

Literatur:

1) *Blechschmid, E.:* Sein und Werden. Urachhaus-Verlag, Stuttgart 1983.

1a) *Braun, Claudia:* Buddhismus und Erziehung, Octopus-Verlag, Wien 1985.

2) *Capra, F.:* Das Tao der Physik. O.W. Barth im Scherz-Verlag, Bern, München, Wien 1983.

2a) *Erickson, M.H., Ernest L. Rossi, Sheila L. Rosse:* Hypnose (Induktion – Anwendung – Beispiele). Pfeiffer-Verlag, München 1978.

3) *Kalu Rinpoche:* Diamantweg. Octopus-Verlag, Wien 1979.

4) *Karwath, W.:* Buddhismus für das Abendland. Octopus-Verlag, Wien 1983.

5) *Naranjo, C., E. Ornstein:* Psychologie der Meditation. Fischer T.B. 1811. Fischer T.B.-Verlag, Frankfurt 1980.

6) *Nyanaponika:* Geistestraining durch Achtsamkeit. Christiani-Verlag, Konstanz 1975.

7) *Nyanatiloka (Übers.):* Visuddhi-Magga. Christiani-Verlag, Konstanz 1973.

8) *Rahula, W.:* Was der Buddha lehrt. 2. Aufl. Origo-Verlag, Bern 1982.

9) *Saher, P.J.K.:* Wege fernöstlicher Meditation, Octopus-Verlag, Wien 1980.

10) *Schultz, J.H.:* Das autogene Training. 7.Aufl. Thieme-Verlag, Stuttgart 1952.

11) *Somded Phra Nyanasamvara:* Betrachtung des Körpers. Octopus-Verlag, Wien 1980.

12) *Takeuchi, Joshinori:* Probleme der Versenkung im Urbuddhismus. E.J. Brill, Leiden 1972.

13) *Walsh, R.N.:* Psychologie in der Wende. Scherz-Verlag, Bern, München, Wien 1985.

14) *Watts, A.:* Psychotherapie und östliche Befreiungswege. Kösel-Verlag, München 1980.

15) *Uexküll v., Th. (Hrsg.):* Lehrbuch der Psychosomatischen Medizin. 3. Aufl. Urban u. Schwarzenberg, München, Wien 1986.

Vom Dabeisein zum Dasein

Skizzen zum AT

F. Sedlak

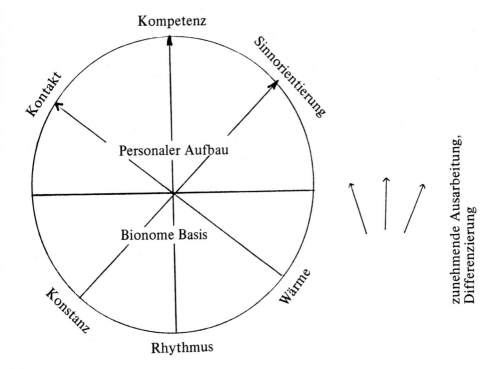

Bartl hat mehrfach, zuletzt auf dem 15. Internat. Seminar für AT und allg. Psychotherapie im September 1984, auf die Bedeutung des „Wie" gegenüber dem „Was" des therapeutischen Handelns hingewiesen, ganz besonders im Umgang mit psychosomatischen Kranken bzw. mit Grundstörungen. Seine Ausführungen zur Wärme, zum Rhythmus und zur Kontinuität sind hinlänglich bekannt. Er konkretisiert, was anderorts anklingt (z.B. bei Bauriedl, Riemann, Moser, Greenson, Rattner, um nur einige zu nennen).

In meinem Buch „Lebenskrisen – Lebenschancen" (zusammen mit B. Ziegelbauer) habe ich drei Momente herausgearbeitet, die in suizidalen Krisen maßgeblich werden: 1) Die Kompetenz oder Problemlösungsfähigkeit versus Hilflosigkeit, 2) der Kontakt, die Beziehungsfähigkeit und reale Eingebettetheit in eine Gemeinschaft versus einer Halt-Losigkeit und 3) die Sinnorientierung versus einer Hoffnungslosigkeit. Mit anderen Worten:

Der Mensch — ob jung oder alt — braucht die Fähigkeit zur Selbsthilfe und/oder den Halt in der Gemeinschaft und/oder die Einsicht in das Sinnhafte seines Daseins.

Für den „personalen Aufbau" ist daher besonders wichtig, Kompetenz, Kontakt und Sinnorientierung, sei es in Therapie oder Erziehung, wachsen zu lassen. Es handelt sich um wesentliche Faktoren, und es nimmt daher nicht wunder, daß sich Zusammenhänge zu den drei von *Bartl* formulierten Variablen des therapeutischen Agens herstellen lassen: Die Wärme, die ich als Therapeut gebe, die Schutzhülle, die **mütterliche Zuwendung ist sozusagen die Urform des Kontakterlebens.** Hier sehen wir einen eindeutigen Zusammenhang. Auch zwischen Rhythmus und Kompetenz besteht eine Verbindung: **Wer sein Leben meistern kann, gerät nicht so leicht aus dem Rhythmus,** wenn er Belastungen ausgesetzt ist, er hat den Schwerpunkt in sich selbst gefunden, der ihm ausreichende Stabilität und zugleich flexible Schwingungsbreite ermöglicht. Der „gesunde" Mensch ist im Rhythmus, er hat seinen Takt gefunden, mit dem er den Schwierigkeiten des Lebens begegnet. Aber auch von der dritten Variablen, der von *Bartl* formulierten Kontinuität und Konstanz, dem Dabeisein, läßt sich eine direkte Linie ziehen zum Trachten nach bestehenden Werten, zur Konstanz im Dasein. **Das Dabeisein wird zum Dasein, die Konstanz zur Frage nach dem, was über mich hinaus besteht bzw. über mich hinausweist.**

Der Zusammenhang zwischen den unabhängig voneinander formulierten Dimensionen therapeutischen Handelns Wärme-Rhythmus-Kontinuität und den Dimensionen der Krisenbewältigung Kontakt-Kompetenz-Sinnorientierung wird lebendig im Autogenen Training, sowohl von seinen bahnenden Effekten her, wie auch der Internat. Tagung in Bad Gastein eindrucksvoll demonstriert wurde, als auch von den Erwartungen und Problemen von Kursteilnehmern, wie die nachstehende deskriptive empirische Untersuchung belegt*). Bahnende Effekte sowohl in Richtung „bionomer Basis" als auch in Richtung „personaler Aufbau", weil das Autogene Training die therapeutische Arbeit in Richtung KB, Oberstufen-AT, analytischer Arbeit usw. erleichtert bzw. bahnen hilft.

100 AT–Kursteilnehmer

davon 70 Frauen
　　　　30 Männer

Alter　3 unter 20a
　　　　19 zw.　　20 und 30a
　　　　30 zw.　　30 und 40a
　　　　20 zw.　　40 und 50a
　　　　11 zw.　　50 und 60a
　　　　10 zw.　　60 und 70a
　　　　 5 zw.　　70 und 80a
　　　　 2 über　　80a

Es handelt sich um eine Zufallsstichprobe von Teilnehmern an Autogenen Trainingskursen, die ich im Zeitraum der letzten drei Jahre (1982 − 1984) abhielt. Die folgenden — schlagwortartig zusammengestellten — Daten entstammen Eingangsbefragungen beim ersten Kurstreffen (diese Befragung erfolgt sowohl im Gruppengespräch als auch in Einzelangaben auf einem eigens von mir erstellten Fragebogen). Die dargestellten Angaben

---

*) Die Untersuchungsdaten wurden nicht nach den obenstehenden Variablen kategorisiert. Ob und wie diese Kategorisierung gelingt, mag als Herausforderung für jeden Interessierten verstanden werden.

sind als Selbsteinschätzungen der Kursteilnehmer zu verstehen, die aber im Bereich der psychischen Beschwerden teilweise, bei den somatischen Beschwerden fast ausnahmslos schon bei Kursbeginn durch den überweisenden Arzt validiert waren.

Psychische Probleme

Existenzängste   18%

Depressionen   16%

Partner-, familiäre Konflikte   12%

Todesfälle   3%

Kontaktprobleme, Unsicherheit,

Hemmungen   9%

Konzentrationsfähigkeit   8%

Angst vor Krankheit   3%

Körperliche Beeinträchtigungen   2%

Prüfungsangst   2%

Manie   1%

berufliche Probleme   2%

innere Unruhe   12%

Reizbarkeit   6%

Grübeln   4%

Angst um Familie   3%

Gefühl der Fremdheit   1%

Erwartungen

Entspannung, Streßabbau   35%

Selbstfindung   2%

Konzentration   14%

Flexibilität in verschiedenen Situationen 3%

Angstabbau   3%

Depressionsabbau   12%

Selbstsicherheit   7%

Schlafregulierung   8%

innere Ruhe   37%

Leistungssteigerung   5%

Körper steuern   9%

Somatische Beschwerden

(größtenteils vom überweisenden Arzt diagnostiziert)

Magen-Darmbereich   15%

Übergewicht   3%

Kopfschmerz, Nerven   14%

Kreislauf   14%

Schlafstörungen   15%

Streß   11%

Haut   1%

Herz-Atem   14%

Wirbelsäule, Gelenke   13%

Rheuma   4%

Durchblutung   5%

Nervosität   13%

Muskelverspannung   5%

Vegetative Dystonie   3%

Ich könnte ganz glücklich sein

es schaffen, bewußt zu leben, genießen, freier fühlen   4

wenn ich mich selbst verwirklichen könnte   1

ohne allgemeinen Egoismus   1

ohne Probleme   8

mehr Selbstbewußtsein   2

mehr Selbstliebe   1

wenn der geliebte Mensch zu mir gehört   1

wenn die Diplomprüfung vorbei wäre   1

weniger Arbeit hätte, Leistungsdruck   3

Ruhe und Frieden überall wäre   1

ohne Selbsthaß   1
mit mehr Gelassenheit in verschiedenen Situationen   4
ohne Nervosität, Streß   2
ohne Hemmungen und Unsicherheit   1
wenn ich wieder arbeiten könnte   1
mit mehr Selbstvertrauen   1
wenn ich täglichen guten erquicklichen Schlaf hätte   1
mehr Beherrschung hätte   1
ein festes Ziel hätte   1
ständige Ausgeglichenheit   1
wenn ich jedem Menschen helfen könnte   1
wenn mir das Training hilft   1
wenn Gatte mich so liebte wie vor 10 Jahren   1
abschalten könnte   1
wenn ich wüßte, was Glück ist   1
hätte ich das innere Gleichgewicht   1
seelische Belastung durch Krankheit des Partners   1
wenn ich mit meinem Mann alt werden könnte   1
wenn ich alleine ohne Angst reisen könnte   1
wäre ich gesund   2
Angst, (Probleme nicht zu meistern)   2
intensivere harmonische Partnerbeziehung   1
ohne Grenzerlebnisse   1
wenn und aber   1
wenn ich Positives annehmen könnte   1
positive Lebenseinstellung   1
wäre ich nicht allein   1

Ohne meine Probleme

hätte ich 20 kg weniger   1
wäre ich ein freier Mensch   3
fehlte das Salz   1
nicht vorstellbar   2
wäre alles halb so schlimm   4
wäre mir langweilig   1
wäre ich zufriedener   16
wäre ich ein Übermensch   1
weniger Streß   2
wäre ich ruhiger   3
wäre ich nicht im Kurs   3
wäre ich teils freier, teils ohne Ziel   1
wäre nicht glücklich   1
hätte ich weniger Probleme und Rheuma   1
hätte ich mehr Erfolg   1
wäre das Leben lebenswert   1
würde ich das Berufsleben meistern   1
könnte wahrhaftiger sein   1

Am wichtigsten

wäre mir mehr Lebensfreude   1
Gesundheit und (Familie)   24
Zufriedenheit, Freude   5
Konzentration   1
nicht alles todernst nehmen   1
glückliche Kinder   1
gute Freunde   1
Probleme in den Griff bekommen   3
mein Kind   1
echte Partnerschaft + Beruf (sich verwirklichen)   2
weniger Belastung, mehr Erholung   1
Liebe, Beruf, Geld   1
Sport und Musik   1
ein tiefer Schlaf   1
daß jeder gelebte Tag sinnvoll genützt wurde   1
in jeder Situation ein Mensch ein Mensch bleibt   1
mein Beruf   1
gemeinsamer Lebensabend   1
gute Ehe   1
sollte ich mir sein   1
intakte Umwelt   2
mich finden, behaupten   1

Was mir zu schaffen macht

meine Feigheit   1
schleimige Typen (Ärger)   1
Familienmitgliedern bei Schwierigkeiten nicht helfen können   1
Sorge um Familie, Gesundheit   1
Streß   1
Unausgefülltheit   2
keine Unternehmungsgeist   1
vieles schlucke ohne abzulassen   1
Anatomieprofessor   1
die heutigen Moralbegriffe   1
häufige Intoleranz   1
Zukunftsplanung   3
daß ich vieles zu schwer nehme   1
Überlastung (Beruf + Haushalt)   3
Angst vor fremden Menschen   1
kein Beruf, da Kind + Haus + Beruf überfordern würden   1
Komplexe, Konzentration   3
Überforderung im Beruf   3
gestörte Nächte – kurzer Schlaf   1

persönliche Angriffe ohne sachlichen Hintergrund   1
Gesundheit   5
versuche ich in den Griff zu bekommen   1
weiß ich selbst nicht genau   2
keine Ruhe finde   2
bevorstehende Scheidung   1
ist nicht schlimm   1
selber die Freizeit gestalten   1
esse zuviel, wenn ich allein bin   1
Diskrepanz Karriere – Mutter   1
Partnerkonflikte   1
Unaufrichtigkeit des Ehepartners   2
nervös und ängstlich   1
Depression   1
Abenteuerlust gegen geordnetes Leben   1
Suche nach Anerkennung   1
meine Sensibilität   1
Gefühl, gelebt zu werden   1
kann meine körperlichen Beschwerden nicht deuten   1
Leben meiner Tochter   1
schaue zu wenig auf mich, muß akzeptieren   1
Erregbarkeit   1
Umsetzung vom Wollen und Tun   1
Entzugserscheinungen (Alkohol)   1
Einsamkeit   1
ich selbst   1
Arbeiten zu Ende bringen, Überwindung von Unlust –   1
ewige Gefühle, Dinge nicht getan zu haben   1
Erwartungen entsprechen   1

Ich bin

im großen und ganzen mit meinem Leben zufrieden   12
realistisch und egoistisch   1
labil   1
sensibel, verspannt   1
sehr nervös   1
normal   1
stolz, aufgerafft zu AT-Kurs   1
gerne inmitten meiner Familie   1
mit Privatleben zufrieden   1
für die Familie da   1
ich   1
sehr unausgeglichen   1
froh, daß das Leben harmonisch verläuft   1
unzufrieden, wenn ich durch meine Unfähigkeit nicht helfen kann   1

172

verzweifelt, unglücklich, drehe durch   2
Alkohol   1
zu jähzornig   2
dumm   1
anders, als ich mich gebe   1
anders, als die anderen erwarten   1
mit mir ident   1
sehr traurig – Schicksalsschlag   1
mit mir unzufrieden   3
inkonsequent   1
glücklich   1
gesellig, lustig   1
unsicher, depressiv   1
zu ruhig und gehemmt   1
berufliche überlastet, zu engagiert   1
abenteuerlustig   1
immer in Hochspannung   1
oft mein eigener Feind   1
sehr unwissend   1

Wenn ich nochmals anfangen könnte

würde ich das gleiche Leben führen   1
würde ich einen anderen Beruf wählen   1
würde ich vieles anders machen   1
würde ich ehrlicher und freundlicher sein   1
würde ich nicht alles so wichtig nehmen   1
würde ich mit anderen über meine Lebensart reden   1
würde ich früher Kinder haben   1
wäre ich energischer, hätte mehr Durchhaltevermögen   1
würde ich mehr Zeit für mich haben, nicht hetzen lassen   1
würde ich genauer leben   1
was ich nicht bedauere, würde ich wieder tun   1
würde ich Hausfrau   1
würde bei den ersten Beschwerden etwas tun   1
würde ich mehr lernen   1
würde ich studieren, Studium beenden, ergänzen   1
würde ich Beruf und Familie vereinbaren   1
hätte ich keine Kinder   1
seelische Bindung (Abhängigkeit) vermeiden   1
nicht so treiben lassen   1

Wärme – Kontakt, Rhythmus – Kompetenz und Kontinuität – Sinnorientierung sind die Bahnen, auf denen sich die Probleme und Erwartungen der Kursteilnehmer bewegen und auf denen Entspannung und weiterführende Therapie fortschreiten!

Literatur:

G. Bartl: Diagnose und Therapie psychosom. Erkrankungen in der Allgemeinpraxis. Ärztl. Pr. u. Psth. 3/1981

ders.: Der Umgang mit der Grundstörung in der Allgemeinpraxis. Ärztl. Pr. u. Psth. 3/1983.

Th. Bauriedl: Beziehungsanalyse. Suhrkamp Verlag, Fr. a. M. 1983[2].

R.R. Greenson: Technik und Praxis der Psychoanalyse. Bd. I. Klett-Cotta 1981. Stuttgart.

J. Rattner: Heilung durch das Gespräch. Verlag f. Tiefenpsychologie, Berlin, 1977.

F. Riemann: Grundformen helfender Partnerschaft. Leben lernen 10. Pfeiffer, München 1982[4].

F. Sedlak, B. Ziegelbauer: Lebenskrisen – Lebenschancen. Öster. Bundesverlag, Wien 1982.

F. Sedlak: Gedanken zum dialogisch-kommunikativen Charakter des Autogenen Trainings. Ärztl. Pr. u. Psth. 1/1981.

Wie wurde die „Funktionelle Entspannung" (FE) zu einer psychosomatischen Therapie?

Marianne Fuchs

Eine Methode, die als psychosomatisches Therapieverfahren vorgestellt wird, muß eine Zeit der Bewährung bestanden haben. Eine Methode, die Patienten mit funktionellen oder psychosomatischen Störungen helfen will, sollte tiefenpsychologisch fundiert sein, auf die Grundlagen bezogen, die sich aus der psychoanalytischen Theorie entwickelt haben. Die Wege, die dann zu dem „fundierten" Ziel führen, können verschieden sein, wenn ihre Spuren nur tief genug angelegt sind.

Gemeinsame Grundlagen in diesem Sinne sind:

1. Das Anerkennen, daß es Unbewußtes gibt, daß es heilsam **und** krank machend wirkt.

2. Die Einsicht, daß das subjektive Empfinden und die sich einprägenden Gefühle entscheidend die Entwicklung des Menschen bestimmen, daß frühe Beziehungserfahrungen für Leib und Seele wesentlich sind.

3. Daraus ergibt sich eine anthropologische Medizin, die den Menschen in seinem Kranksein multifaktoriell bestimmt sieht. Damit kann der Kranke von mehreren Seiten her angefragt werden: somatisch samt seinen genetisch-konstitutionellen Anlagen und seinem Fehlverhalten, psychodynamisch bestimmt durch seine Lebens- und Familiengeschichte, soziodynamisch verflochten in eine engere und weitere Umwelt, die geistig wie er selbst geprägt und bestimmt ist von Hoffnungen und Erwartungen, von Gewinn und Kritik und Vorteilen und Leiden an einer Gesellschaft und einer Kultur, in der er lebt und die er mitgestaltet.

4. Gemeinsame Therapiewege können sein: tiefer fragen, tiefer suchen, wo „es" nicht stimmt, wo „Grund-Störungen" vorliegen. „Erinnern, wiederholen, durcharbeiten", um zu verstehen, was beigetragen hat zum Krankwerden **oder** was beitragen kann zum Gesundwerden.

Wir wollen die uns allen vertrauten Worte leibhaft hören: Beunruhigendes wird verdrängt, Kränkendes wird vergessen. Nun wird es aufgedeckt, tief innen aufgelöst, er-innert, um es loszuwerden oder zu integrieren. Dazu gehört Neugier, Unterscheiden von Wahrgenommem und Entscheiden, was angenommen oder abgewehrt werden soll. Das gilt ebenso für leibliches Fehlverhalten, auch wenn es unsichtbar ist. Hier setzt die FE ein. Der Patient entdeckt bei dieser Methode Störendes und Hilfreiches in sich.

Der Weg zu diesem Kennenlernen geht in der FE über das Empfinden und Wahrnehmen, setzt an den **Klagen** des Patienten an. Er darf sein Befinden ausführlich beschreiben. Wir rechnen mit Schmerzen, Unbehagen, Verstimmungen, Leistungsabfall, Übererregung, Antriebslosigkeit u.a. Wenn wir geduldig zuhören und nachfragen, findet der Patient Ausdruck für seine Eigenwahrnehmungen, Sprache für seine Störungen, die er leibhaft erleidet. Der Patient wird durch die FE neugierig für sein Körpergefühl, auch für seine gesunden Anteile. Er findet sie durch Auflösen von Fehlverhalten, durch Entdecken von Qualitätsunterschieden, von anderen Möglichkeiten im Umgehen mit sich selbst. Wir arbeiten nicht mit Übungen, die vorgeschrieben sind, sondern mit dem spielenden Probieren, mit Unterscheiden und Entscheiden. Das führt, begrenzt entspannend, zum Aufdecken von unbewußt gewesenem Fehlverhalten, zu einem vertieften Atemrhythmus und zum verbesserten funktionellen Gleichgewicht. Der Patient erfährt eine Vitalisierung durch tiefere Antriebe, durch die Stärkung des klein geschriebenen „es", das Sie vom AT kennen. Das bleibt ein entscheidendes Lernziel der FE. Ein psychosomatischer Gewinn wird diese Rhythmusvertiefung, weil damit Gelassenheit, Antrieb und Vertrauen gewonnen wird.

Die lebensgeschichtlichen Zusammenhänge stehen in der FE nicht an erster Stelle, wenn sie, wo notwendig, auch nicht übersehen werden. Wer mit dieser Methode arbeitet, sucht mit dem Patienten einen Weg, wie er mit sich selbst anders umgehen kann, eine Hilfe zur Selbsthilfe bekommt, um mit Störungen zu leben.

An dieser Stelle lassen Sie mich einen historischen Rückblick machen. Gemeinsames und Verschiedenes von Körpertherapie und Psychotherapie soll deutlich werden. Beide fragen nicht nach Krankheit, sondern nach dem kranken Menschen, nach seinem besseren Gleichgewicht, nach seiner psychosomatischen Einheit. Aber der Stil der Menschenführung hat sich geändert. Nicht nur durch die Psychoanalyse wurde die Einstellung zum menschlichen Körper enttabuiert. Gegen eine einengende, autoritäre Erziehung, die im Turnen militärische Züge hatte, richtete sich schon am Anfang dieses Jahrhunderts eine andere, gewährende, entwicklungsbegleitende Menschenführung. Heil- und Waldorfpädagogik, Montessori-, Landschulheim- und Gymnastikbewegung gehören dazu. Wer sich dazu rechnet, macht sich zum Anwalt der Schwächeren, fördert weniger die Leistung als das Kreative beim einzelnen, traut der Selbsterfahrung und den Selbstheilungskräften etwas zu.

In Deutschland entstand eine Gegenbewegung zur Volksertüchtigung des Turnvater *Jahn*, die vorwiegend für Männer gedacht war. Schon am Ende des 19. Jahrhunderts bildete sich eine Bewegung für Körperkultur, die gesundheitliche Reformbewegungen ebenso einschloß wie Bestrebungen der Frauenbewegung. Natürliche Kleidung, Ernährung, Bewegung, die weibliche Rolle in der Männergesellschaft waren damals schon ein Thema.

Die Anfänge lassen sich ins 18. Jahrhundert verfolgen. Der künstlerische Ausdruck sucht Naturgefühl und Formempfinden zu einer Einheit zu bringen. Die „aesthetische Erziehung des Menschen" taucht schon bei Rousseau und Schiller auf und 1805 bei *Pestalozzi*. Sie bedeutet eine Abkehr vom Leistungsdrill zugunsten einer „Körperbildung".

Der menschliche Ausdruck – *Lessing* nennt ihn „die körperliche Beredsamkeit" – soll sich entfalten. Das bedeutet eine positive Einstellung zur Leibhaftigkeit, zur Natürlichkeit. Freilich verband sich damit viel Idealistisches, Harmonisierendes.

Der neue, pädagogische Weg läßt dem einzelnen mehr Freiheit im körperlichen und seelischen Ausdruck, damit Spontanität und Unbefangenheit erhalten bleiben, die das Kind noch hat.

Diese Art von Körperbildung meldet den Anspruch an, Menschenbildung zu sein. Zwischen 1850 und 1870 hat *Delsarte*, ein französischer Schauspieler und Professor für Gesang und dramatische Kunst in Genf, seine Schüler in diesem Sinne geführt. Der „natürliche Fluß harmonischer Gliederführung" wird sein Thema, das er an den Bewegungen der Kinder und an griechischen Kunstwerken studierte.

Heinrich von Kleist schrieb einen „Philosophischen Exkurs über das Marionettentheater".

Die natürlichen Bewegungen dieser Puppen faszinierten ihn. Er spricht nicht nur von der Ästhetik oder Harmonie, sondern von dem „störenden Bewußtsein" beim Menschen, welches das natürliche, einfache Sein verändert. Analytisch gesagt, ist das der von Über-Ich gesteuerte Mensch. *Kleist* weiß aber auch, daß die seelische Empfindung nach körperlichem Ausdruck sucht. Wörtlich steht dort: „Die Seele sitzt ihr (der Puppe) in den Wirbeln des Kreuzes! oder gar . . . im Ellbogen!"

Um das übersteuerte, unökonomische Bewegen natürlicher zu machen, schlägt er vor, sich mit Schwerkraft und Rhythmus vertraut zu machen. Er sagt: „Jede Bewegung hat ihren Schwerpunkt . . . Es wäre genug, diesen in dem Innern der Figur zu regieren." Er meint, der Mensch käme nur „durch ein unendliches Bewußtsein" oder, wenn er gar keines habe, wie das Kind, zu dem natürlichen, einfachen Da-sein. Das ist aus seiner Zeit zu verstehen, die vom Unbewußten wenig wußte. Wir werden später noch einmal auf dieses Angebot der Schwerkraft und des Rhythmus zurückkommen.

Zunächst zurück zu den Anfängen der Körperbildung. Bei *Delsarte* lernte eine Amerikanerin, *Genevieve Stebbins*. Sie baute ab 1880 ein geschlossenes System gymnastischer Erziehung auf. Rhythmus und Schwerkraft spielten dabei schon eine Rolle. Denn es ging nicht um Ertüchtigung, sondern um rhythmisch-harmonische, das heißt innenbeteiligte Bewegungsformen, die Entspannen und lebendiges Entfalten — also den Atemrhythmus — einbezogen.

Eine Schülerin von ihr war die Schwedin *Bess Mensendieck*, die Urgroßmutter der deutschen Gymnastik und der FE. Ihr Schwerpunkt galt der gesundheitlichen und wissenschaftlichen Vertiefung der neuen Einsichten. Meine gymnastische Ausbildung beruht, wie Sie wissen, auf dieser soliden Grundlage und den künstlerischen Anregungen der Günther-Schule mit *Carl Orff* in München. Anregungen aus der Schlaffhorst-Andersen-Atemschule kamen hinzu. Dort wurde eine sehr differenzierte Stimmbildung entwickelt, die den Antrieb aus dem Zwerchfell respektierte.

Eine zweite Schülerin von *Stebbins* war *Hedwig Kallmeyer*, die außer Frau *Mensendieck* die neue Arbeitsweise in Deutschland einführte. Eine Schülerin von ihr ist *Elsa Gindler*, die Großmutter der KBT. Wir sind damit wieder im 20. Jahrhundert und haben die Einsichten verfolgt, die zu stimmenden Bewegungsansätzen führen.

Die künstlerisch-musischen Anregungen, die von *Delsarte* ausgingen, verbanden sich nicht nur mit diesen gesundheitlich-natürlichen Ansprüchen zur Menschenbildung. Über Genf kam *Jacques Dalcroze*, ein Musikpädagoge, nach *Dresden* und baute in Hellerau-Laxenburg seine rhythmische Gymnastik aus. Daraus entwickelte sich die Rhythmik und die Musiktherapie, der Ausdruckstanz und die Tanztherapie im Gegensatz zum Ballett. *Wigman, Laban* und viele andere qualifizierte Tanz- und Gymnastikschulen haben ihre Wurzel dort. *Gerda Alexander*, die Begründerin der Eutonie, beruft sich auch auf *Dalcroze*. Die deutsche Jugendbewegung verbreitete seit Anfang dieses Jahrhunderts bis 1933 den Wunsch nach Natürlichkeit und persönlichem Ausdruck. Damit waren diese Reformbewegungen nicht mehr vorwiegend an Frauen gerichtet.

Ende der zwanziger Jahre habe ich als freie Mitarbeiterin in diesem Sinne mit Patienten der Marburger Universitäts-Nervenklinik gearbeitet. Sie waren außerdem in einer psychotherapeutischen Gesprächstherapie. Der Pionier für diese psychosomatische Zusammenarbeit war *Mauz*, damals Oberarzt bei *Ernst Kretschmer*. Diese Zusammenarbeit wurde für mich sehr wichtig, weil ich Wege suchen mußte, wie Menschen, die zu ihrem Körper selbst keine natürliche, ungestörte Verbindung hatten, Spürsinn für sich finden konnten.

Die unsichtbaren Seiten, das leibliche Unbewußte, die autonom funktionierenden Bereiche mußten nachentwickelt werden. Dann erst stimmt der Satz: „Wer lassen kann, wird gelassen", oder wer seine **Empfindungsfunktion** differenziert, sein Eigengewicht kennt, kann besser mit Affekten und Emotionen umgehen. Auch stimmt es, daß der, der sich auf seine Mitte Rhythmus-orientiert einläßt, flexibel wird in Beziehung und Distanz. Er lernt warten und bei sich sein, ohne sich abzuschließen.

Ohne die Begegnungen damals in Marburg mit diesem psychotherapeutischen Arzt und später mit noch vielen anderen wäre die FE nicht geworden. So ist es auch bei *Elsa Gindler*, die von Psychotherapeuten Anregungen bekam **und** gab. Ein Teil ihrer Schülerinnen emigrierte. Denn ab 1933 wurden nicht nur die Juden, sondern alles Individuelle, Psychodynamische verteufelt. *Charlotte Selver* entwickelte in USA ihre Methode, die sie „sensory awareness" nannte, und arbeitete mit Psychologen und Psychoanalytikern. *Fritz Perls* übernahm manches davon in seine Gestalttherapie, die die Körpersprache benützt, vorwiegend um hinter die verborgenen Erlebnisse zu kommen. Eine gescheite Analytikerin bemerkte einmal, daß diese Methode eigentlich „Erlebnistherapie" heißen müßte und die FE „Gestalttherapie", weil bei uns der Leib das aufdeckende und verarbeitende Medium, das ausdrucksvolle „Material" bleibt. Eine andere Schülerin von *Elsa Gindler* ist *Gertrud Heller*, die nach England/Schottland emigrierte. Sie arbeitete im Chrichton Royal Mental Hospital bewegungstherapeutisch mit neurotischen und psychotischen Patienten. Wir alle, die diesen psychagogischen Stil vertreten, legen Wert darauf, daß wir keine Krankengymnastinnen sind, sondern mit diesem entwicklungsbegleitenden, einfühlenden „Üben ohne Übungen" das Gesunde im Menschen herauszulocken verstehen. Bei Frau Heller lernte *Helmut Stolze*, der die **konzentrative Bewegungstherapie** daraus entwickelte.

Lassen Sie uns wieder zurückfinden zum psychosomatischen Zusammenhang, zu den Therapeuten, die nicht nach der Krankheit, sondern nach dem kranken Menschen fragen.

In derselben Zeit, in der sich ein neues, unbefangeneres Körpergefühl entwickelte, entstand in **Wien** die **Psychoanalyse**, die nach krank machenden Erlebnissen beim Menschen suchte, die an gesellschaftliche Tabus rührte, die viele Widerstände — leiblich gesprochen — Blockaden, aufzulösen hatte. Die Psychoanalyse und die sich daraus entwickelnde **Psychotherapie** und **Psychagogik** suchen nach einem besseren Gleichgewicht zwischen bewußt und unbewußt, zwischen Ich und Es. So harmonisierend, wie es bei der Gymnastik und der ästhetischen Bewegung für Körperkultur zuging, ist eine solche Therapie nicht. Weder mit harmonisierenden Angeboten, wie sie in der **Atemtherapie** bevorzugt werden, noch mit ermutigendem Appell an Wille und Verstand kommen wir **tiefen Störungen** auf die Spur. Verdrängte Empfindungen, verletzte Gefühle, Fehlprägungen und Fehlverhalten müssen oft mikroanalytisch in unsichtbarem, bisher unbewußtem Verhalten aufgedeckt und bearbeitet werden. Das verbindet ernsthafte Körpertherapie mit der Psychotherapie. Durch die FE lernt der Patient sehr konkret sich selbst zu entdecken, sich anzunehmen, sich leben zu lassen und für Empfindbares nach Sprache zu suchen. Das Spiel mit dem eigenen Gewicht, mit kleinen Bewegungsreizen und mit dem eigenen Rhythmus läßt sich auch in der Ruhe erfahren.

Wie aber gingen die psychosomatischen Anregungen aus Marburg bei mir weiter? Ich gab meine berufliche Tätigkeit dort 1936 auf und zog mit meinem Mann nach **Heidelberg**. Das ist die eigentliche **Geburtsstadt** der FE. Ich kann mir die Geschichte schenken, denn sie steht ausführlich in meinem Buch. Weil es gelungen ist, die schwere Rhythmusstörung unseres Kindes, das schon 1-jährig an einer therapieresistenten spastischen Bronchitis litt, aufzulösen, seine Beziehung zu sich selbst geduldig, nonverbal und mit Tönen zu vertiefen, war ich überzeugt, dem gestörten **leiblichen Unbewußten** über den **unbewußten**

Atemrhythmus helfen zu können. Die **Geburtsstunde der FE** ist **1946**. Es war ein Gespräch mit dem Internisten *Richard Siebeck*, dem Leiter der Universitätsklinik für innere Medizin, dem es, wie *Mauz*, um das menschliche Krank-sein ging. Er beschäftigte mutig seit 1942 eine Psychotherapeutin an seiner Klinik. Ich erinnere meine arglose Formulierung: „Ich glaube, ich habe mit dieser Behandlung den Einschlupf ins vegetative Unbewußte!" *Siebeck* erwiderte lächelnd: „Wenn Sie über die **unbewußte Atmung** Einfluß auf das Vegetativum nehmen können, wäre das ja ein Weg, unsere funktionell Gestörten ins Gleichgewicht zu bringen. Wir können nur sedieren oder anregen. Das interessiert mich!" Damit fing für mich eine intensive Zusammenarbeit mit dieser Klinik an, besonders mit der Abteilung von *Viktor v. Weizsäcker.*

Wodurch wird Funktionelle Entspannung ein psychotherapeutisches Verfahren?

Zunächst wurde die Methode unter „pragmatische Psychotherapie" eingeordnet, weil sie vom Hier und Jetzt ausgeht und sich an der Realität des Leibes orientiert. An ihm wird mit der FE eine leibliche Analyse vorgenommen. Ein vertiefter Eigenrhythmus kann ein besseres Umgehen mit sich und anderen bringen, umso mehr wenn der Patient die Bedeutung seines Körpererlebens für sich und sein soziales Umfeld erfährt.

Wenn unsere Patienten ihre Befindlichkeit ausführlich beschreiben dürfen, bekommen sie Zutrauen und wir ein Bild — gerade über die „Leibsprache". Dort sind sie aus dem Gleichgewicht gekommen. Was wollen wir unter „Gleichgewicht" verstehen? Der Patient soll mit sich selbst und mit seiner Umwelt in einer lebendigen Beziehung, im Austausch sein. Seine Fähigkeiten und Möglichkeiten, seine Bedürfnisse und Hoffnungen sollen eingebracht werden, wenn sie auch nicht immer erfüllbar sind. Enttäuschungen hinnehmen, nach neuen Wegen suchen, veränderungsbereit bleiben — auch das mit sich selbst Alleinsein — gehören dazu.

Für die FE öffnet sich hier ein weites Feld, nach Gleichgewicht über den Rhythmus zu suchen. Denn alle unsere Patienten haben verborgene Ängste, die leiblich Blockaden und Atemrhythmusstörungen auslösen. Der FE-Therapeut sucht mit dem Patienten das Gleichgewicht zwischen Entspannen und Angespanntwerden. Verdrängte Innenbereiche können gefunden und eine flexible Haltung kann gewonnen werden.

Der Patient erfährt über das empfindbare, begrenzte Loslassen eine tiefere Beziehung zu sich selbst. Er entdeckt Bodenkontakt und Haltgebendes in sich und gewinnt eine neue Sicherheit durch spürbare, autonome Antriebe. Alle Appelle an den Willen, an das Sich-Zusammennehmen brachten bei diesen Patienten bisher keinen Erfolg, möglicherweise sogar Verschlechterung ihres Zustands. Nun wird dem Patienten erlaubt, sich gehenzulassen, aber sich gleichzeitig zu empfinden. Wo? In welcher Richtung verändert sich etwas in ihm? Durch Veränderung, um des Rhythmus willen, durch Schwerkraft, durch Entdecken des Eigengewichtes findet der Patient selbst die Richtung des Entspannens im Zusammenhang mit dem Aus(atmen). Das bestimmt die individuelle Begrenzung des Vorgangs, verhindert das Absinken ins Hypnoid. Ein konkretes Empfinden für Veränderung läßt sich entwickeln, sowohl nach abwärts, einwärts, wie nach aufwärts, auswärts. Sich rühren und sich rühren lassen führt zu Ruhe und Antrieb, zum Eigenrhythmus.

Abschwellen — Ende — Neubeginn — Anschwellen: das sind Lebensvorgänge, die der Funktions- und Rhythmusforschung bekannt sind. Die FE legt Wert darauf, daß sie den **autonomen** Antrieb, der **nicht machbar** ist, zu ermöglichen versteht. Der ordnende Einfluß auf das **vegetative Nervensystem** geht über den unbewußten Atem, über die autonome Antriebskraft des Zwerchfells. Dieser Zugang interessierte damals *Siebeck* und alle FE-Therapeuten bis heute. Der **Rhythmus** muß nach und nach an die **Basis** zurückgeführt und schließlich aus der Ruhe entwickelt werden.

Früher nannte man das Vegetativum das „autonome Nervensystem". Obwohl das nicht mehr gebräuchlich ist, weil das Wort „autonom" eine andere Bedeutung bekommen hat, benütze ich den Ausdruck „autonom" weiterhin gern. Er soll verstanden werden im Sinne von „selbsttätig", „automatisch", meinem direkten Willen entzogen. Weil die FE einen indirekten Zugang zu dieser autonomen Steuerung des Zwerchfells hat, Rhythmus-zentrierend wirkt, stärkt sie autonome Ichfunktionen über das „leibliche Unbewußte". In diesem Sinne gehört die Methode schon lange zu den aufdeckenden Verfahren der Psychotherapie.

Dazu eine Erinnerung an *Viktor v. Weizsäcker*. Bei einer Fallbesprechung 1950 sagte er zu mir: „Ich glaube, Ihre Erfolge kommen daher, daß Sie Ihre Patienten immer zwei Dinge auf einmal machen lassen: tun und empfinden, Stimme einsetzen und spüren, bewegen und wahrnehmen. Eines oder das andere bleibt dann mehr oder weniger **unbewußt**. Wir in der Psychoanalyse haben – mit *Freud* – gemeint, aus Es muß Ich werden. Ich glaube, es ist ebenso wichtig, daß aus „Ich" wieder „Es" wird." 1951 hat er diesen Satz in „Der kranke Mensch" und in „Diesseits = Jenseits der Medizin" veröffentlicht.

Zur psychoanalytischen Theorie gehört das groß geschriebene „Es", das als Teil des Unbewußten bekannt ist. In der „Klinik der Gegenwart" lese ich: „Das Es ist eine Art Ordnungssystem des psychischen Apparates." Und *Groddeck* sagt, daß dies Es zum Somatischen hin offen ist, und daß es sich im Rhythmus ebenso äußert wie im Symbol. – Ob er damit die Anteile des Atemrhythmus meint, die uns **unbewußt**, tief innen, nicht machbar, in ständiger Wiederkehr, ohne absolute Regelmäßigkeit, aber verläßlich tragen?

Rhythmus ist eine Erfahrung, die das Menschenkind schon im Mutterleib macht, wo es Lösung und Spannung, Druckveränderungen wahrnimmt, die dann die Grundlage zu der Urerfahrung bildet: zum persönlichen Atemrhythmus, der im Einatmen **vor** dem ersten Schrei beginnt und mit dem letzten Hauch eines Sterbenden endet.

Rhythmus ist ein dynamischer Austausch von Entspannen und Gespannt-werden, von Hergeben und Bekommen. Wir wissen, wie störbar wir in unserem Atemrhythmus sind, wie Aufregung uns atemlos und hyperventilierend macht, wie Angst und Zurückhaltung den Rhythmus beeinflussen, wie wir mit uns im Gleichgewicht – d.h. in sich ruhend – warten können, Spannungen aushalten lernen, weil Vertrauen, Frustrationstoleranz entsteht.

Das von *Erikson* beschriebene Urvertrauen, das ein Eckstein der gesunden Persönlichkeit ist, wird ganz sicher auch über das Körperempfinden, über den Atemrhythmus positiv und negativ übertragen. Nicht erst seit den *Harlow*'schen Affenversuchen kennen wir den Stellenwert der Nähe, der Berührung einer beruhigenden Beziehung über das „Fell", die Haut. Ist das nicht immer die beruhigende oder anregende Schwingung des Atemrhythmus, die hier ganz unbewußt beeinflußt? Wir wissen, daß das Kind lernt, warten zu können durch eine sich wiederholende, verläßliche Erfahrung, wenn orale Bedürfnisse befriedigt werden. Sind die sensiblen, spürsinnigen nicht die elementare Grundlage noch **vor** den oralen Bedürfnissen? Die neuesten Forschungen zur Ichpsychologie von *M. Mahler* u.a. bestätigen das. Schon *Fenichel* sprach von der respiratorischen Phase.

Aus Achtung vor diesem störbaren Funktionskreis arbeiten wir deshalb in der FE **nicht** am Atmen (an der Luft), obwohl wir die Bedingungen für das „es atmet mich", das Sie aus dem AT kennen, sehr kritisch nachprüfen, um dieses „es", dieses klein geschriebene „es", die autonome Steuerung des Zwerchfells in seiner Qualität zu verbessern. Eine tiefere Beziehung zu sich selbst, eine Funktionslust entsteht. Denn dieser biodynamische Rhythmus entspricht im Entspannen und Gespanntwerden, dem Geben und Bekommen, dem Austauschen, was zur menschlichen psychodynamischen Beziehung gehört. Ich erlebe mich selbst — auch mich und den andern leibhaft — in einer positiven **und** störbaren Ge-gegenseitigkeit. Gegensätzliches und sich Entsprechendes verbinden sich zu einer Einheit, die dynamisch — nicht immer harmonisch — erlebt wird. Das ist ein Mensch in Beziehung, im Austausch — nonverbal und verbal —, der in **positiv** verstandener Selbstbezogenheit lebendig veränderungsbereit sich einbringt. Liebe Deinen Nächsten **wie** Dich selbst!

Was den menschlichen Atemrhythmus stört, sind vor allem Emotionen und Affekte, wenn sie „hängen" bleiben, Abwehrmechanismen, leibliche Verdrängungen hinterlassen. Lösen wir sie auf, so werden dadurch auch Gefühle entbunden. In der Kindertherapie beobachten wir immer, daß entsprechend gehemmte Kinder freier werden, daß oft eine aggressive Phase kommt. Aber auch Aggressives kann abreagiert und kanalisiert werden, wenn das Empfinden differenziert wird, wenn eine sinnlich-animalische Lebendigkeit ohne Verdrängung im Bauch-Beckenraum gelingt, wenn unser „Fließgleichgewicht" Mitte-bezogen funktioniert. Ein Begriff, den *Bertalanffy,* ein Biologe und Systemtheoretiker, einführte. Nicht Festhalten verbindet sich mit menschlichem Lebendigsein, sondern Veränderungsbereitschaft, um einer ökologischen Balance willen. *Karl Menninger,* der Psychoanalytiker und Psychiater, beruft sich wiederholt in seinem Buch „Das Leben als Balance" auf diesen Begriff „Fließgleichgewicht" und ergänzt: „Ein System muß jedoch, um zu arbeiten, nicht im Gleichgewicht sein, wohl aber ständig auf dem Wege, es herzustellen." Das trifft sich mit *Weizsäcker,* der schrieb: „Gesundheit ist nicht ein Kapital, das man aufzehren kann, sondern ist nur dort vorhanden, wo sie in jedem Augenblick des Lebens erzeugt wird."

Beim Menschen ist das psychosoziale System, wie sein organismisches, auf Reiz und Reaktion angewiesen. Er ist ein soziales Wesen, auf Beziehung angelegt und eine körper-seelische Einheit, die sich leicht aus dem Gleichgewicht bringen läßt. Die organismische Selbstregulation stimmt oft nicht mehr, der persönliche Atemrhythmus hat dann seine Mitteorientierung verloren. Das Zwerchfell, die autonome Seite der Atmung, reagiert äußerst sensibel auf Gedanken, Gefühle, Stimmungen. Um ein „Lebensgleichgewicht" (*Menninger*) wiederzufinden, gilt es, verborgene Spannungen im Umfeld des Patienten und in ihm selbst aufzulösen. Er entdeckt, wo er angstvoll haftet, blockiert oder antriebslos, erschlafft, resigniert. Er lernt, sich auf eine veränderungsbereite, auf seinen Schwerpunkt bezogene Haltung einzulassen.

Das sind Aufgaben, die sich eine Psychotherapie und manche Körpertherapie stellen. Das entspannende Prinzip führt immer regressiv nach innen. Die **funktionell** verstandene Entspannung, die begrenzt erspürt wird, macht sensibel für den vitalisierenden Antrieb, für Selbstentfaltungsbedürfnisse in uns. Nur wenn sie autonom, nicht machbar, in uns entstehen, stimmt „es". Dem „Natürlichen" in uns trauen wir keineswegs nur Heiles zu, wie die idealistisch geprägte Körperkultur noch arglos vertrat. Das Wecken „schlafender Hunde", das Umgehen mit schweren frühen Störungen oder Charakterneurosen gehört in fachgeschulte Hände. Aber obwohl wir im Laufe dieses Jahrhunderts die Abgründe menschlicher Natur kennen und fürchten gelernt haben, trauen wir den unbewußten Anteilen im Menschen nicht nur Destruktives und Regressives, sondern auch positive, aufbauende Kräfte zu. Das ist im Sinne der Lernfähigkeit des Menschen und seiner „biologischen Intelligenz" gemeint, von der *Mitscherlich* spricht. Für die Spracharmut mancher unserer Patienten haben wir im emotionalen Lernen einen Weg, wie leiblich Wahrgenommenes, wie Empfinden beschrieben werden kann. Das gibt die Grundlage für Gefühle, die unverdrängter gelebt und durch Sprache bewußt werden.

Die verschiedenen Körperverfahren unterscheiden sich im Umgang mit dem Patienten, um Konflikthaftes besser zu verstehen. Die FE legt Wert darauf, daß der Patient konkret, leibhaft, verarbeitungsfähiger wird für das, was als Not oder Problem auftaucht. Das lösende Prinzip und die Doppeldeutigkeit der Körpersprache läßt den Weg zum therapeutischen Gespräch offen.

Es geht hier vor allem um unsere funktionell und psychosomatisch gestörten Patienten. Sie haben kein gutes Verhältnis zu ihrer animalischen, einfachen Natürlichkeit, an die wir in der FE erinnern, Hilfe zur Nachreifung geben. Das heißt hier: leibhaftig die unsichtbaren, autonomen, unserem Willen unzugänglichen Bereiche respektieren und stärken. Im Sinne wieder von *V. v. Weizsäcker*, der sagt: „Die psychosomatische Medizin muß eine tiefenpsychologische sein, oder sie wird nicht sein."

J.H. Schultz gehört zu den Pionieren der Psychotherapie, auch wenn er kein Vertreter der klassischen Psychoanalyse war. In seiner Person sehe ich einen Therapeuten, der den Patienten gewonnen hat, an seinem Gesundwerden mitzuarbeiten, unbewußte Bereiche zu achten, Tiefenschichten zu beeinflussen. *J.H. Schultz* hat aus der Gymnastikbewegung und dem Yoga viel übernommen, als er sein AT entwickelte. Eine konzentrative Selbstentspannung soll das Vegetativum einseitig verändern, was durch Rücknahmeübungen ins Gleichgewicht gebracht wird. In der Oberstufe kann in der hypnoiden Tiefenentspannung – wie Sie alle wissen – zum Wachträumen und anderen psychotherapeutischen Techniken geführt werden. Die Sehnsucht nach mehr Stille und Ganzheit oder dem Nicht-Rationalen ist bei den heutigen Menschen ein verbreitetes Bedürfnis, das auch zur Realitätsflucht führen kann. In unverantwortlichen Händen hat jede Methode ihre Gefahren.

Psychotherapeutische Körperverfahren vertreten die Einsicht, daß der Mensch eine mit Leib und Seele erlebende Einheit ist. Für uns gibt es keine „höheren"' psychodynamischen oder „niederen" biodynamischen Bereiche, sondern in beiden Ebenen drückt sich aus, was der Mensch tut, erlebt, erleidet im Beziehungsgeflecht seines Daseins. Er empfindet und weckt Empfindung, er bewegt sich und andere und wird bewegt. Die Hilfe kann verbal und nonverbal ansetzen. Die Körperverfahren, die wir meinen, können auf Sprache nicht verzichten. Ich will mich hier nur auf den Unterschied von AT und FE beschränken.

Gemeinsam ist beiden der „mündig werdende Patient, der es lernt, Eigenverantwortung zu übernehmen" (*Günther Krapf*).

Verschieden sind die Wege zu solchem Ziel. Aus der jeweiligen Methodengeschichte meine ich, das erklären zu können. Der Inhalt und der Weg des Lernens ist ein anderer, nicht nur, weil die FE aus der neuen Pädagogik erwachsen ist, sondern weil das AT aus der **Hypnose** entwickelt wurde. In einem Brief an mich schrieb *J.H. Schultz* 1964: „Jede klare Grenzziehung im weiten Lande der Therapie kann der Allgemeinheit und jeder einzelnen Republik nützen." Zu solcher Grenzziehung trug er schon 1963 bei. Als ich das Entspannen ansprach, das unsere Methoden verbinde, erwiderte er mir spontan: „Das Entspannen interessiert mich weniger als die Selbsthypnose!" Damit hatte ich einen Titel für einen Aufsatz zu seinem 80. Geburtstag: „Eigenrhythmus über Entspannung und Atmung, ohne Selbsthypnose und ohne festgelegte Übungen." Er ist in der Zeitschrift für Psychosomatische Medizin 1964, Heft 2, erschienen. In der Hypnose muß geführt werden. Es wird vorgesprochen, der Patient wird stark suggestiv beeinflußt. Auch wenn aus dem Heterosuggestiven eine Autosuggestion und der Patient selbständig wird, so nützt das AT das trainierende Prinzip, das Reglementierende, die genaue Vorschrift, die zu einem festen Ziel führt – wohl wissend, warum das so sein muß. *Karl Robert Rosa,* der das AT und die FE beherrschte, schildert die FE so: „Sie ist eine Körper- und Selbsterfahrung im Lassen, aber unter Verzicht auf die Herbeiführung und Unterhaltung eines Hypnoids . . . weder mit festen Suggestivformeln noch mit dem Ziel, die Binnenerlebnisse im Zustand des Hypnoids zu entfalten." Damit beschreibt *Rosa* den Übergang von der

Unterstufe in die Oberstufe und in die verwandten Methoden (Katathymes Bilderleben, Aktive Imagination z.B.).

Der Patient, der real am Leibe bleibend funktionell entspannen lernt, entdeckt und verändert, wie absichtslos, seinen Atemrhythmus. Er wird für sich und sein Fehlverhalten empfindungsfähiger, findet Sprache – auch in bildhaften Vorstellungen, die aber realitäts- und funktionsgerecht dem Patienten oder dem Therapeuten einfallen. Die FE bleibt am sinnlich Wahrnehmbaren. Das klassische AT will die Realitätswahrnehmung außer Kraft setzen, damit der Patient sich konzentrieren lernt auf autosuggestive Aufgaben und auf Gedanken, Vorstellungen, Ein-Bildungen. Sie gelingen nur im autohypnotischen Zustand, bei erschlaffter Muskelentspannung. Darum sind Zurücknahmeübungen notwendig. In der funktionellen, rhythmusorientierten Entspannung regulieren sich absinkende Zustände 1. durch das kurze Üben – auch im Alltag kann erinnert werden –, 2. durch die kleinen Reize, die unbewußtes Aufatmen auslösen, 3. durch das Differnzieren der Wahrnehmung, wo und wie Schwersein erlebt werden kann, wie lange das so stimmt, wenn wir **nicht** autosuggestiv etwas verändern wollen, sondern uns dem lebendigen Rhythmus anvertrauen.

Außer der Verschiedenheit im inhaltlichen Erlernen einer Methode zeichnen sich hier notwendig Unterschiede im Stil des Weitergebens ab. Ohne Vorurteile wollen wir dem, der autoritär sicher führen will, seinen Platz lassen, wenn er weiß, wann und warum er sich so verhält. Ebenso verstehen wir, daß die Neue Pädagogik, von der ich am Anfang gesprochen habe, entwicklungsbegleitend, gewährenlassend gemeint ist. Aber weder Verwöhnung noch Gleichgültigkeit durch den Therapeuten helfen dem Patienten, Grenzen und Freiheit zu entdecken.

So führt der eine streng nach Vorschrift, gibt genau Anweisungen, Übungen, fordert gewissenhaftes Training, Rücknahmeübung, Protokolle. Der andere weckt die Neugier, läßt spielend versuchen, unterscheiden, empfinden, bleibt im Dialog mit dem, der das Üben ohne Übungen entdeckt, läßt Befindlichkeiten beschreiben, die Bedeutung des Körpererlebens verstehen – auch in Konfliktsituationen. Denn das therapeutische Gespräch gehört zur FE, ohne daß der Therapeut dabei eine **führende** Rolle einnimmt.

Er bleibt in der dialogisch-therapeutischen Haltung und weiß, daß **jede** zwischenmenschliche Beziehung, ob sie eine nonverbale, lehrende oder therapeutische ist, mehr oder weniger Wirkung und Rückwirkung auf beide Beteiligte hat. Sie muß vom **Therapeuten verantwortet** werden. Suggerere heißt: anraten, eingeben, unterlegen, aber auch – weniger führend verstanden – bedeutet suggerere: gewähren, Gelegenheit geben, hinzufügen. Hier liegen die Unterschiede im Umgehen mit dem Patienten oder Schüler. Das Gefälle vom Wissenden zum Unwissenden ist bei der 1. Gruppe größer. Das dialogische miteinander Suchen gehört zu der 2. Gruppe und ist partnerischer. Durch gruppendynamische und TZI-Einsichten ist vieles in Bewegung geraten, was als legitime Methodenmischung verstanden werden kann. Ich erinnere an *Iversen, Krapf* und *Rosa*. Der methodische Unterschied sollte hier deutlich werden. Ich hoffe zur klareren Grenzziehung beigetragen zu haben.

Ich komme zum Schluß:

Die Neugier und die Achtung vor Unbewußtem verbindet uns mit Psychotherapeuten und Psychosomatikern. Unsere Patienten brauchen Hilfe zur Nachreifung im Bereich des Ich-ES-Gleichgewichtes, der Selbständigkeit und Selbstentfaltung. Autonome Bereiche, hier auch leiblich verstanden, sollen gestärkt werden. Durch die Funktionelle Entspannung wird das Körpererleben empfindsamer, nicht empfindlicher, das klein geschriebene „es" wird er-innert, das Zwerchfell vitalisiert, ein verbessertes neurovegetatives Gleichgewicht wird gefunden. Der Patient wird hellhöriger für Störungen in sich. Er lernt, Mitte-orientiert nachzugeben, Blockaden aufzulösen, weiterzuatmen, dynamischen Halt zu finden.

Denn im umgestörten Eigenrhythmus bieten sich wirksame Verarbeitungshilfen an. Sie bedeuten nicht nur einen verbesserten Stoffwechsel, sondern auch eine vertiefte Einsicht in das körperliche Ausdrucksverhalten. Der Patient lernt spüren, wie und wo er anders hinnehmen **oder** sich wehren, sich schützen **oder** sich durchsetzen, Distanz **und** Beziehung erfahren kann. Er wird veränderungsbereit, ökonomischer im Einsatz seiner Kräfte, aber Mitte-orientiert innenbeteiligter. Mit solcher Hilfe zur Selbsthilfe lernt er mit Schwierigkeiten, die niemand erspart bleiben, umzugehen.

Ein Therapeut, der die FE vertritt, muß deshalb die Bedeutung des körperlichen Ausdrucks – auch in unsichtbaren Bereichen – kennen und im Zusammenhang der Lebensgeschichte die gesunden Anteile stärken. Erst dann ist FE eine psychotherapeutisch geführte Körperarbeit, die bei der Lösung von menschlichen Problemen, Krisen und Neuanfängen ihren Beitrag leistet. Sowohl Antriebsschwäche und Resignation als auch fehlgeleitete Energie, Überansprüche an sich oder andere, lassen sich konkret bearbeiten. Eine psychosomatische Störung findet eine somatopsychische Hilfe.

Die Verdienste von J.H. Schultz um eine wissenschaftliche Fundierung der Hypnosetherapie

R. Lohmann

In seinem 1952 veröffentlichten Buch „Psychotherapie, Leben und Werk großer Ärzte" hat Schultz (7) eine Ahnentafel der Psychotherapie aufgestellt, die von Mesmer ausgeht.

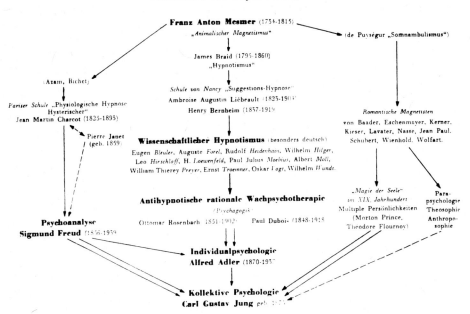

Abb. 1: Ahnentafel der Psychotherapie von J.H. Schultz (7)

„Mesmer hat als erster geschulter Arzt der Neuzeit die Wirkung erlebt und immer wieder hervorgerufen, die von einer suggestiven Persönlichkeit, von ihrem Nahesein, Sprechen, Reden und Befehlen auf erschütterte Kranke heilsam ausgeht. Er vermochte sie nur nicht zu deuten und sah in dieser ihm unverständlichen Mechanik noch mittelalterliche Magie. Ihm fehlte (wie allen seinen Zeitgenossen) der entscheidende Begriff der Suggestion" (St. Zweig, 10).

Am Beispiel von Mesmer, der die ganze Skala von der höchsten Anerkennung bis zur Verhöhnung durchlaufen hat, läßt sich auch der Weg der Hypnose in der Medizingeschichte verfolgen. Von ihr schreibt Schultz in der ersten umfassenden sachlichen Darstellung der Psychotherapie im deutschen Sprachraum, in der während des 1. Weltkriegs als Chefarzt eines Nervengenesungsheims im Westen vollendeten und 1919 erstmals veröffentlichten „Seelischen Krankenbehandlung" (2) in Anlehnung an Friedrich Schillers Zitat im Wallenstein: „Von der Parteien Haß und Gunst verzerrt, schwankt die Beurteilung der Hypnose. — Für den einseitigen Anfänger stellt sie die Psychotherapie schlechthin dar, für den absoluten Gegner ein des wissenschaftlichen Arztes unwürdiges Theaterspiel." Von Zeitströmen ließ sich Schultz aber nie beirren, sondern ging von allem Anfang an als junger Arzt seinen eigenen, geraden Weg, instinktsicher, jedem Dogma abhold und von einem hohen Maß praktischer Vernunft bestimmt, dabei auch keine Widerstände scheuend. Wenn er die von ihm besonders vertretene psychotherapeutische Richtung als „aktiv-klinische, organismische Psychotherapie" bezeichnete, so war doch sein Handeln als Psychotherapeut immer äußerst behutsam und darauf ausgerichtet, die gesunde eigene Entwicklung des neurotisch oder psychosomatisch Kranken zu ermöglichen bzw. zu fördern. Er fühlte sich dabei als ein tätiger Begleiter seiner Patienten. Für seine Schüler war er ein begeisternder Lehrer von hinreißendem Vortrag aufgrund anschaulicher, klarer und treffsicherer, manchmal scharfer Diktion, dabei immer mit viel Humor und Herzensgüte im Hintergrund. Wenn er von den Wegen zur Psychotherapie sprach, so empfahl er dem Anfänger, „den geschichtlichen Werdegang in eigener Arbeitserfahrung zu rekapitulieren; darum beginne er mit hypnotischen Versuchen an geeigneten Patienten. Für den somatischen Mediziner gehört es zu den eindrucksvollsten Erlebnissen, den Einfluß hypnotischer Suggestion zu beobachten; ist doch die Hypnose wie kein zweiter psychotherapeutischer Eingriff geeignet, die weitgehenden Wirkungen rein seelischer Behandlung zu demonstrieren. Wie für das Verständnis der Kranken der Weg durch die Psychiatrie führt, so für die Behandlungsarbeit durch die Hypnose; alle namhaften Psychotherapeuten sind diesen Weg gegangen, und in der Geschichte der Medizin war es Kampf und Sieg der Hypnose, der überhaupt zur Möglichkeit einer Psychotherapie und zur Ausbildung ihrer jetzigen Sonderfächer führte."

Es ist lehrreich, den eigenen geschichtlichen Werdegang von Schultz hinsichtlich der Hypnose anhand seiner Biographie „Lebensbilderbuch eines Nervenarztes" (8) zu verfolgen. Die erste unmittelbare Begegnung mit der Hypnose hatte Schultz durch die Lektüre einer Broschüre des Nervenarztes Schrenck-Notzing (9) als Famulus an der Medizinischen Universitäts-Poliklinik Breslau, von der er auch zu Hausbesuchen ausgeschickt wurde. Er schreibt dazu: „Wenn mir damals auch schon klar war, daß bei Berichten über Heilbehandlungen immer nur ein gewisser Prozentsatz als zutreffend anzunehmen sei, schien dieser doch bei der Hypnose ausreichend, um einen Versuch zu rechtfertigen. In einer Kellerwohnung lebte ein früherer Seefahrer mit Hirnsyphilis, dessen Frau an Paralyse litt, für die es damals noch keine körperliche Behandlung gab, und dessen 13jährige Tochter von einem Schlafburschen venerisch infiziert war. Die paralytische Frau zeigte keine groben Ausfälle einzelner Leistungen, war aber völlig ohne jede Initiative und saß stumpf umher. Ich setzte mich ihr gegenüber, fixierte sie und sagte nachdrücklich: 'Sie schlafen', worauf ihr Kopf nach vorn sank und ich so erstaunte, daß ich fragte: 'Schlafen Sie?' worauf sie deutlich erwachend auffuhr und versicherte, sie schlafe nicht. Erneuter Schlafbefehl war wieder wirksam, es ließen sich die üblichen hypnotischen Experimente durchführen und unter striktem hypnotischem Befehl nahm sie für eine Reihe von Monaten nochmals ihre Hausarbeit auf. Daß meine Kollegen äußerten, ich wolle Paralyse hypnotisch heilen, braucht wohl kaum erwähnt zu werden. Immerhin hatte ich zum ersten Male die Möglichkeit hypnotischer Wirkung erlebt, ohne jemals irgendeine Anleitung oder ein Vorbild gehabt zu haben."

Während der Vor-Ausbildung als junger Assistent am Institut von Paul Ehrlich in Frankfurt am Main führte Schultz dann schon 1909 für Kollegen Demonstrationskurse über „aktive Psychotherapie, besonders Hypnose" durch. Als Versuchsperson diente ihm u.a. ein 19jähriger Handwerker, der in okkulten Kreisen zum „Medium" dressiert worden war. „Auf Anregung eines Kollegen legte ich der Versuchsperson eine Münze auf den Handrücken, sagte, sie sei glühend, werde nicht schmerzen, aber eine Verbrennung setzen. Nach Abnahme zeigte sich nichts, und – Kunstfehler – ich vergaß, die Suggestion aufzuheben. Als er nach 14 Tagen wiederkam, erzählte er, jeden Morgen beim Erwachen bemerke er auf dem Handrücken eine Blase, die nicht schmerze und im Laufe des Tages wieder verschwände. Eine in dieser Sitzung erteilte Gegensuggestion hob die Nachwirkung meiner Versäumnis auf. Der Mann war dann bereit, in der Hautklinik (Prof. Karl Herxheimer) den Versuch unter absolut exakter Kontrolle zu wiederholen. Dies geschah in Gemeinschaftsarbeit mit Felix Heller (8). Die hypnotische Stigmatisation gelang völlig." Histologisch fand sich eine partielle Nekrose des Epithels und sogar der Papillarschicht bei reichlicher zelliger Infiltration der Kutis. Diese Mitteilung ist auch ein schönes Beispiel für die Offenheit und Wahrheitsliebe von Schultz, mit der er eigene Fehler erkannte und auch publizierte zur besseren Anleitung für seine Schüler.

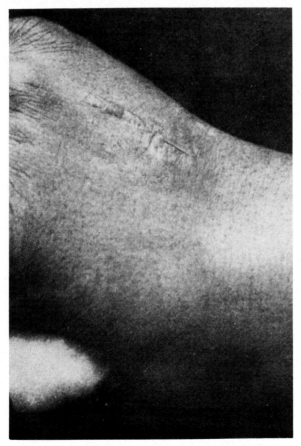

Abb. 2: Hypnosuggestiv provozierte „Brand"blase nach Schultz (2)

Eineinhalb Jahre später finden wir Schultz als Assistenten der Medizinischen Universitäts-Poliklinik wieder in Breslau. Hier gelang es ihm schon „nicht ganz selten, Alkoholkranke hypnotisch umzustellen", welche häufig die Poliklinik aufsuchten. Bekanntgeworden als formelhafte Vorsatzbildung für das Autogene Training ist seine damals entwickelte Hypnosuggestion: „Alkohol ist ganz gleichgültig! Ich trinke keinen Alkohol, zu keiner Zeit, an keinem Ort, bei keiner Gelegenheit!" Er schreibt weiter: „Die große Häufigkeit rein funktioneller, „nervös bedingter" Störungen bei den Kranken unserer Poliklinik bot reichlichste Gelegenheit, die inzwischen mehr im Geheimen gepflegten hypnotischen Bemühungen wieder aufzunehmen. Das bedeutete damals ein gewisses Wagnis, galt jedoch die Anwendung der Hypnose in weiten Kreisen ernsthaften Arzttums noch als standesunwürdig. Nicht lange zuvor hatte der um die Entwicklung der Hypnose so sehr verdiente Sanitätsrat Albert Moll in Berlin einige hypnotisch geheilte Patienten in der Berliner Medizinischen Gesellschaft vorgestellt und mußte von dem Vorsitzenden, einem Internisten von Weltruf, hören, eine solche Behandlungsweise sei eines Arztes unwürdig, denn auf das Gemüt wirken könne jeder Prolet, Hypnose gehöre den Schäferknechten! So ist es nicht erstaunlich, daß mein um sein akademisches Vorwärtskommen sehr besorgter und ehrgeiziger Chef wenig erfreut war, als er von meinen hypnotischen Behandlungen hörte. Er ließ mich kommen und erklärte mir, als ich seine Frage nach hypnotischer Betätigung bejahte, ein solches Heilverfahren sei dem akademischen Ansehen eines Universitätsinstitutes abträglich, und er bäte mich, in seiner Klinik davon abzusehen. Auf meine Gegenfrage, ob sich dieses Verbot nur auf die Dienststunden oder auf die Zeit außerhalb bezöge, meinte er, was ich außerhalb der Dienstzeit täte, wäre ihm gleichgültig, und froh dieser Großzügigkeit, bestellte ich alle in Frage kommenden Patienten für abends von 9—12 Uhr in die ausgedehnten Räume unserer Poliklinik. Da meines Wissens nichts Ähnliches in Breslau existierte, aber gewiß nichts in der armen Gegend unserer Poliklinik, entwickelte sich bald ein sehr lebhafter Zustrom zum „Wunderdoktor". Langjährig in Krankenhaus- und Poliklinik-Behandlung gehärtete Hysteriker und Psychopathen sprachen auf der Straße Kranke an und ermunterten sie, das Breslauer Lourdes aufzusuchen. Meinen Erinnerungen nach standen mindestens 8—9 große Räume zur Verfügung, in denen sich reichlich Sitz- und Liegegelegenheiten befanden, die nach wenigen Wochen jeden Abend sämtlich in Gebrauch waren. So konnte ich durch mehrjährige gründliche Erfahrungen die Atmosphäre eines hypnotischen Heilinstitutes mit all ihren Vorzügen und Gefahren kennenlernen und Beobachtungen machen, über die heute nur wenige Autoren verfügen. Da ich keinerlei Assistenz hatte, arbeitete ich so, daß zunächst eine meist durch Fixation herbeigeführte Hypnose eingeleitet und der Kranke dann nur noch in Abständen kontrolliert und etwas beeinflußt wurde." Schultz berichtet in diesem Zusammenhang u.a. von einem hypnotischen Scheintod, „Lethargus" genannt, bei dem der sogenannte Rapport abgerissen war, den er nicht mit energischem Weckkommando, sondern nur durch Flüstern und begleitende Kopfhand wieder herstellen konnte, um den Kranken aufzuwecken. Er fährt dann fort: „Diese meist etwa 40 Menschen gleichzeitig in getrennten Räumen parallel hypnotisch umfassende Arbeit demonstrierte mir in Übereinstimmung mit den damals noch allgemein verunglimpften oder angezweifelten Erfahrungen der bekannten Hypnoseärzte sämtliche Tatsachen, die heute in der sogenannten „Psychosomatik" überwiegend vom psychoanalytischen Standpunkt aus bearbeitet werden."

1913 kam Schultz als Assistent an die Jenaer Universitäts Nervenklinik zu Otto Binswanger und fand hier endlich unbeschränkte Förderung hinsichtlich seiner psychotherapeutischen und insbesondere hypnotischen Arbeiten. Gemeinsam mit Ernst Speer ließ Schultz zum ersten Mal hier nach längerer Vorbereitung eine gut reagierende Patientin in hypnotischer Analgesie von dem Chirurgen Lexer an ihrem Kropf operieren. „Der Eingriff verlief tadellos, sogar mit auffallend geringem Blutverlust. Nur die Operationsschwester war in den drei folgenden Nächten schlaflos, weil sie mit dem unheimlichen Eindruck derart wirksamer „psychischer Mächte" nicht fertig werden konnte."

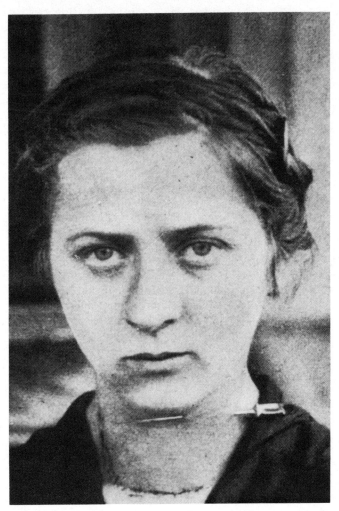

Abb. 3: Versuchsperson, bei der in reiner Hypnose der Kropf entfernt wurde (Narbe), mit Halsdurchstechung in Somnambulhypnose, um die Schmerzlosigkeit zu demonstrieren (nach Schultz, 2)

Nach dem 1. Weltkrieg wechselte Schultz dann von Jena nach Dresden in den kleinen Kurort „Weisser Hirsch" als Chefarzt des damals weltbekannten Lahmanns Sanatoriums. Entsprechend der differenzierteren Klientel kam hier der aufdeckende Charakter der Hypnose stärker zur Wirksamkeit. So berichtet er z.B. von einer Mitte 50 Jahre alten ausländischen Ehefrau, die seit 10 Jahren jede 2. Woche in einen schweren Dämmerzustand versank, in dem sie so tief umgeschaltet war, daß Operationen ohne Narkose vorgenommen werden konnten. „Für diese Wochen bestand bei der Kranken keinerlei Erinnerung, bis diese ihr hypnotisch wiedergegeben wurde und eine Fülle schwerster seelischer Überlastungen bis in die Kindheit zurück wieder auftauchten und verarbeitet werden konnten. Die Dämmerzustände traten nicht mehr auf, und die Kranke war zu einem zwar durch körperliche Störungen etwas eingeschränkten, aber doch in ihren Grenzen vollen Leben fähig, wie ich in einer Nachbeobachtung von annähernd 20 Jahren feststellen konnte." „Erlösende" Aufhebungen von Erinnerungslücken mit technischen Erläuterungen zum hypnotischen Vorgehen beschreibt Schultz sehr anschaulich an den Beispielen eines jungen Mannes, der von Werbern der Fremdenlegion mit Hilfe protrahierter Vergiftungen mit Skopolamin quer durch Deutschland bis in das damals besetzte Gebiet verschleppt worden war und der dort erinnerungslos aufgefunden wurde, sowie an den Irrfahrten eines Ingenieurs, der nach schwerer Gemütserschütterung im Herbst in Schlesien vagabundenhaft abgerissen im Frühjahr des darauffolgenden Jahres bei seiner Mutter im Rheinland erschien und nach einem sehr langen, sehr tiefen Schlaf völlig erinnerungslos erwachte. Den Abschluß dieses mehr persönlichen Teils, der Schultz auch als Menschen anschaulich hervortreten läßt, mag noch die folgende Mitteilung aus jener Zeit machen, die ein interessantes Licht auf die Induktion von Hypnosen auf Mitanwesende wirft, wie ich dies bei vielen Ärztekursen auch oft erleben konnte. „Als eines anderen Tages wieder einmal die Tür zum Wartezimmer aufgeschoben wurde, meldete sich eine ältere, wenig eindrucksvoll aussehende Frau mit einem jungen Mädchen aus Blasewitz (!) und fragte: ‚Seien Sie der Herr Schultz, der das Bettnässen besprechen kann?' ihre Nichte leide seit Geburt so sehr daran. Da der Pubertätsbackfisch mir schon überaus schwiemelige Augen machte, nahm ich gleich beide ins Sprechzimmer, dunkelte ein wenig ab und gab in schnell hergestellter Hypnose die Einstellung, jede Nacht dreimal zu bestimmter Zeit zu erwachen, das Bett zu verlassen, das Nachtgeschirr zu benutzen und dann wieder ins Bett zurückzukehren und weiterzuschlafen. Nach wenigen Minuten konnten beide entlassen werden und zeigten sich in den nächsten Tagen noch zwei oder drei Mal. Aber nach einigen Wochen stellte sich wieder die bewußte ältere Frau vor, ohne daß ich sie erkannt hätte, und legitimierte sich auf Befragen als die Tante von dem Mädchen mit dem Bettnässen. Belehrt, wenn wieder ein Rückfall sei, müsse das Mädchen noch ein paar Mal kommen, meinte die Tante: ‚Nun, nein, meiner Nichte geht es gut, aber ich muß nun jede Nacht um 11, um 1 und um 3 Uhr aus dem Bette, und ich merke es immer erst, wenn ich auf dem Topf sitze, dann kann ich mich so ärgern.' Einmalige kurze Zurücknahme genügte zur Aufhebung der ungewollten Suggestion."

Seine Erfahrungen bei der Anwendung der Hypnose hat Schultz zum ersten Mal 1916 in H. Vogts „Handbuch der Therapie der Geisteskrankheiten" (1) unter kritischer Berücksichtigung der Literatur mitgeteilt. Aus diesem Beitrag wurde von 1935 an die jetzt in 8. Auflage vorliegende „Hypnose-Technik" (6), die vielen Ärzten eine wertvolle Hilfe zur hypnosuggestiven Arbeit geworden ist. Hervorzuheben sind aber aus der Jenaer und Dresdener Zeit seine wissenschaftlichen Untersuchungen „Über Schichtenbildung im hypnotischen Selbstbeobachten" (3) sowie die weiteren Vorarbeiten zu der aus der Hypnose heraus entwickelten Selbsthypnose des Autogenen Trainings anhand von systematischen Selbstbeobachtungen an Hypnotisierten, die in der wissenschaftlichen Innenschau geschult waren. Schultz wollte ursprünglich feststellen, ob Gesunde in der Hypnose Sinnestäuschungen erleben könnten wie Geisteskranke. Hinsichtlich der optischen Erlebnisse in der Hypnose beobachtete Schultz drei Schichten, die er als „amorphe Schicht" ungeformter Farb- und Helldunkelmaterialien (Flecke, Schleier, Linien, Halbschatten, Gitter, Ringe usw.) beschrieb. Ihr folgte bei entsprechender Tiefung die Schicht der „Denkvisualisierung" oder des sogenannten kinematographischen Denkens, wobei die fertig auftretenden „Bilder" als zum Ich gehörige Eigenerlebnisse empfunden wurden. Anders war es dagegen bei der dritten, tiefsten Schicht der „plastisch leibhaftigen Fremderlebnisse". Hier handelte es sich um persönlichkeitsfremde Objekte, welche in manchen pathologischen Fällen Halluzinationsmaterial bilden, das oft so schwer einfühlbar ist. So gab hier eine Versuchsperson zu Protokoll: „Ich liege im Wasser, ganz im Wasser, kann aber heraussehen . . . über mir liegt ein scheußlicher magerer Körper . . ."; ich weiß, wie ich liege, aber mein Körper hat sich um 90° gedreht . . ."; es ist ein tiefes Loch in meiner Brust . . ., aus dem Loch kommt ein langer Hals wie ein Gänsehals mit einem faustgroßen Kopf; der Rumpf mit dem Lochkopf dreht sich aus meinem Körper heraus . . .; ich habe Angst."

Ganz allgemein fanden sich, unabhängig von der jeweiligen Art des technischen Vorgehens, vor allem „eigenartige Empfindungen von Schwere und Wärme, besonders in den Gliedmaßen." Physiologisch stellten diese Empfindungen das Abbild von Entspannung der Muskeln (Schwere) und der sich erweiternden Blutgefäße (Wärme) dar. Es war also der Grundvorgang des Hypnotisiertwerdens fest verbunden mit tiefgreifenden organismischen Entspannungsvorgängen. Dadurch ergab sich die Frage, ob es nicht möglich sei, ein System von durch innere Konzentration passiver, kontemplativer Art gesetzten selbsthypnotischen Entspannungen zu entwickeln, das spätere autogene Training (5). In bewußter Umkehr des Ausdrucksgesetzes wurde dabei versucht, durch systematische Herbeiführung peripherer Entspannungen die zentrale „organismische Gesamtumschaltung" zur Ruhe, Entspannung, affektiven Resonanzdämpfung, Erholung und inneren Sammlung zu gewinnen, mit all ihren gesundheitserhaltenden und heilsamen Wirkungen, welche auch die in ihren Regulationen gestörten Organfunktionen und psychophysischen Systeme (z.B. Schlaf-Wach-Rhythmus, Schmerz) erreichte. Es ist gar kein Zweifel, daß die Mutter dieses so erfolgreichen Kindes, die Hypnose, dadurch wieder mehr Anerkennung und Berücksichtigung in der Psychotherapie gefunden hat, was in jüngster Zeit zu der von Schultz angekündigten „Renaissance der Hypnose" geführt hat.

Noch in die Dresdener Zeit fällt 1921 eine verdienstvolle Sammelforschung von Schultz über „Gesundheitsschädigungen nach Hypnose", bei der sich über 100 z.T. schwere Gesundheitsschädigungen vor allem nach Laienschauhypnosen überwiegend in den letzten drei Jahren ergeben hatten, die sich von psychovegetativen Regulationsstörungen über anhaltende Schmerzzustände hin bis zu paranoiden und wahnhaften Zuständen, Dämmerzuständen usw. erstreckten (4).

In den Berliner Jahren von 1924 an als niedergelassener Nervenarzt, von denen Schultz sagte, „daß der Freiberufler nie frei hat und vogelfrei ist", war es dann die Verbindung mit Oskar Vogt, dem damaligen Direktor des Kaiser-Wilhelm-Institutes für Hirnforschung, die seine autogene und hypnotische Arbeit weiter befruchtete und vertiefte. Von Vogt sagte Schultz: „Er ist der Begründer wissenschaftlicher Hypnoseforschung und -verwendung in Deutschland, gab er doch hier zuerst kritische Forderungen, Anweisungen zu Protokollen, zur genauen Erfolgskontrolle und zur Festlegung der Methodik, die er durch die „fraktionierte Hypnotisierung" bereicherte, ein Verfahren, das besonders für gebildete und kritische Versuchspersonen sehr wertvoll ist. Er setzte hypnotisch künstliche Neurosen und löste sie hypnotisch wieder auf, indem er z.B. eine hypnotisch gut dressierte Versuchsperson bei einem Nachmittagskaffee hypnotisierte und in tiefer Hypnose auf eine (halluzinierte) Made im Obst beißen ließ. Anamnestisch geweckt, lehnte die Versuchsperson nun den Obstgenuß ab und motivierte dieser Verneinung (typischerweise) mit den verschiedensten Gründen, aber niemals mit dem Hypnoseerlebnis, das ihr bei Anleitung zur hypnotischen Selbstkontrolle sofort wieder frei zugängig war, so daß nun der Weg zu weiterem Obstgenuß wieder frei wurde. Oskar Vogt ist einer der ganz seltenen Fälle, daß ein Gelehrter durch eigene Leistung den eigenen Ruhm in Vergessenheit brachte, kennt ihn doch die Wissenschaft heute eigentlich nur noch als den genialen Hirnanatom seiner späteren Jahrzehnte."

In diesen Jahren entfaltete Schultz auch eine rege Fort- und Weiterbildungsarbeit in Form von häufigen Ärztekursen, in denen er theoretisch und praktisch medizinische Psychologie, Neurosenlehre, Psychagogik und besonders Hypnose und autogenes Training vermittelte. Besonders bekannt in der Öffentlichkeit wurden dabei seine Kurse im autogenen Training an der Lessing-Hochschule. Seine vielen Schüler konnten die so segensreiche Fortbildungs- und Patientenarbeit weiterführen, wobei der suggestive Einfluß der geistreichen und vitalen Persönlichkeit von Schultz in ihrer menschlichen und wissenschaftlichen Integrität sowie die packende Art seines Vortrages für alle, die wir uns seine Schüler nennen dürfen, mitbestimmend war.

Zum Schluß meiner Würdigung dieses Seniors der deutschen Psychotherapie und der Hypnoseforschung zietiere ich zusammenfassend noch einiges aus seiner Hypnosetechnik:

„Behält der Arzt die zentrale Erkenntnis der modernen Medizin, die Lehre von der geschlossenen einheitlichen Ganzheit des Organismus und der Allgegenwart nervöser Funktionsregulationen im Auge, so rückt die Hypnose als psychisch herbeigeführte, mit bestimmten Kennzeichen der Entspannung und Sammlung versehene bionome (d.h. lebensgesetzliche) Organismusumschaltung an den ihr gehörigen Ort. Aber nur der Arzt ist in der Lage, die Verantwortung für die neuroorganismische Umschaltung der Hypnose zu tragen. Die gesicherten Tatsachen hypnotischer Experimente und kritische hypnotherapeutische Erfahrung beweisen, daß überall, wo Funktionen abwegig sind, ein hypnotischer (= psychotherapeutischer) Zugriff möglich ist, auch wenn die Störung nicht im engeren Sinne ‚psychogen‘ ist; so reagieren z.B. die Tachykardien bei Hyperthyreotikern, die Wallungen von Klimakteriellen, die Kohlehydratempfindlichkeiten von Diabetikern, die postoperativen Störungen (besonders etwa beim Basedow), subjektive Beschwerden und objektive Störungen bei chemischer Narkose, endokrine Schwankungen bei Magersucht, kurz die unendlich vielgestaltigen Bilder funktionaler Pathologie beim ‚Gesunden‘ und bei destruktiv Kranken oft in überraschender Weise auf Hypnose (= Psychotherapie). Gar mancher öffentliche Triumph anmaßender Kurpfuscher bliebe dem Ärztestand nicht verloren, wenn diese grundlegende Erkenntnis Allgemeingut wäre, wenn der große Kampf um die ‚Psychologisierung des Arztens‘ schon siegreich beendet wäre. Denn nur ein guter Seelenkenner kann ein guter Arzt sein" (6).

Literatur:

1) *Schultz, J.H.:* Hypnotherapie; in H. Vogt, Hb. d. Therapie der Geisteskrankheiten, vol. 1, pp 128–183, G. Fischer: Jena 1916

2) *Schultz, J.H.:* Seelische Krankenbehandlung; 1.–8. Aufl. G. Fischer: Jena – Stuttgart 1919 – 1963.

3) *Schultz, J.H.:* Über Schichtenbildung im hypnotischen Selbstbeobachten. Mschr. Psychiat. Neurol. 49, 137–143 (1921).

4) *Schultz, J.H.:* Gesundheitsschädigungen nach Hypnose; 1.–2. Aufl. C. Marhold: Halle/Saale – Berlin 1922–1954.

5) *Schultz, J.H.:* Das Autogene Training; 1.–16. Aufl. G. Thieme: Leipzig – Stuttgart 1932–1979.

6) *Schultz, J.H.:* Hypnose-Technik; 1.–8. Aufl. G. Fischer: Jena – Stuttgart 1935–1983.

7) *Schultz, J.H.:* Psychotherapie. Leben und Werk großer Ärzte. Hippokrates: Stuttgart 1952.

8) *Schultz, J.H.:* Lebensbilderbuch eines Nervenarztes. G. Thieme: Stuttgart 1964.

9) *Schrenck-Notzing, A. Frhr. v.:* Ein Beitrag zur therapeutischen Verwerthung des Hypnotismus. Vogel: Leipzig 1888.

10) *Zweig, St.:* Die Heilung durch den Geist. Insel: Leipzig 1931.

Anforderungen an den Therapeuten
Der Therapeut in der Entwicklung zum Psychotherapeuten

G. Bartl

Was ist in der Ausbildung das Grundprinzip aller namhaften Schulen?

1. Die Selbsterfahrung
2. Die Supervision
3. Die theoretische und die technische Ausbildung bei Seminaren.

Es gibt zwei Möglichkeiten, die Vermittlung des Wissens durchzuführen:

1. **vom Intellekt** her, retrospektiv, wie es z.B. die analytischen Methoden tun.
2. die Vermittlung **vom Gefühl** her (prospektive Methoden).

Der erste Weg ist ein wesentlich längerer und dauert jahrelang, bis er halbwegs zu einer Sicherheit und Stabilität des Therapeuten führt.

Der zweite Weg ist überraschend kurz, fast zu kurz, bis er zu dieser Stabilität, zu dieser Selbstsicherheit führt. Er führt zu einem Selbstvertrauen, wobei ich jetzt noch nicht sage, daß dieses Selbstvertrauen ein berechtigtes Selbstvertrauen im Sinne des therapeutischen Tuns ist.

Ich will das an einem Beispiel aufzeigen: vor Jahren übernahm ich einen Patienten, der zufällig über längere Zeit bei einer internationalen Organisation in Wien beschäftigt war, weil er dringend die Fortsetzung seiner analytischen Therapie brauchte. Er sagte, er wäre in Amerika **erst** 7 Jahre in Analyse gewesen. Der Patient hat mir kaum den Namen genannt, hat meine Couch gesehen und ist im Hechtsprung auf diese Couch gesprungen. Er hat sich dort hingelegt, hat mir nicht mehr in die Augen gesehen; hat vor sich hin assoziiert, und ich habe im Laufe einer Sitzung einige Seiten Freud (mit allen nur möglichen Deutungen) vorgetragen bekommen. Ich habe mir das die erste Stunde angehört, habe die Termine vereinbart, habe mich verabschiedet. Als er das nächste Mal wiederkam und kaum bei der Türe herinnen war, sprang er mit Hechtsprung auf die Couch, und dasselbe fing wieder an. Ich habe ihm das ca. 3 Stunden gewährt, habe mir dann erlaubt, diese stille eingeübte Idylle des Patienten (rhythmisch eingeübt), auf intelligentem, ganz hohem Niveau (von Regression keine Spur), anzusprechen, und hat mir gesagt, er sei deswegen schon soweit in der Literatur fortgeschritten, weil er das schon 7 Jahre macht. Es wurde ihm auf der anderen Seite auch aufgetragen. Hier hat sich etwas eingeübt, das ich „intellektuelle Spielerei" nennen würde, das zwar zu einer Stabilität des Patienten geführt hat, aber nur solange, als es sich zweimal wöchentlich wiederholte. Er kam aus Amerika, und seine Nervosität, seine Unruhe, seine Ängstlichkeit waren da wie früher, weil dieser Rhythmus gestört war. Nun, was habe ich gemacht? Ich habe zu dem Patienten gesagt: „Kommen Sie doch einmal von der Couch herunter; setzen Sie sich einmal zu mir her." Ich

195

habe versucht, mit ihm ein Gespräch zu beginnen, das er unwillig als vergeudete Zeit erlebt hat. Ich habe ihm dann gesagt, er möge einmal versuchen, die Schultern locker zu lassen und sich autogene Trainingsformeln vorzustellen und vorzusagen. Ich bin dann hinausgegangen und habe ihn allein gelassen. Er sagte, er könne sich nicht vorstellen, daß das etwas bringe. Ich habe ihm die Übung aufgetragen, er war ja sehr diszipliniert, und habe das nächste Mal wieder mit ihm gesprochen, und siehe da, nach einigen Wochen hat er mir die ersten Berichte gegeben, daß er bereits etwas spürt. Er war sehr begeistert und sehr zufrieden, und von jetzt an hatte ich den Eindruck, daß die Therapie nach 7 Jahren erst in Gang gekommen ist. Das soll ein Beispiel zur Selbsterfahrung und zur Vermittlung von Selbsterfahrung sein.

Die **Supervision** führt durch die Vorstellung selbst behandelter Fälle (als eine praxisbegleitende Beratung) zum allmählichen Erkennen von Übertragung und Gegenübertragung. Den Wissenden ist es ganz klar, daß Supervision Anregung zur Selbstaufarbeitung der eigenen Problematik bedeutet. Balint hat das ganz genau erkannt und daher Supervision in die Ausbildung praktizierender Kollegen eingesetzt. Ich will aus meiner Eigenerfahrung als Grünspecht der Psychotherapie erzählen, als mir J.H. Schultz das erste Mal erlaubte, ein bißchen etwas zu machen. Ich war damals am Beginn einer analytischen Ausbildung, da kam ein Internist zu mir und sagte: „Du, meine Kollegin, eine Universitätsprofessorstochter, hat dauernd die Absicht, sich aus dem Leben zu räumen. Du beschäftigst dich ja mit Psychotherapie, sei doch so gut und behandle sie." Ich, selbstverständlich: „Tochter eines Universitätsprofessors, was kann dir Besseres passieren? Hier kannst du dich endlich profilieren." Und so nahm ich sie in Behandlung. Sie war eine sehr attraktive, hübsche Person, so mit einem gesunden Touch von Hysterie. Ich, nicht weniger hysterisch, habe mich mit ihr sehr gut verstanden. Schon in der dritten Stunde hat sie es geschafft, wie, weiß ich nicht, jedenfalls sind wir im Wohnzimmer gesessen und haben Kaffee getrunken, und das hat sich so fortgesetzt. Das Eigenartige bei dieser Geschichte, das mir aufgefallen ist und mich gestört hat, war meine kleine 5jährige Tochter, die jedesmal, wenn die Stunde aus war, in das Zimmer und auf die Pölster stürzte, zunächst gerochen und dann gesagt hat: „Schon wieder dieses scheußliche Parfüm!" Mir ist das zu dumm geworden, ich habe aber nichts gesagt, sondern mir nur gedacht: „Diesen Fall mußt du in die Supervision bringen." Mein Supervisor hörte sich das an, hat nicht gefragt, warum der Fall nicht weitergeht, warum sich da überhaupt nichts tut, warum die Patientin in ihren Verhaltensweisen immer gleich bleibt.

Knapp bevor die Supervisionsstunde zu Ende war, äußerte er: „Sagen Sie, Kollege, wie ich weiß, ist Ihre Frau doch Ärztin? Haben Sie mit ihr schon über diesen Fall gesprochen?" Ich erwiderte: „Warum sollte ich? Ich kann doch nicht mit meiner Frau über meine Patienten reden." — „Ich würde Ihnen dennoch dringend raten: Sprechen Sie mit Ihrer Frau über diesen Fall", sagte er. Ich habe zunächst nicht gleich überzogen, was er meinte. Erst beim Nachhausefahren habe ich einen Zornanfall bekommen. Zu Hause war mir schon klar, was da los war, man steht richtig auf der Seife; es ist ja auch etwas Angenehmes . . .

Nun zum dritten Punkt. Theoretische und technische Seminare werden ja in jeder Schule vorgeschrieben und sind auch zur prospektiven Methode notwendig. Trotzdem ist der Arzt, der das AT selbst erlernt, erübt und erlebt hat, bereits fähig, durch Vermittlung diese streng strukturierte Form hilfreich anzuwenden. Ich habe eingangs festgestellt: „Verblüffend kurz." Ich glaube, daß jeder praktizierende Arzt, der das AT anwendet und eigentlich rundherum außer einigen wenigen Regeln gar nichts weiß, seinen Kranken dennoch hilfreich sein kann. Hier liegt der große Unterschied zwischen dem AT und jeder anderen psychotherapeutischen Ausbildung, die jahrelang notwendig ist, bis jemand überhaupt fähig ist, einem Patienten Hilfe adäquat zu vermitteln. Das ist eine ganz geniale Art von Psychotherapie, wobei man den Hintergrund des Genialen zunächst gar nicht begreifen muß. Der Arzt also, der AT selbst erlebt hat, der Arzt, der trainiert ist, der Arzt, der selbst seine organismische Umschaltung bewältigt, ist bereits fähig, seinen Kranken Hilfe anzubieten. In meiner damals chirurgischen Tätigkeit erinnere ich mich an viele Patienten, denen ich stützende und entängstigende Hilfestellung mit dem AT vermitteln konnte. Es ist sogar so weit gegangen, daß ich zum chirurgischen Abfalleimer wurde, denn jeder Patient, der bereits bis zur letzten Möglichkeit operiert war, wurde in diesen Abfalleimer hineingeworfen. Die Chirurgen haben sich so abgeputzt, daß sie sagten: „Der muß zum Bartl!", nachdem die Schilddrüse, der Blinddarm, die Galle, der Magen, die Gebärmutter bereits entfernt waren. Auch ich selbst habe J.H. Schultz am Beginn meiner Ausbildung völlig mißverstanden. Wie das Schicksal spielt, wurde ich von der „Mutter Natur" (sie ist ja gütig, macht alles gut, wenn man sie läßt) gnädig behandelt. J.H. Schultz selbst hat immer von der „Mutter Natur" gesprochen, die so gütig ist und einem soviel verzeiht und dem Therapeuten fallweise auch Früchte schenkt. Ich war ja auch auf Turnübung vorbereitet, als ich Autogenes Training hörte. Der Großmeister hat mich fasziniert. Zuerst wurde ich von den anderen verspottet, weil man glaubte, AT ist ein Turnprogramm. Später war man dann etwas gekränkt. Ich war so frustriert, daß ich im Kurs selbst gar nicht richtig aufpassen konnte und eigentlich das ganze Training (das machen ja so viele!) heterosuggestiv verstanden habe. Es war aber nicht heterosuggestiv. Es war sicher bei ihm überhaupt nicht heterosuggestiv. So kam ich schwanger mit diesem Wissen der Formeln, ohne je etwas zu erleben, wenn ich mich hinsetze (mich haben die Spatzen in der Dachrinne dauernd gestört). Mit dem Wissen der Formeln, ohne etwas zu können, kam ich auf die Chirurgie und habe meinem Chef erzählt, daß ich in diesem Urlaub eine wunderbare Sache erlebte. „Ich habe den alten J.H. Schultz kennengelernt", sagte ich. „Der erzählt tolle Dinge, was man mit dem AT alles machen kann." Der Chef horchte sich das an und sagte: „Sie, Bartl, da liegt doch auf Zimmer 17 die Gräfin sowieso, ich kann doch dieser armen Frau nicht den Dickdarm herausschneiden." Es war eine Colitis ulcerosa. „Gehen Sie doch auf dieses Zimmer 17, ich werde heute der Frau Gräfin Bescheid sagen, machen Sie mit ihr AT". Ich sagte: „Professor, bitte nicht, ich kann das ja gar nicht." „Ach was, was heißt, Sie können das nicht? Sie kommen heute zu Mittag bei der Visite auf Zimmer 17, und dort werden Sie das AT machen. Sie bekommen jeden Tag eine Stunde frei, zu Mittag. Sie setzen sich zu ihr und werden das machen!" Mir wurde kalt und warm zugleich. Ich habe nicht gewußt, was ich wirklich mit der armen Frau machen werde. Der Chef hat mich, ich möchte fast sagen, wie zu einem Hochamt auf Zimmer 17 aufgebaut. Er ging nämlich allein mit mir in dieses Zimmer, was er sonst nie tat, und sagte: „Hier kommt der Großmeister, liebe Frau Gräfin! Ganz neu importiert, eine Methode aus Berlin! Sie werden sehen, jetzt können Sie diese Beschwerden loswerden." Der Großmeister, der Guru, nahm Platz und sah große blaue Augen mit einer riesigen Erwartung. Ich setzte mich zu ihr. In meiner Verzweiflung nahm ich sie bei der Hand, dachte mir sicher ist sicher, und habe ihr rhythmisch und monoton in die Augen gesehen. Ich sagte: „Der rechte Arm ist ganz schwer." Die Gräfin war fasziniert, hat die Augen geschlossen, hat es genossen, hat sich schon gefreut auf den nächsten Tag. Wir sind ca. eine Woche, täglich eine Stunde, gesessen, wobei ich ihr alle Formeln vorgesprochen habe, es war wunderbar; wir haben uns gut verstanden. Sie gab mir auch ein Geschenk. Die Stühle wurden weniger. Sie ging nach 14 Tagen, nachdem sie monatelang auf der Chirurgie gelegen hatte, nach Hause. Ich war fasziniert, war wirklich fasziniert, die ganze Abteilung war fasziniert, der Chef war fasziniert. „Bartl, schau her, was du da gemacht hast!" Ich wußte nicht, was ich getan hatte, ich wußte es wirklich nicht. Keine Ahnung! (Heute weiß ich wohl, was damals geschah.) Und zu alledem ist meine erste Patientin rezidivfrei geblieben. Das war die Geburtsstunde des chirurgischen Abfalleimers. Das war der Dank dafür! Ich habe mein Leben lang, in meiner ganzen psychotherapeutischen Tätigkeit, nie mehr wieder so einen spektakulären Erfolg erzielt wie damals. Es war aber die Initialzündung, sich mit Psychotherapie zu beschäftigen. Und je mehr ich ausgebildet wurde, umso schlechter waren meine therapeutischen Erfolge. Es ist mir klar, daß das damals eine eindeutige Hypnose war und eine eklatante Übertragungsheilung, bei der ich wirklich nichts dafür konnte – „Mutter Natur" war wieder einmal gütig gewesen.

Suggestion ist eine emotionale Beeinflussung des Objekts ohne Argumentation. Stellen wir uns doch, analytisch denkend, etwa die Hilfslosigkeit eines Kindes unmittelbar nach der Geburt vor. Das Kind übernimmt alles, was es angeboten bekommt. Jede Information im nonverbalen und verbalen Bereich, als Rhythmus der Stimme dieser Welt, ist praktisch Suggestion. So stellen wir uns das heute im analytischen Sinne vor. Wahrscheinlich haben wir damals soviel Introjekte erlernt und erhalten, daß (später) alles in unserer Unbeholfenheit autosuggestiv zu realisieren ist. Jede Suggestion beim Erwachsenen kann so als autosuggestive Leistung verstanden werden.

Wenn ich zur **Hypnose** komme, dann ist diese ebenfalls eine Reizausschaltung durch monotone Wiederholung in Konzentration auf einen Suggestor. Das bewirkt verschiedene Stadien eines Trancezustandes, einer regressiven Befindlichkeit. Was wird denn passieren, wenn ein Kollege jemanden behandeln will und ihm nur ein Übungsheft in die Hand drückt und sagt: „Lesen Sie sich das durch." Da passiert im Sinne der Zweierbeziehung nur soviel, daß der Patient sich auf das Übungsheft verläßt, aber aus dem Übungsheft kommt der Kollege nicht mehr heraus. Ganz anders ist es mit der Medikation. Mit jedem Medikament gibt der Kollege sich selbst zum Essen, und von daher kommt die Wirkung, während in unserem Beispiel eine indirekte Situation gegeben ist. Der Kollege hat ja das Übungsheft nicht konditioniert, sondern bloß gesagt: „Lesen Sie sich das durch." Er hat eigentlich den Patienten distanziert, daher ist der suggestive Effekt und der hypnotische Effekt beim Überreichen, beim distanzierten Überreichen einer Situation sehr, sehr gering.

Die Persuasion, die heute eher in Mißkredit geraten ist, bzw. spricht man nicht darüber (sie wird ja auch verwässerte Suggestion genannt), arbeitet ja „nur" mit simpler Überredung, also Suggestion plus simpler, laienhaft-manipulativer Argumentation, sie hat gewissermaßen keinen wissenschaftlichen Charakter, obwohl sie ständig verwendet wird. Diese ideologischen Behauptungen, die ernst vorgetragen werden (schauen wir in das politische Leben!) und auch vom Vortragenden selbst ernst genommen werden, sind aber sehr wirksam. Hier kommt die Echtheit, Überzeugtheit zum Tragen. Ich argumentiere das banal, simpel, aber so überzeugt und so echt, daß du gar nicht mehr anders kannst, als wieder zu sagen: „Ja, selbstverständlich Herr Professor." Wir kommen bei Behandlung der Persuasion über die Echtheit zu einem ganz wesentlichen Pfeiler der therapeutischen Ausbildung und des Therapeuten–Tuns. Sie kennen die Schlagworte: **Echtheit, Sympathie, Wärme, Wertschätzung**, das sind ja Gundprinzipien der Gesprächstherapie. Die Peitsche der Empathie ist die Helferrolle. (Ich verdanke diesen Ausspruch meinem Freund Günther Krapf.) Und diese Helferrolle beinhaltet so etwas wie Göttlichkeitsanspruch, wie Allmächtigkeit, wie: Wenn es mich nicht gibt, dann geht die ganze Welt zugrunde. „Verzicht auf Göttlichkeit als Reifungsprozeß" heißt die Devise der Ausbildung und Reifung. Auch für den Therapeuten, nicht nur für unsere Patienten, gilt dieses Prinzip. Das Gefühl, daß einem unbedingt geholfen werden muß, da die Organmedizin versagt hat, kann man auch aus Büchern hören. Ich verweise auf die Lektüre von Lindemann: „Über-Leben im Streß". Es muß unbedingt alles geschehen!

Dazu ein schönes Beispiel: Eine Gewichtshebermannschaft kam eines schönen Tages zu mir, aus einem ganz kleinen Dorf im Weinviertel, ich wußte nicht, daß diese Mannschaft existiert. Es waren Bauern und Bauernsöhne. Sie kamen zu mir und sagten: Doktor, wir sind immer so aufgeregt, wenn wir einen Wettkampf haben, möchtest du nicht so gut sein und uns helfen, damit wir diese Ängste vor dem Wettkampf beherrschen. Ich sagte, ja, da kann man schon etwas machen. Kommt zu mir, wir machen eine Gruppe und werden Autogenes Training lernen. Selbiges tat ich, und nach 6 oder 7 Monaten, ich traute meinen Augen nicht, las ich in der Zeitung, daß sie Landesmeister geworden sind. Ich habe nichts mehr gehört von ihnen, sie hatten ihr Ziel erreicht. Ich dachte mir, das kann doch nicht möglich sein. Nachdem die Landesmeisterschaft gewonnen war, kam ein dicker Lehrer zu mir und sagte: „Herr Doktor, ich bin der Trainer dieser Mannschaft. Ich habe ein furchtbares Problem. Ich bin Diabetiker, bin auf der Klinik eingestellt, mußte spritzen, und im Laufe der Zeit mußten sie die Insulinmengen immer mehr heruntersetzen, aber kann das damit zusammenhängen? Ich habe mir das Buch von Lindemann gekauft und habe AT gelernt." – „So, aus dem Buch haben Sie es gelernt?" – „Ja, es geht wunderbar, wirklich tadellos. Ich setze mich sechsmal am Tag hin, stelle die Schwere ein und sage dann: ‚Sonnengeflecht siedend heiß, Sonnengeflecht siedend heiß . . .' " Die Insulinmengen wurden weiter heruntergesetzt, es sind sogar die peroralen Antidiabetica abgesetzt worden. „Aber, Herr Doktor, deswegen komme ich nicht. Glauben Sie, kann das damit zusammenhängen? Sie sind doch Spezialist für AT, jetzt haben sie mir auch die peroralen Antidiabetica abgesetzt, und ich bekomme Hypos, nachgewiesene Hypos, und zwar ist das so peinlich, ich muß dauernd Zucker fressen. Ich habe jetzt den Arzt in der Stoffwechselabteilung gefragt, ob das mit dem AT zusammenhängt, und der hat gesagt: ‚Nein, Blödsinn!' " (Ich, der AT-Spezialist, habe im Leben nie gehört, daß das möglich ist, ich wußte das wirklich nicht, auch nicht aus der Literatur. Es waren aber nachgewiesene Hypos.) „Ich mache Ihnen einen Vorschlag, Herr Doktor", sagte der Mann, „deswegen bin ich eigentlich hier: Glauben Sie, wenn ich sage: „Sonnengeflecht eiskalt", daß diese Hypos aufhören?"

Ich habe damals sehr lange dazu gebraucht, ihn zu überzeugen, daß es gut wäre, wenn er einen AT-Kurs mitmache und mit diesen blöden Formeln endlich aufhören würde. Er tat das dann auch. Es geht ihm jetzt gut, er hat keine Hypos mehr. Er hat (wahrscheinlich durch seine Diäteinstellung) auch keine Antidiabetika mehr notwendig. Es ist nicht ganz geklärt, was da passiert ist. Man kann also AT aus Büchern lernen, wenn man zwänglich genug ist, und wenn man übermäßig ehrgeizig ist, dann können solche Dinge geschehen.

Es gibt auch andere Dinge, die im AT bei falscher Vermittlung passieren, die für den Patienten sehr unangenehm sind. Ich will nicht von Suicid reden, aber es gibt ja viele andere lästige Beschwerden, von denen der Therapeut, der das AT falsch vermittelt, meist nichts erfährt, weil ihm die Patienten ausweichen. Das ist viel zu wenig bekannt. Die meisten von uns sind ja wahrscheinlich aus einer unbewußten Therapiebedürftigkeit in die psychotherapeutische Szene eingedrungen. Dessen müssen wir uns klar sein. Wie kamen wir denn dazu? Wie viele von uns sind aus diesem Grunde auf dem Weg zum Psychotherapeuten? Die Bedürftigkeit eines Kanditaten geht gerne den Umweg über den Glauben, andere behandeln zu müssen und dabei selbst behandlungsbedürftig zu sein. Da bietet natürlich das AT eine sehr schöne Ausgleichsmöglichkeit. Wenn man davon ausgeht, daß es Lehrer gibt, die durch ihre unnachahmliche Art Angst erzeugen, wie z.B. Freud, Ericson u.v.a., so gilt das für J.H. Schultz nicht. Er war zweifelsfrei auch ein Genie, erweckte aber Zutrauen und Nähe, bot Praxisbezogenheit und Menschlichkeit, nicht jene distanzierte, kalte Art. Je öfter ich ihm begegnete, umso wärmer wurde es in meinem Herzen. Wärme, Gelassenheit, angst-frei sein führten zum rhythmischen Begegnen und das wieder in mir zu Stabilität und Konstanz.

„Das Autogene Grundprinzip". Allen Kritikern zum Trotz kann ich davon nicht abgehen. Eine der letzten Mitteilungen, die ich persönlich von J.H. Schultz erfahren durfte, war der Satz: „Haltet mir die Lehre rein und laßt das ‚Autogene Grundprinzip nicht verwässern'." J.H. Schultz hat einen Briefwechsel mit einem Kollegen geführt, er wurde in der „Praxis der Psychotherapie" im Februar 1964 veröffentlicht, mit dem Titel „**Das Autogene Grundprinzip**", wo er dem Kollegen, der an ihn Anfragen über aktives heterosuggestives Vorsprechen richtet, folgendes schreibt: „Schönen Dank, lieber Kollege, für Ihr interessantes Manuskript. Sie wissen, wie man es in meinen Jahren begrüßt, jüngere, energische Helfer zu finden. Umso wichtiger, daß wir grundsätzlich ganz einig gehen. Aber da gibt es einige Formulierungen, die zu Mißverständnissen Anlaß geben könnten. An erster Stelle: **Es ist unbedingt daran festzuhalten, daß immer in vollem Schweigen, auch des Versuchsleiters, geübt wird. Sobald er vorspricht oder nachhilft, ist das Autogene Prinzip völlig aufgehoben.** Unterscheidet sich das AT doch eben dadurch von der alten heterogenen Hypnose, daß der Übende seiner individuellen Vergegenwärtigung, seinem Rhythmus, seiner gerade gegebenen inneren Situation, sich ganz unbeeinflußt, selbst gestaltend zuwenden kann. Das ist unmöglich, wenn der Versuchsleiter spricht und nicht nur seine Eigenart dem Übenden aufnötigt, sondern die Übertragungsgefahr steigert und aus einem wirklich rationellen, auf dem erworbenen Zugzwang im normalen Seelenleben aufgebauten Übungsverfahren eine suggestive Hypnoiddarstellung mit allen ihren Nachteilen macht. Jedenfalls kann man dann nie mehr von AT sprechen. Ihre Beobachtung, daß so oft Übende eine solche, in die alte Hypnose zurückfallende, Hilfe nötig haben, steht im vollen Widerspruch zu den Erfahrungen anderer, besonders auch meiner eigenen. Die Unterstützung durch heterogenes Hypnoid habe ich nur ganz selten nötig gehabt. Aber in ausgedehnter Kassenarbeit und bei allen Alters- und Bildungsstufen, sonst nie. Dabei hat Altmann sogar bei leicht debilen Kindern und Jugendlichen auch sehr erfolgreich autogen gearbeitet. Gewiss kann auch ein heterogenes Hypnoid praktisch Gutes leisten, aber es ist dann kein AT mehr. Hier handelt es sich nicht um Marotten eines alten Schulmeisters, sondern um klare Herausstellung des zentralen leitenden Prinzips."

Das AT als Einübung in das Urvertrauen oder das Wiedereintauchen in Urvertrauen, um Stärkung und Erholung zu finden im urmütterlichen Schoß. Es geht um die Gefühlserlebnisse, die da wach werden, Gefühlserlebnisse, die wir irgendwoher kennen, aus dem Schoß der Mutter im narzißtischen Bereich, dort werden sie wieder munter, dort können sie sich wieder erholen, dort können wir sie wiederfinden, wenn wir sie verloren haben.

Die Möglichkeit des Therapeuten mit und in dieser Methode **wachsen mit seiner Entwicklung**, parallel mit seinem Bewegungsraum. Das Eigenerlebnis, die Eigenerfahrung in dieser strukturierten Methode führt automatisch zu Wärme und Schwere-Erlebnis. Es bieten sich die Formeln an. Auch wenn Sie dem Patienten vorher das gar nicht sagen, erlebt er gewisse Dinge in diesem Rhythmus hintereinander und wird zum Eigenrhythmus geführt, der teilweise durch die Vorschriften der Übung und teilweise durch sich selbst im einzelnen wahr wird: „Herz und Atmung." Es generalisiert das ganze Gefühl in der organismischen Umschaltung und erweitert sich zu einem vollen Ganzen, was seinerseits wieder zu Vertrauen und Konstanz führt, zu Stabilität und Selbstsicherheit. Genau das überträgt der übende Therapeut, der erfahrene Therapeut, ganz selbstverständlich, ohne Argumentation, auf den Patienten. Wer viel argumentiert und erklärt, zeigt seine eigene Unsicherheit auf und greift dann **in seiner Not auf das allmächtige hynotische Tun** hin, er als allmächtiges Subjekt wird nur so dem Objekt gleichwertig; das Objekt, das so gefährlich wird. Der angehende Therapeut, der selbst noch nicht eingeübt ist, soll es daher auch noch nicht verwenden. Wenn jemand AT lernt und selbst noch nicht genügend eingeübt ist, selbst noch nicht die organismische Umschaltung schafft, dann lasse er die Finger davon! Wenn er umschalten kann, dann soll er es tun. In dem Moment, wo er es beherrscht, kann er viel Gutes tun und schließlich bei der Weiterbildung von Kollegen mitwirken. Erst viel später arbeitet man sich dann in die tiefenpsychologisch fundierten Kenntnisse ein. Praktisch kann der, der selbst trainiert, dem Patienten AT in Gruppen vermitteln, um seine eigene Arbeitszeit zu ökonomisieren. In der Praxis ist Ökonomie durch das sogenannte AT-Wartezimmer möglich. Viele der lamentierenden Patienten-Gespräche, die immer wieder die gleichen sind, erübrigen sich. Er sitzt in dieser Gruppe, übt jede Woche mit, ist entweder dadurch stabilisiert oder stabilisiert sich zum autogenen Tun, und nur wenige Patienten müssen aus diesem Wartezimmer des AT in Einzeltherapie übernommen werden. Wer als Arzt nicht sehr beschäftigt ist, dem kann ja nur recht sein, viele Patienten in Einzeltherapie zu nehmen. Wer aber in einer Kassenpraxis oder in einer Allgemeinpraxis mit starkem Zulauf sehr in Anspruch genommen ist, hat es schon schwierig, seine Zeit zu ökonomisieren. Je weniger Einzeltherapien, umso günstiger! Natürlich ökonomisieren wir dadurch auch die Medikation. Der Psychiater, der praktische Arzt, der Therapeut, der den Patienten durch das **In-die-Hand-Drücken** eines Übungsheftes wegschiebt, wird diese Ziele jedoch nicht erreichen. Wie soll die **Auswahl der Patienten** getroffen werden? Die Patienten auszuwählen, ist eine ganz wichtige Anforderung an den Therapeuten. Die Freiwilligkeit, die Stetigkeit, die Sympathie, all diese Dinge spielen dabei eine ganz wesentliche Rolle, nicht nur die Indikation, ebenso die positive Übertragung im Sinne von Sympathie. Wohin denn dann mit den unsympathischen Patienten? Die gibt es ja leider auch. Ich richte mich da immer nach einem Spruch unseres Altpräsidenten Schätzing. Er erklärte mir einmal: „Bartl, den unsympathischen Patienten schicke ich zu dem Kollegen, der mir selber unsympathisch ist." Ich war damals entsetzt über diese aggressive Äußerung, bin aber mit der Zeit dahintergekommen, daß eigentlich etwas Wahres daran ist. Die Wahrscheinlichkeit, daß der mir unsympathische Patient mit Kollegen zurechtkommt, die mir nicht sehr liegen, ist größer, als wenn ich ihn zu einem Kollegen schicke, der mir sympathisch ist.

Es wäre wichtig, daß eine **ärztliche Untersuchung** jedem AT vorangestellt wird. Ich verweise auf tragische Schicksale, bei denen durch Schlamperei oder „das ist **nur hysterisch**," „die gehört zum AT" usw., Karzinome lange Zeit verschleppt wurden. Besondere Gefahr: Unterleibskarzinom bei Frauen! Die ärztliche Untersuchung vor einem AT halte ich für notwendig.

Auch die Frage der Gruppenfähigkeit der Patienten ist ein Problem. Ich frage daher schon immer am Telefon: Können Sie es aushalten, wenn andere über ihre Beschwerden sprechen?

Es muß unbedingt ein **partnerschaftliches Miteinander** möglich und vom Therapeuten zugelassen sein. Dieses wird in einer Art **Resubjektivierung durch das AT** auch erreicht. Ist der Therapeut autogen trainiert, so führt es bei ihm zu einer Resubjektivierung, die bewirkt, daß es ein partnerschaftliches Miteinander gibt.

Der Patient muß ja auch zum AT **motivierbar** sein. Der Therapeut muß also auch die Motivation des Patienten in einer Ködertechnik bewerkstelligen. „Liebe gnädige Frau, da gibt es etwas, da können Sie zur Ruhe kommen. Auf Wiedersehen!"

Der Therapeut muß natürlich auch **Nein** sagen können, und er muß **schweigen** können, auf **Versprecher** achten können. Jetzt kommen wir schon immer mehr in ein weiteres theoretisches Wissen, in ein analytisches Nachdenken, **das AT wächst in der Wirksamkeit mit der Ausbildung des Therapeuten.** Er muß **Übertragungen aushalten, Gegenübertragungen erkennen** und damit umgehen können. Er darf sich nicht in eine Elternrolle hineintreiben lassen, soll eine **gewährende Haltung** zeigen, **gruppendynamische Erfahrungen** und nicht zuletzt **theoretisches Wissen besitzen.**

Humantherapie

Du bist geheilt, hast du erfaßt,
daß ich dir gebe, was du hast.

(Eberhard Schätzing)